马克思主义理论研究
和建设工程重点教材

马克思主义文艺理论

（第二版）

《马克思主义文艺理论》编写组

主　编　陆贵山　董学文

主要成员（以姓氏笔画为序）

马龙潜　卢铁澎　李志宏　张永青　季水河　金永兵

周平远　周忠厚　胡亚敏　赖大仁　谭好哲

本版修订组

主持人　董学文

修订组成员（以姓氏笔画为序）

李志宏　周平远　胡亚敏　赖大仁　谭好哲

高等教育出版社·北京

二维码资源访问

使用微信扫描本书内的二维码，输入封底防伪二维码下的 20 位数字进行微信绑定，即可免费访问相关资源。注意：微信绑定只可操作一次，为避免不必要的损失，请您刮开防伪码后立即进行绑定操作！

图书在版编目（CIP）数据

马克思主义文艺理论／《马克思主义文艺理论》编写组编．-- 2 版．-- 北京：高等教育出版社，2024.6（2025.8 重印）

马克思主义理论研究和建设工程重点教材

ISBN 978-7-04-061719-1

Ⅰ．①马…　Ⅱ．①马…　Ⅲ．①马克思主义理论-文艺理论-高等学校-教材　Ⅳ．①A811.691

中国国家版本馆 CIP 数据核字（2024）第 020747 号

马克思主义文艺理论
MAKESIZHUYI WENYI LILUN

责任编辑　罗　京　　封面设计　王　鹏　　版式设计　于　婕　　责任校对　刘娟娟

责任印制　高　峰

出版发行	高等教育出版社	网　　址	http://www.hep.edu.cn
社　　址	北京市西城区德外大街 4 号		http://www.hep.com.cn
邮政编码	100120	网上订购	http://www.hepmall.com.cn
印　　刷	北京汇林印务有限公司		http://www.hepmall.com
开　　本	787mm×1092mm　1/16		http://www.hepmall.cn
印　　张	15.5	版　　次	2021 年 8 月第 1 版
字　　数	250 千字		2024 年 6 月第 2 版
购书热线	010-58581118	印　　次	2025 年 8 月第 4 次印刷
咨询电话	400-810-0598	定　　价	31.50 元

物 料 号　61719-00

目　录

绪　论

在人类两千多年来的文艺理论发展史上，马克思主义文艺理论的产生是一场空前的革命。历经一个半多世纪的发展，马克思主义文艺理论取得了巨大的成就，积累了丰厚的成果，以崭新的思想与价值取向屹立于世界文艺理论与批评之林，为无产阶级和广大人民群众提供了巨大的精神指引和经久耐用的批评武器。自五四新文化运动以来，马克思主义以及马克思主义文艺理论在中国的传播和发展，极大地改变了中国文艺的整体面貌和基本走向，使中国的文艺理论发生了质的改变。认真总结和学习马克思主义文艺理论的既往成果，全面系统地理解和把握其思想精髓和理论要义，在当今时代和当代中国有着极其重大的理论意义和实践意义。

一、马克思主义文艺理论的研究对象和特征

马克思主义自创始之初直到今天的发展，始终包含着科学和人文的维度，文艺理论是其中的一个重要方面。当代国外学者休·劳埃德-琼斯曾指出："不仅在历史、政治、经济和社会各门学科中，而且在美学和文学批评领域中，马克思主义都是每个有学识的读者必须与之打交道的一种学说。"① 事实的确如此。我们要学习和掌握马克思主义文艺理论，不仅把它作为一种学说来学习和掌握，还应当把它作为文艺工作的指导思想来学习和掌握。

那么，作为大学文科一门基础性的理论课程，马克思主义文艺理论有怎样的研究对象和范围呢？与其他种类的文艺理论相比又具有哪些不同的特点呢？

（一）马克思主义文艺理论的研究对象

世界上存在着多种多样的文艺理论，并不都是马克思主义的，有的甚至是与马克思主义相悖的。马克思主义文艺理论有其特定的属性，只有那些依据辩证唯物主义和历史唯物主义原理以及运用马克思主义某些原理建构起来的文艺

---

① ［英］休·劳埃德-琼斯：《马克思读过的书》，见［英］柏拉威尔《马克思和世界文学》中译本"附录"，梅绍武等译，生活·读书·新知三联书店 1980 年版，第 580 页。

理论，才能称为马克思主义文艺理论。

具体说来，一种文艺理论究竟怎样才算是具有马克思主义的思想属性呢？这首先要弄清楚什么是马克思主义。马克思主义是马克思主义观点、理论和学说体系的简称，是关于全世界无产阶级和全人类彻底解放的学说。马克思主义学说不是离开世界文明发展大道而产生的一种故步自封、僵化不变的学说，它批判地继承了人类文明的一切优秀成果。它既是人类社会发展的理论，又是深刻而完备的世界观；既是无产阶级根本利益的科学表现，也是无产阶级认识世界和改造世界的工具，其哲学基础是辩证唯物主义和历史唯物主义。马克思主义深刻揭示了自然界、人类社会、人类思维发展的普遍规律，为人类社会发展进步指明了方向；马克思主义坚持实现人民解放、维护人民利益的立场，以实现人的自由而全面的发展和全人类解放为己任，反映了人类对理想社会的美好憧憬；马克思主义揭示了事物的本质、内在联系及发展规律，是“伟大的认识工具”，是人们观察世界、分析问题的有力思想武器；马克思主义具有鲜明的实践品格，不仅致力于科学“解释世界”，而且致力于积极“改变世界”。自从马克思主义诞生以来，世界历史所经历的每一个时期都使马克思主义获得了新的证明和新的胜利。在人类思想史上，还没有一种理论能像马克思主义那样对人类产生了如此广泛而深刻的影响。

马克思主义的基本属性和特征，可以被概括为这样几点：其一，马克思主义是科学的理论，创造性地揭示了人类社会发展规律；其二，马克思主义是人民的理论，第一次创立了人民实现自身解放的思想体系；其三，马克思主义是实践的理论，指引着人民改造世界的行动；其四，马克思主义是不断发展的开放的理论，始终站在时代前沿。也就是说，马克思主义理论的科学性、人民性、实践性和开放性，使它与其他各种非马克思主义理论严格地区分开来。①当然，这里的科学性，也可以理解为不以个人意志为转移的真理性；这里的人民性，也可以理解为随着时代变迁始终站在无产阶级立场为千千万万最广大劳动群众服务的阶级性；这里的实践性，也可以理解为摆脱了书斋式学问旧习，注重理论联系实际的致用性和行动性；这里的开放性，也可以理解为杜绝任何僵化教条的学风，不断丰富发展的与时俱进性。这些特征，都是由马克思主义理论的本质所决定的。

---

① 参见习近平：《在纪念马克思诞辰200周年大会上的讲话》，人民出版社2018年版，第7—9页。

因之，判断一种文艺理论研究是否具有马克思主义性质，首先就是要看它与上述所概括的几个基本属性和特征是否存在实际上的思想认同与内在的理论关联。只有以这种思想认同为前提和基础的文艺理论，才真正算得上是具有马克思主义性质的文艺理论。马克思主义文艺理论包含着极为丰富的思想内容，但它绝不是由各式各样的成分拼凑起来的可以任意拆解和分割的折中主义理论，它的观点和方法是极其彻底而严整的。马克思主义文艺理论归根结底是要在唯物史观基础上回答并解决文艺“来自谁”“为了谁”以及“如何为”这些根本性问题，从而为文艺的发展确立应有的主体、明确前进的方向、提出具体的措施。以此而论，现当代西方文艺理论的绝大多数流派和思潮，都是不在马克思主义文艺理论之列的。

这里说现当代西方文艺理论不是马克思主义的，并不意味着它们没有任何价值，与马克思主义文艺理论没有任何关系。有些现当代西方文艺理论流派，是以挑战甚至反对马克思主义的姿态出现的。反之，马克思主义文艺理论也常常对现当代西方文艺理论流派持批判的态度和立场。此外，马克思主义文艺理论在进行这种批判的同时，也一直在吸取其他理论的合理的有益的成分，而有些西方文艺理论流派也在进行着向马克思主义文艺理论靠拢或与之调和与折中的尝试。因此，马克思主义文艺理论与现当代西方各种文艺理论思潮、形态和流派的关系纷繁复杂，各不相同，需要作出理性的分析与鉴别。

马克思主义文艺理论不仅表现在其理论基础和思想属性是马克思主义的，还在于它有自己与其他“主义”的文艺理论不同的文艺观点和理论内容，形成了自己的一些具有独特性的文艺观念和研究方法。诸如强调文艺的意识形态属性，重视文艺的继承与发展、文艺的生产与消费、文艺的现实主义、文艺批评的方式与标准等，在文艺与政治、经济和文化的关联中阐释文艺活动的特点和价值，关注文艺在社会变革和人类自由与解放中的作用和功能，等等。这些观点和理论内容，按照它们之间一定的逻辑关系加以排列，就形成了马克思主义文艺理论体系的基本框架。本书一至八章的结构安排，就是力图体现出这种体系的整体面貌。第一章讲马克思主义对文艺本质的认识，第二章讲文艺的发展规律，第三章讲文艺的生产特征，第四章讲文艺创作问题，第五章讲如何进行文艺批评，第六章讲文艺与时代和民族的关系，第七章讲建设新文艺的方针政策，第八章讲文艺的功能和作用。这样，马克思主义文艺理论的主要问题就都包括进去了，并且这些问题的顺序同提出这些问题的时间先后大致也是吻合的。

从研究对象上来看，马克思主义文艺理论的研究对象同其他文艺理论一样，也是社会生活中客观存在的文艺作品和文艺现象。马克思主义文艺理论同其他文艺理论不同的地方，主要在于它以辩证唯物主义和历史唯物主义的方法去探讨和解释历史和现实中的文艺作品和文艺现象。从研究范围上看，马克思主义经典作家及其后的继承者对文艺本质、文艺功能、文艺创作、文艺发展规律和文艺批评等的论述，都在其研究范围之内。从研究形态来看，马克思主义文艺理论包含着相互关联的一些形态和样式，主要是马克思主义经典作家文献中存在的有关文艺理论的论述，以及在马克思主义文艺理论发展进程中形成的一些思想家和学者的文艺理论论述。这两个方面，都是马克思主义文艺理论的成果，对于马克思主义文艺理论的学习，这两个方面都是不能忽略的。研究和继承这笔丰厚的遗产，是当代马克思主义文艺理论研究的责任，也是创新和发展马克思主义文艺理论的必要前提。为了突出重点，本教材以阐述马克思主义经典作家的文艺理论观点为主线。

经验表明，学习马克思主义文艺理论，仅仅具有马克思主义文艺理论发展的历史知识是不够的。对马克思主义文艺理论的学习，还应当从零碎、分散、微观的层面上升到对系统、整体、宏观的理论体系的把握。由历史层面升华而来的诸多理论观念和命题，在马克思主义文艺理论的整体结构系统中各有其理论价值。理解和掌握这些理论观念和命题，对于理解马克思主义文艺理论的精神、原则、观念和方法来说至关重要。

（二）马克思主义文艺理论的主要特征

马克思主义理论性质的上述规定性，将马克思主义文艺理论与非马克思主义文艺理论区分开来，也使得马克思主义文艺理论获得了与众不同的理论特征。概而言之，主要表现在以下三个方面。

1. 科学性和人民性的统一

马克思主义文艺理论以马克思主义哲学，即辩证唯物主义和历史唯物主义为方法论指导。马克思讲过：“事实上，通过分析找出宗教幻象的世俗核心，比反过来从当时的现实生活关系中引出它的天国形式要容易得多。后面这种方法是唯一的唯物主义的方法，因而也是唯一科学的方法。那种排除历史过程的、抽象的自然科学的唯物主义的缺点，每当它的代表越出自己的专业范围时，就在他们的抽象的和意识形态的观念中显露出来。”① 文艺理论研究方面也是如此。与历史上其他文艺理论不同的是，马克思主义文艺理论不是从文艺观念和文艺作品本身，更不是从神秘的客观力量以及错误的宗教观念或哲学理念等出发看待和解析文艺现象和问题的，而是将文艺的研究和批评置于历史发展和辩证联系的基础之上，具有其他理论系统无可比拟的科学性，从而实现了文艺理论研究的历史性变革。

在中外文艺理论研究史上，都曾有过认为马克思主义文艺理论没有构成一个系统的体系，因而对之加以批评的情况。应该承认，从历史的角度来看，在马克思主义经典作家那里，文艺理论和思想的确多是以较零散的形式存在的。但是，绝不能由此就断定它没有形成一个系统的理论体系。马克思主义文艺理论的各种思想、观点、命题和问题意识，是构成了一个具有内在统一性的完整理论系统的。这主要根源于它既具有科学的哲学基础，又具有将社会进步、人类解放和艺术发展三者融为一体的艺术精神和审美理想，这就赋予了马克思主义文艺理论融贯整体的精神气韵。

从辩证唯物论和历史唯物论出发，马克思主义文艺理论对文艺的存在和本质、产生和影响、发展和演化、价值和功能等一系列理论问题，都给予了宏观的辩证的科学解释和阐发。一方面，它把以社会生产方式变革所推动的全部历史发展作为文艺存在的基础，将文艺的起源和发展视为社会的总的历史过程中的一部分，从宏观上全景式地加以观察和透视，对文艺的社会本质、文艺在社会生活中的地位和作用、文艺发展的规律性以及文艺发展的方向等重大理论问题，作出了具有深广历史蕴含的宏阔阐释与概括；另一方面，它也充分重视文艺自身的特殊价值和属性，从普遍的社会联系和历史运动中的文艺主客体关系中，对文艺的认识属性、教育属性、审美属性以及文艺发展中的自律性等问题，作出了辩证的体认和说明。马克思和恩格斯将美学观点和史学观点作为文艺批评最高的方法和标准，正说明他们对文艺的独有属性和价值的高度关注。所以，马克思主义文艺理论既不像有人所指责的那样对文艺问题作简单机械的历史主义的还原，只讲文艺的他

拓展资源

威廉斯论艺术发展与社会“生活方式”必然联系假设的思想渊源

① 马克思：《资本论》第一卷注释（89），《马克思恩格斯文集》第五卷，人民出版社 2009 年版，第 429 页。

律性、社会性而忽视其自律性、特殊性，也不像现代唯美主义、形式主义文艺理论和批评那样，只讲文艺的审美特性、形式自律而抛却文艺的历史基础和社会内容，而是在辩证唯物主义和历史唯物主义相统一的哲学基础上，在历史与审美的有机统一中看待、分析和评论文艺现象和文艺作品，是把文艺放在整个体系的历史关联中加以理解和解释的。

马克思主义文艺理论的科学性与其人民性密不可分。马克思主义文艺理论不抽象地谈论社会生活以及文艺与社会生活的关系，也不抽象地谈论文艺的价值和属性，而是把人民群众的历史创造实践作为社会生活的基础和主要内容，将文艺视为人民自身社会实践的产物，视为人民追求自由和理想的精神创造活动。一方面，它把人民生活视为文艺创作的源头活水和创新动力，强调文艺家要深入群众、深入生活，把人民作为文艺表现的主体，深刻反映人民的生活和心声；另一方面，它将人民的需要视为文艺存在的根本价值所在，把满足人民精神文化需求作为文艺和文艺工作的出发点和落脚点，将人民作为文艺审美的鉴赏家和评判者，将为人民服务作为文艺工作者的天职。因而，马克思主义文艺理论对一切文艺现象和问题的解释、阐发和评判，都是站在无产阶级和劳动人民的立场上的，其科学性和人民性是高度统一的。

需要进一步指出的是，因为马克思主义哲学是世界观与方法论的有机统一，所以，马克思主义文艺理论的科学性和人民性不仅体现在它对一些最为基本和重大的文艺理论问题给予了符合文艺发展实际的总结和阐发，批判和摒弃了以往文艺理论发展中关于文艺问题的种种错误观点和理论成见，同时也在于它给进步的文艺家和研究者提供了认识社会现实与文艺现象的理论指南和方法，使得他们能够经由正确的路径和方法取得对于文艺实际的真理性认识。

拓展资源

卢卡契论从马克思主义整个思想体系出发开展文学研究

2. 理论性和实践性的统一

马克思主义文艺理论既重视对各种现实文艺和审美现象的正确总结和认知，同时还把文艺现象和文艺作品作为人类实践活动的产物来看待，重视文艺理论研究与具体文艺实践之间的联系，总是把自己的理论命题和问题阐释同历史条件、时代特征和人民需要紧密地联系起来，使其科学性、革命性和实践性能有机地统一起来。列宁说过：“马克思认为他的理论的全部价值在于这个理论‘按其本质来说，它是批判的和革命的’。后一性质的确完全地和无条件地是马克思主义所固有的。”① 马克思主义这一理论性质，决定了其文艺学说也必定具有批判性和实践性相统一的品格。这一品格，主要体现在三个方面。

首先，在理论研究的对象建构上，显示为对文艺活动的社会实践性的理论确认。从前的或现代其他的许多文艺理论，往往只是从纯精神的角度认识文艺现象，马克思主义文艺理论则把文艺视为人类的一种精神生产活动形式，并且从人学层面上把文艺实践作为人类本质的自我确证和追求自由与解放的活动；在历史层面上，把文艺实践作为人类历史创造活动的一个部分，从与人类其他各种社会实践活动的复杂关系中以及社会变革和历史进步的角度，观察、分析和研究文艺实践。

其次，在理论研究的现实展开上，体现为关注当下发展着的文艺实践，把文艺实践所提出来的时代性课题作为自己理论思考的出发点和生长点，同时重视对文艺发展进程的介入与引导作用。恩格斯 1844 年有关乔治·桑、欧仁·苏和查尔斯·狄更斯等描写穷人和被歧视阶级的遭遇和命运、欢乐和痛苦的这类作家是“时代的标志”，在小说写作风格方面“发生了一场彻底的革命”② 的论述，马克思和恩格斯 1859 年在与拉萨尔的通信中对于悲剧创作与悲剧冲突问题的论述，列宁 1910 年前后关于列夫·托尔斯泰创作与俄国革命关系问题的系列文章及十月革命胜利之后有关无产阶级文化创造问题的思想学说，毛泽东 1942 年《在延安文艺座谈会上的讲话》，以及习近平 2014 年《在文艺工作座谈会上的讲话》等，都是这方面的典型范例。

最后，在理论追求的功能取向上，具有强烈的批判性与鲜明的实践性。从经典理论到当代形态，马克思主义文艺理论始终贯穿着对于资本主义的社会现实及其艺术意识形态和其他精神文化现象的批判，与此同时，它又十分关注、扶持进步的文艺和文化创造，把文艺发展的未来与科学社会主义的社会革命进程、人类自由全面发展的理想有机联系起来。马克思主义文艺理论从诞生之初就极为重视为无产阶级和人民大众争取艺术和审美的地位与权利。马克思和恩格斯曾在文艺批评中要求当时的文艺创作反映和表现叱咤风云的革命无产者，并期望无产阶级能出现一个自己的但丁来宣告人类新纪元的诞生。20 世纪以来，在革命取得胜利的各社会主义国家特别是中国，更是确立了以人民为中心

---

① 列宁：《什么是“人民之友”以及他们如何攻击社会民主党人?》，《列宁专题文集·论辩证唯物主义和历史唯物主义》，人民出版社 2009 年版，第 213 页。

② 恩格斯：《大陆上的运动》，《马克思恩格斯全集》第三卷，人民出版社 2002 年版，第 556 页。

的文艺工作导向，把文艺为人民服务作为文艺实践的宗旨。把文艺实践归属于历史创造主体的人民群众的事业，突出地体现了马克思主义文艺理论的实践性。

3. 守正性和创新性的统一

马克思主义文艺理论在其理论形态上构成了一个具有内在统一性的理论体系，这是就其思想系统的整体状况所作出的论断。这种论断绝不意味着它是一个已经完成了的封闭系统，不需要再发展了。恩格斯说："我们的理论是发展着的理论，而不是必须背得烂熟并机械地加以重复的教条。"① 马克思主义文艺理论是不会停滞不前的，它在自己的发展中是不能不以新的经验、新的知识丰富起来的，是不能不适应于新的历史条件和任务有所创新的。马克思主义文艺理论不承认绝对适应于一切时代和时期的不变的结论和公式，它是一切教条主义的敌人。实际上，与历史上的其他各种文艺理论比较，马克思主义文艺理论从一开始就是一个不断发展的理论系统，守正性和创新性的统一是它的又一基本理论特征。这一理论特征也表现在三个方面。

首先，在学科方面。马克思主义文艺理论从来都不局限于从文艺自身谈文艺，而是将文艺问题的研究置于其整体思想系统的视域中加以探讨，从而不仅与整体思想系统的其他部分存在着内在的理论上的关联，而且往往与哲学、政治经济学、科学社会主义，以及其他不同理论研究领域交叉、融合，是在百科全书式的总体知识基础上建立起的对文学艺术的精深认识。这一点，在经典马克思主义文论家那里显得尤其突出。例如，马克思对法国作家欧仁·苏的长篇小说《巴黎的秘密》及该书的评论者施里加的批判，就包含在他与恩格斯合写的哲学著作《神圣家族》里面；马克思对各个时代"艺术生产"的大量研究和批评，就包含在其政治经济学研究的论著中；而他对"世界文学"以及未来艺术发展理想的一些深刻论述或生动描写，则包含在科学社会主义以及其他相关的理论文献之中。

其次，在理论内容方面。在马克思主义产生之前的文论和美学研究中，艺术审美活动通常是作为人类活动的一个独立部分被研究的。不仅如此，德国古典美学的代表人物康德与黑格尔等人，在他们的著作中还努力地将人类的理论认知活动和伦理实践活动与文艺审美活动加以区分，以显示文艺审美活动的纯

---

① 恩格斯：《致弗洛伦斯·凯利-威士涅威茨基》，《马克思恩格斯文集》第十卷，人民出版社2009年版，第562页。

粹性、无功利性。马克思主义文艺理论则不然，它不是就文艺论文艺，不追求文艺创作的纯艺术性和文艺理论与批评的纯艺术分析，而是把文艺活动作为人类整体社会实践活动的一个部分来看待，总是从文艺与人类其他实践活动的复杂关系中揭示和理解文艺的价值，将对艺术审美的体悟和分析与其社会的与人生的蕴含结合起来，从而具有浓重的人间情怀和历史厚重感。

最后，在历史发展方面。现代文艺理论史上的大多数理论流派，都是已经封闭和完成的历史形态，而马克思主义文艺理论迄今之所以仍有强大的现实生命力，仍在作为人类进步文艺事业的指导思想体系发挥着巨大作用，是因为它不仅没有完结、不会停歇，而且处于现实的发展运动之中。马克思主义文艺理论随着社会主义革命、建设和改革的进程，随着人民群众的历史创造活动和文艺事业的创造性发展，不断地丰富、延展和创新其具体内容，其理论升华和提炼有着无限的可能性。在传承以往既有理论成果的基础上，创造性地发展马克思主义文艺理论，在守持其基本精神、原则、观念与方法的前提下大胆拓展其理论边界，为之注入新的学理内容，这是 21 世纪马克思主义文艺理论研究的责任和使命。

二、马克思主义文艺理论的发展历程

在长期的历史发展中，马克思主义文艺理论与时俱进，形成了绵延不绝的思想长河，展现出一道道亮丽多彩的理论风景，极大地改变了现当代文艺理论研究的总体格局，在世界文艺理论史上留下了丰富的思想成果和不可磨灭的历史印记。马克思主义文艺理论并非一时一地的产物，也不是某几个人理论成果的集聚，而是在一个统一的思想旗帜之下，世界各国不同时期的许多领袖人物、研究者参与其中，由众多思想成果汇聚而成的。为了对马克思主义文艺理论的历史形态有一个总体的把握，应该首先对其发展历程有一个基本的了解。这样，才能对一定时期内具体人物和流派的理论观点给予合理的解读和历史的定位，并在这种解读与定位基础上，分析和判断它们有无被进一步提炼和整合进当代马克思主义文艺理论体系之中的价值与可能。

大致来说，马克思主义文艺理论的发展历程，可以粗略地划分为创立、丰富、新发展三个阶段。从 19 世纪 40 年代马克思主义理论开始创建到 1895 年恩格斯逝世，是马克思主义文艺理论的创立阶段，其基本形态是马克思和恩格斯有关文艺的论述和思想；从 19 世纪末到 20 世纪初叶，是马克思主义文艺理论的进一步丰富发展阶段，列宁的文艺思想是其主要代表；从20世纪中叶至今，马克思主义文艺理论进入新的发展期，马克思主义文艺理论在世界许多国家都有发展，其中最具代表性的是以毛泽东文艺思想和中国特色社会主义文艺理论为核心的马克思主义文艺理论中国化、时代化、大众化的探索与创新。这三个阶段作为历史链条上的不同环节，各有其现实语境、代表人物、时代问题与理论取向，同时又在共同思想源头的滋润和共同社会理想的引领下，显示出一脉相承的思想线索和精神底色。

（一）马克思主义文艺理论的创立阶段

马克思主义文艺理论在19世纪中叶产生不是偶然的，它是时代的产物，也是多种历史文化与个人因素综合作用的产物。英国文艺理论家伊格尔顿曾经指出："马克思在他所处社会的伟大古典传统中，是一个文化教养非常高的德国知识分子，艺术和文学是他呼吸的空气的一部分。"① 这个评价不独适用于马克思，对恩格斯说来也是如此。马克思和恩格斯都出身于文艺氛围浓厚的家庭，青年时代都有过文学创作的经历，产生过成为一个诗人或作家的梦想，并且终生都保持着自己的文艺爱好。不过，马克思和恩格斯喜爱和关注文艺问题，不单单出自他们获得审美欣赏和精神滋养的个人需求，更主要的则是社会演进和文艺发展的客观进程与他们自觉创建完整革命理论的主观努力相结合的结果。

由于现代工业革命的推进，资本主义在19世纪的一些欧美国家尤其在西欧得到快速发展，无产阶级作为一支最为先进的革命力量也登上历史舞台，并由此开启了世界历史进程的新纪元。随着资本主义内外矛盾的加剧和工人运动的蓬勃发展，尤其是1848年欧洲大革命失败的刺激，探讨欧洲革命的发展道路和无产阶级的解放途径，成为欧洲先进思想界的时代任务。此前，马克思和恩格斯为共产主义者同盟起草了纲领——《共产党宣言》。马克思主义就是在这样一种社会背景下应运而生的，它是对资本主义研究和批判的产物，也是无产阶级社会革命运动客观进程的产物。作为一种崭新的理论体系，马克思主义通常被概括为哲学、政治经济学和科学社会主义三个组成部分，这只是就其主要理论内容而言的。实际上，马克思主义经典作家的理论体系还包括对于法律、宗教、文艺、伦理、教育、语言等许多文化和意识形态领域的观点和分

① ［英］特里·伊格尔顿：《马克思主义与文学批评》，文宝译，人民文学出版社1980年版，第4页。

析。在马克思和恩格斯所生活的 19 世纪，资本主义的快速发展也导致了精神文化领域的快速变动。在文艺领域，浪漫主义文艺在 19 世纪初期替代古典主义文艺之后不久，很快又被声势浩大、更为贴近社会生活的现实主义文艺所代替。在现实主义获得大发展的同时，新兴的无产阶级文艺也得以萌芽并开始发展起来，许多国家的资产阶级和小资产阶级作家还产生了有社会主义倾向的文艺创作。这些不同文艺思潮的产生和发展，反映出 19 世纪的社会现实和时代精神，艺术地揭示了资本主义发展中的社会矛盾，表现了时代进步的要求和人民大众的呼声，这对于以认识现实和改造现实为己任的马克思和恩格斯来说，自然不能不引起特别的重视和关注。因而，在倾尽毕生精力参与国际共产主义运动并创建马克思主义理论的同时，马克思和恩格斯也写下了一些文艺评论文章、一些有关文艺问题的通信，在论述哲学、政治经济学与社会发展等的论著中更是涉及了大量文艺理论和美学问题。

在马克思主义文艺理论创立期，马克思和恩格斯同各种封建主义、资产阶级和小资产阶级文艺观展开了激烈的交锋，他们每前进一步，都面临着巨大的碰撞与挑战。比如，他们对德国作家、文学史家亚历山大·荣克“调和主义”的批判，对以鲍威尔兄弟、施里加等人为代表的“青年黑格尔派”主观唯心主义文艺观的批判，对以卡尔·倍克和卡尔·格律恩为代表的“真正的社会主义”文学流派的批判，对重新出现在德国的所谓“粗俗文学”的批判，以及对拉萨尔在历史剧《弗兰茨·冯·济金根》中所表现出的历史唯心主义悲剧观的批判，等等，都说明马克思主义文艺观经历了无数次理论的较量，经历过极其尖锐的观念斗争，才显示出旺盛的理论生命力，才焕发出耀眼的真理光芒。

当然，马克思主义文艺理论不仅是 19 世纪历史、文化语境和时代的产物，也有其作为历史创造前提的思想材料或思想来源。列宁曾经指出：“马克思的全部天才正是在于他回答了人类先进思想已经提出的种种问题。他的学说的产生正是哲学、政治经济学和社会主义极伟大的代表人物的学说的直接继续。”① 马克思主义文艺理论也是如此。宏观而言，马克思主义文艺理论是作为马克思主义整体理论体系的一个组成部分而存在的，与整个理论体系中的其他各部分都有着密切的关联，因此，其他各部分的思想来源也是马克思主义文艺理论的

---

① 列宁：《马克思主义的三个来源和三个组成部分》，《列宁专题文集·论马克思主义》，人民出版社 2009 年版，第 66—67 页。

思想来源。就文艺理论自身来说，马克思和恩格斯都有着丰厚的文学艺术修养，对欧洲文艺史上的著名作家、艺术家、作品以及重要文艺思想极为熟悉，经常在著述中加以引用，特别是对德国古典美学和文艺学有着深入的研究和了解，对其中的许多重要理论观念有着创造性的继承和发展。比如恩格斯就曾被黑格尔思维方式上“巨大的历史感”所折服，称赞其“《现象学》、《美学》、《哲学史》中，到处贯穿着这种宏伟的历史观”。[①] 再比如恩格斯关于人物形象创造的观点也深受黑格尔影响，他明确点明自己所理解的“典型”人物“正如老黑格尔所说的，是一个‘这个’”[②]。由此，我们便不难理解为什么马克思和恩格斯在文艺批评中那么重视“史学观点”和典型创造、“莎士比亚化”等问题了。在马克思主义文艺理论此后的发展中，其代表性人物也无不高度重视对历史上一切优秀文艺理论遗产的创造性继承。

在长达半个世纪之久的岁月中，马克思和恩格斯关于文艺问题的理论思考与研究结出了丰硕的思想果实。择要言之，他们有关文艺的思想观点主要包含在如下的论著之中：马克思的《1844 年经济学哲学手稿》，其中包括了丰富的美学思想；马克思和恩格斯的《神圣家族》(1844)，其中的第五、八两章分别是马克思对欧仁·苏的长篇小说《巴黎的秘密》和有关施里加对该书的评论的分析和批评；恩格斯的《诗歌和散文中的德国社会主义》(1846 年年底至 1847 年年初)，包括了恩格斯对德国小资产阶级诗人卡尔·倍克的诗集《穷人之歌》和小资产阶级政论家卡尔·格律恩的《从人的观点论歌德》的评论；马克思和恩格斯的《德意志意识形态》(1845 年秋至 1846 年 5 月)，马克思的《〈政治经济学批判〉导言》(1857)、《1857—1858 年经济学手稿》和《〈政治经济学批判〉序言》(1859)，其中包括对于历史唯物主义理论以及文艺的社会意识形式性质、文艺的社会作用和发展规律等问题的经典性论述；马克思和恩格斯分别于 1859 年所写的《致斐迪南·拉萨尔》，其中包括对悲剧创作、现实主义和艺术理想等有关问题的观点和阐发；恩格斯的《致明娜·考茨基》(1885)、《致玛格丽特·哈克奈斯》(1888)、《致保尔·恩斯特》(1890)、《致瓦尔特·博尔吉乌斯》(1894) 等书信，其中包括对上层建筑及其意识形态与经济基础的关系、各种意

① 恩格斯:《卡尔·马克思〈政治经济学批判。第一分册〉》,《马克思恩格斯文集》第二卷，人民出版社 2009 年版，第 602 页。

② 恩格斯:《致明娜·考茨基》,《马克思恩格斯文集》第十卷，人民出版社 2009 年版，第 544 页。

识形态之间的关系以及现实主义文艺创作和文艺发展的规律性等有关问题的历史分析与辩证阐发。此外，其他方面的论著，特别是他们的政治经济学和历史研究，也包括了大量有关文艺的引用、评论和思想观点。

马克思和恩格斯的文艺理论与批评，虽然还没有形成完整、系统的理论表述形式，但已经在他们所创立的科学理论体系中获得了自己的理论基础，找到了自己的理论位置，形成了观察和解决文艺根本问题的基本观点与方法。马克思和恩格斯的文艺理论以辩证唯物主义和历史唯物主义为方法论基础，以对资本主义的深刻解剖和对社会发展规律的深刻揭示为思想底蕴，以对共产主义的坚定信念为价值理想，在文艺的社会地位和作用、文艺和生活的关系、文艺的发展规律、艺术生产论、现实主义文艺的创作、悲剧艺术创作、美的规律与文艺创作规律、文艺的创作方法与创造理想、文艺与无产阶级革命、文艺与人的自由和解放等一系列重要问题上，提出了诸多理论主张和命题，形成和阐发了许多具有深远影响的文艺理论观点和思想。这些主张和命题、观点和思想，拓展了他们所创造的马克思主义思想体系的理论内涵，成为马克思主义文艺理论史的源头，也为理论形态的马克思主义文艺学说奠定了思想基础，树立起理论框架，从而在世界文艺理论发展史上翻开了崭新的一页。

（二）马克思主义文艺理论的丰富阶段

19 世纪末期以后，资本主义发展到了垄断资本主义或称帝国主义阶段。在资本主义社会内部，无产阶级与资产阶级的阶级矛盾更为加剧，世界社会主义运动进入无产阶级夺取政权、巩固政权的历史新时期。在世界范围内，资本主义瓜分世界市场、争夺势力范围的殖民扩张愈演愈烈，并由此导致了两次世界大战，形成了与资本主义世界相对峙的社会主义阵营。伴随着历史局势的演进，世界范围内文化和意识形态领域的分裂与斗争日趋激烈，无产阶级争夺意识形态领导权、创建新型革命文化的历史任务提上议事日程。这样一些历史和文化的新进展，致使这一阶段马克思主义文艺理论的发展也呈现出与前一阶段不同的格局与特点。

19 世纪末 20 世纪初，马克思、恩格斯的许多学生和战友在致力于工人运动的实践和传播马克思主义学说的同时，先后撰写了大量文学评论和有关艺术、美学的论著。拉法格写下了《雨果传说》（1885）、《关于婚姻的民间歌谣和礼俗》（1886）、《左拉的〈金钱〉》（1891—1892）、《革命前后的法国语言》（1894）、《浪漫主义的根源》（1896）等文艺论文；梅林写下受到恩格斯称赞的《莱辛传奇》(1892)、《美学漫谈》(1898—1899) 和大量有关古典主义文艺、无产阶级文艺和西方现代主义文艺的评论；普列汉诺夫更是留下了大量文艺理论和美学论著，其中《没有地址的信》(1899—1900) 和《艺术与社会生活》(1912—1913) 已经成为马克思主义文艺理论史上的典范之作。此外，第二国际的其他一些领导人和理论家如蔡特金、卡尔·考茨基、李卜克内西、卢森堡等人，也都留下不少关于文学评论和艺术论方面的文字。在这些文艺和美学论著中，他们力图以马克思、恩格斯创立的社会历史理论为世界观和方法论，对历史上和现实中的文艺和审美现象作出科学的评述和探讨，为在文艺和美学领域传播和发展历史唯物主义理论作出了贡献。他们努力探讨各种文学艺术和审美现象与作为社会最终发展动力的社会生产方式及一定社会的生产关系、阶级关系之间的联系，把对文学艺术和美学问题的研究当作“检验”和传播马克思主义“一般历史观”的一个特别有意义的领域，并以此来丰富和拓展唯物史观的理论内容和文化涵括空间。正如有国外学者所指出的：“后来的一代人不遗余力地试图拓展马克思和恩格斯的理论著述并使之系统化，他们是在‘科学’的旗帜下作此努力的。”①

在拉法格、梅林、普列汉诺夫等人之后，列宁的文艺思想可以说是这一时期马克思主义文艺理论的最高成就。列宁不仅在哲学、政治经济学、科学社会主义的理论和实践方面全面发展了马克思主义，缔造了世界上的第一个社会主义国家，形成了马克思主义的新阶段——列宁主义，而且根据俄苏的历史现实和文艺发展状况，在十月革命前后写下了一系列有关文艺问题的论著，在新的历史条件下极大丰富和发展了马克思主义文艺理论。列宁的文艺论著主要包括《党的组织和党的出版物》(1905)、《列夫·托尔斯泰是俄国革命的镜子》(1908) 等评述托尔斯泰的系列论文、《纪念赫尔岑》(1912)、《关于民族问题的批评意见》(1913)、《致阿·马·高尔基》(1919)、《青年团的任务》(1920)、《关于无产阶级文化》(1920)、《一本有才气的书》(1921) 等。在这些论著里，列宁论述了无产阶级文艺的“党性原则”和文艺为千千万万劳动人民服务的文艺要求、“两种民族文化”理论、文艺反映论和“最清醒的现实主义”、正确对待文化遗产和社会主义新文化的创造、作家队伍的培养以及加强

① [英] 弗朗西斯·马尔赫恩编：《当代马克思主义文学批评》，刘象愚、陈永国、马海良译，北京大学出版社 2002 年版，第 7 页。

党对文艺事业的领导等诸多重要文艺理论和实践问题，为俄国乃至世界进步作家的文艺创作和无产阶级文艺的发展指明了方向。

此外，俄国十月革命前后的一些革命领导人、思想家和文学家如卢那察尔斯基、奥里明斯基、沃洛夫斯基、斯大林、高尔基、托洛茨基、布哈林等人，也都写出了大量有关文艺和美学方面的论著，丰富了列宁主义阶段马克思主义文艺理论的内容。他们中不少人的文艺理论思想曾产生过世界性的影响。

这一阶段，匈牙利的卢卡契（又译卢卡奇）也是具有比较深远影响的马克思主义色彩浓厚的文艺理论家和美学家。他一生写下大量哲学、美学、文学史和文学批评论著，主要包括《十九世纪文学理论和马克思主义》（1937）、《论现实主义的历史》（1939）、《作为文学史家的卡·马克思和弗·恩格斯》（1948）、《审美特性》（1963）等。在这些论著中，卢卡契一方面力图以历史唯物主义为主导，对艺术的产生、发展、演变及其社会作用给予多方面的社会历史分析，同时又力图以辩证唯物主义为主导，探讨艺术审美反映的特殊本质、范畴和结构。与此同时，苏联和东欧各社会主义国家的文艺理论，也大都是以辩证唯物主义和历史唯物主义的认识论或反映论为哲学基础，以文学艺术对社会现实的审美反映关系为框架来进行理论建构的。

此外，意大利共产党的创建者和领导人葛兰西，不仅以其“实践哲学”和“文化领导权”思想成为列宁之后极负盛名的马克思主义思想家和文论家，而且对马克思主义和现代文化、文学和民族生活等进行了富于独创性的理论思考，提出并论述了“民族—人民的文艺观”。

在中国，五四新文化运动之后，受俄国革命的影响，以鲁迅、瞿秋白、郭沫若、冯雪峰等为代表的进步文艺家，从 20 世纪 20 年代就积极引进和传播马克思主义文艺理论，特别是引进和传播马克思、恩格斯、列宁等人的文艺论著，极大地促进了中国左翼文艺运动的发展。

（三）马克思主义文艺理论的新发展阶段

这一阶段，亦可称为马克思主义文艺理论在现当代各国的建设阶段。这一阶段，马克思主义文艺理论研究在苏联、东欧、西欧及北美等一些国家和区域有不同程度的进展，但尤以马克思主义文艺理论中国化的理论成就为主要标志。

马克思主义文艺理论在现当代的发展是个世界性的现象。在西方的表现，主要是形成了所谓的“西方马克思主义”文艺理论。它的情况比较复杂，观念比较“多元”，良莠不齐，矛盾重重，反映了这些国家是在依据自身的情况和变革要求来思考和探索面临着的理论问题。它在一些理论问题上有更新和推进，但也存在着五花八门的逆反、偏离和质变。流行于欧美国家的“西方马克思主义”文艺理论虽然有些研究的结论未必正确，但以鲜明的社会与文化批判著称于世，在研究和剖析马克思主义文本上，做得还是可以的。总体说来，“西方马克思主义”文艺理论还是在当代西方文艺理论的思潮范围之内的。

“西方马克思主义”文艺理论试图根据各种西方哲学观念和对不同历史与文化处境的理解来重新“解释”、重新“发现”、重新“创造”马克思主义。它包括人本主义与科学主义两大支脉，属于人本主义的主要有阿多尔诺、马尔库塞、萨特等人，属于科学主义的主要有列斐弗尔、德拉-沃尔佩、阿尔都塞等人。阿多尔诺的否定论美学、否定认识文论模式及其对流行艺术的批判，马尔库塞的新感性美学与审美形式论，布洛赫的表现主义文论，威廉斯的文化唯物主义以及伯明翰学派的通俗文化理论研究，本雅明和马舍雷的艺术生产理论，戈德曼的发生学结构主义文论，费歇尔的文艺认识论，伊格尔顿的意识形态文化政治批评，杰姆逊的后现代文化理论研究，等等，都从不同的方面显示了“西方马克思主义”文艺理论的个性和特点。

“西方马克思主义”文艺理论和美学对当代资本主义社会所作的批判以及对当代文化、艺术和美学现象与问题的分析研究，有不少合理乃至深刻之处，对丰富和深化马克思主义有一定的借鉴意义。例如，“西方马克思主义”论文艺与意识形态及政治的关系、文化工业理论、艺术生产理论、文艺和资本与商品生产的关系、争夺文化领导权问题、科学（传媒）技术与文艺发展的关系问题，等等。然而，由于“西方马克思主义”文论摇摆在马克思主义文化和当代西方资产阶级文化之间，习惯于把马克思主义方法同其他非马克思主义方法“嫁接”起来，这样一个根本性的理论缺陷，自然也就使得“西方马克思主义”文艺理论存在诸多的问题，对此是需要作出科学的反思和客观评判的。

马克思主义文艺理论新发展的重心在中国。以毛泽东为代表的中国共产党人，在对中国革命发展道路的艰苦探索中，开启了将马克思主义普遍真理同中国革命的具体实际和中华优秀传统文化相结合的马克思主义中国化进程，马克思主义文艺理论中国化是这一进程的一个重要组成部分。毛泽东集中地思考了文艺和文化在中国革命胜利前和胜利后的方向问题、道路问题、性质问题、功能和作用问题，就文艺和文化问题发表了一系列重要文章和讲话，主要有《在鲁迅艺术学院的讲话》（1938）、《新民主主义论》（1940）、《在延安文艺座谈会上的讲话》(1942)、《改造旧艺术　创造新艺术》(1947)、《同音乐工作者的谈话》(1956)、《百花齐放、百家争鸣》(1957)、《同文艺界代表的谈话》(1957)、《应当充分地批判地利用文化遗产》(1960)、《关于“古为今用，洋为中用”的批示》(1964)、《党的文艺政策应当调整》(1975)等。[①] 尤其是《在延安文艺座谈会上的讲话》《同音乐工作者的谈话》《同文艺界代表的谈话》等，就文艺与革命的关系、文艺与生活的关系、文艺与人民的关系以及文艺工作的方针、继承中外文艺遗产的原则、文艺创造和文艺工作的特殊规律等一系列涉及中国新文艺发展的重要理论与实践问题作出了多方面的论述和阐发，在中国革命和建设的新的历史语境下创造性地发展了马克思主义文艺思想，成为马克思主义文艺理论史上的新的经典文献。

改革开放以来，结合新的历史条件，中国的马克思主义文艺理论继续创新与发展，其主要标志是形成了中国特色社会主义文艺理论。中国共产党高度重视文艺领域工作和马克思主义文艺理论建设，坚持文艺的“二为”方向和“双百”方针，倡导弘扬主旋律与提倡多样化，在密切文艺同时代生活和人民群众的联系、培养文艺家队伍、加强和改进党对文艺工作的领导、支持和推进文艺事业发展等方面，进行了大量的实践、改革与理论探索。其中，1979 年邓小平《在中国文学艺术工作者第四次代表大会上的祝词》(以下简称《祝词》)，是改革开放时期党对文艺工作的第一个纲领性指导文献。《祝词》有两个方面的显著内容，一是不再提文艺从属于政治和不要求文艺从属于临时的、具体的、直接的政治任务，而是强调要继续坚持毛泽东提出的文艺为最广大的人民群众，首先是为工农兵服务的方向，坚持正确的政治方向，明确提出“文艺属于人民”“人民是文艺工作者的母亲”[②] 的论断，论述了“人民需要艺术，艺术更需要人民”[③] 的道理；二是尊重文艺特点和发展规律，申明要继续坚持百花齐放、推陈出新、洋为中用、古为今用的方针，在艺术创作上提倡不同形式和风格的自由发展，在艺术理论上提倡不同观点和学派的自由讨论。

此后，江泽民、胡锦涛在中国文联和中国作协的几次全国代表大会上的讲

---

① 参见《毛泽东文艺论集》，中央文献出版社 2002 年版。

② 邓小平：《在中国文学艺术工作者第四次代表大会上的祝词》，《邓小平文选》第二卷，人民出版社 1994 年版，第 209、211 页。

③ 邓小平：《在中国文学艺术工作者第四次代表大会上的祝词》，《邓小平文选》第二卷，人民出版社 1994 年版，第 211 页。

话，都是对邓小平《祝词》基本精神和主要理论内容的进一步丰富和拓展。江泽民强调，文艺应当“在人民的历史创造中进行艺术的创造，在人民的进步中造就艺术的进步，给人民以信心和向上的力量”①。他希望广大文艺工作者牢记人民是文艺工作者的母亲、生活是文艺创作的源泉这个真理。坚持深入群众、深入生活，努力把握时代的脉搏，充分认识建设中国特色社会主义的时代意义，充分认识最广大人民的根本利益，充分认识人民群众对文艺发展的基本要求。他认为，脱离人民、脱离生活的艺术，矫揉造作、无病呻吟的作品，不可能有感召力，也不可能有生命力。“只有虚心向人民群众学习，向生活学习，从人民群众的伟大实践和丰富多彩的生活中汲取营养，不断进行生活和艺术的积累，才会有美的发现和美的创造，才能为人民提供最好的精神食粮。”② 胡锦涛明确指出：“一切受人民欢迎、对人民有深刻影响的艺术作品，从本质上说，都必须既反映人民精神世界又引领人民精神生活，都必须在人民的伟大中获得艺术的伟大。”文艺工作者要坚持“以人为本”，“坚持以最广大人民为服务对象和表现主体，关心群众疾苦，体察人民愿望，把握群众需求，通过形式多样的艺术创造，为人民放歌，为人民抒情，为人民呼吁”。③ 他主张积极支持健康有益文化，努力改造落后文化，坚持抵制腐朽文化，把社会主义核心价值体系融入文艺工作的方方面面，满足人民群众多层次、多样化、多方面的精神文化需要，促进全社会形成积极向上的共同精神追求。这些论述，都极大地充实了中国特色社会主义文艺理论的内涵。

党的十八大以来，中国特色社会主义进入了新时代。“这个新时代，是承前启后、继往开来、在新的历史条件下继续夺取中国特色社会主义伟大胜利的时代，是决胜全面建成小康社会、进而全面建设社会主义现代化强国的时代，是全国各族人民团结奋斗、不断创造美好生活、逐步实现全体人民共同富裕的时代，是全体中华儿女勠力同心、奋力实现中华民族伟大复兴中国梦的时代，是我国日益走近世界舞台中央、不断为人类作出更大贡献的时代。”④ 以习近平

---

① 江泽民：《在中国文联第六次全国代表大会、中国作协第五次全国代表大会上的讲话》，《人民日报》1996 年 12 月 17 日。

② 江泽民：《文艺是民族精神的火炬》，《江泽民文选》第三卷，人民出版社 2006 年版，第 403 页。

③ 胡锦涛：《在中国文联第八次全国代表大会、中国作协第七次全国代表大会上的讲话》，《人民日报》2006 年 11 月 11 日。

④ 习近平：《决胜全面建成小康社会 夺取新时代中国特色社会主义伟大胜利——在中国共产党第十九次全国代表大会上的报告》，人民出版社 2017 年版，第 10—11 页。

同志为主要代表的中国共产党人，坚持把马克思主义基本原理同中国具体实际相结合、同中华优秀传统文化相结合，坚持毛泽东思想、邓小平理论、“三个代表”重要思想、科学发展观，深刻总结并充分运用党成立以来的历史经验，从新的实际出发，创立了习近平新时代中国特色社会主义思想。这一思想明确坚持和发展中国特色社会主义的基本方略，提出一系列治国理政新理念新思想新战略，是当代中国马克思主义、21 世纪马克思主义，是中华文化和中国精神的时代精华，实现了马克思主义中国化时代化的新飞跃。在这一新的飞跃中，习近平就新时代中国特色社会主义文艺的繁荣发展作出一系列重要论述，它们是习近平新时代中国特色社会主义思想的重要组成部分，把中国马克思主义文艺理论推进到了新的阶段。

2014 年 10 月 15 日，习近平在北京主持召开文艺工作座谈会并发表了《在文艺工作座谈会上的讲话》（以下简称《讲话》）。在《讲话》中，他深刻阐发了社会主义文艺和文艺工作的地位、作用和使命，创造性地回答了一系列有关文艺发展和繁荣的根本性、方向性问题，为新的历史条件下中国文艺的发展标示了航向。这篇讲话有几大理论重点：一是把文艺同实现中华民族伟大复兴联系起来；二是呼唤创作出无愧于时代的优秀作品；三是坚持以人民为中心的创作导向；四是强调中国精神是社会主义文艺的灵魂；五是高度重视加强和改进党对文艺工作的领导。《讲话》提出了“社会主义文艺，从本质上讲，就是人民的文艺”① 的论断，历史地梳理了党的历代领导人在文艺与人民关系上的主要观点，进而从“人民需要文艺”“文艺需要人民”“文艺要热爱人民”等方面对这一理论关系作出了系统、深入的阐述，丰富了文艺属于人民、文艺为人民服务的思想内涵。《讲话》明确指出：“加强和改进党对文艺工作的领导，要把握住两条：一是要紧紧依靠广大文艺工作者，二是要尊重和遵循文艺规律。”②

《讲话》还从多个方面对中国的马克思主义文艺理论长期关注的重大理论问题给予了新的阐发。比如，在文艺与时代生活的关系上，既讲了人民生活是文艺创作的源泉，要植根现实生活，紧跟时代潮流，深入群众，深入生活，又强调了文艺是时代前进的号角，最能代表一个时代的风貌，最能引领一个时代

---

① 习近平：《在文艺工作座谈会上的讲话》，人民出版社 2015 年版，第 13 页。
② 习近平：《在文艺工作座谈会上的讲话》，人民出版社 2015 年版，第 28 页。

的风气，要求作家、艺术家应该成为时代风气的先觉者、先行者、先倡者。《讲话》基于历史和文艺的新的时代变化和发展要求，对文艺在中华民族伟大复兴中的地位，文艺与中国精神的关系，特别是文艺在社会主义核心价值观建构中的作用，文艺与市场的关系，文艺与中华优秀传统文化和中华美学精神的传承和弘扬，以及文艺批评的批评精神和批评标准等，都做了新的理论概括，对中国特色社会主义文艺理论作出了系统完整的新表述，是中国马克思主义文艺理论建设的又一里程碑。《讲话》不仅增强了中国马克思主义文艺理论在国际上的话语权，而且使得中国马克思主义文艺理论具有了世界性的意义。

2016 年 11 月 30 日和 2021 年 12 月 14 日，习近平先后发表了《在中国文联十大、中国作协九大开幕式上的讲话》《在中国文联十一大、中国作协十大开幕式上的讲话》。在前一次讲话中，习近平指出，文运同国运相牵，文脉同国脉相连。实现中华民族伟大复兴，是一场震古烁今的伟大事业，需要坚忍不拔的伟大精神，也需要振奋人心的伟大作品。广大文艺工作者要高擎民族精神火炬，吹响时代前进号角，把艺术理想融入党和人民事业之中，做到胸中有大义、心里有人民、肩头有责任、笔下有乾坤，推出更多反映时代呼声、展现人民奋斗、振奋民族精神、陶冶高尚情操的优秀作品，为我们的人民昭示更加美好的前景，为我们的民族描绘更加光明的未来。习近平通过“提几点希望”的方式，创造性地阐发了许多重大而现实的文艺理论问题：一是要“坚定文化自信，用文艺振奋民族精神”；二是要“坚持服务人民，用积极的文艺歌颂人民”；三是要“勇于创新创造，用精湛的艺术推动文化创新发展”；四是要“坚守艺术理想，用高尚的文艺引领社会风尚”。在后一次讲话中，习近平指出，文化兴则国家兴，文化强则民族强。当代中国，江山壮丽，人民豪迈，前程远大。时代为我国文艺繁荣发展提供了前所未有的广阔舞台。推动社会主义文艺繁荣发展、建设社会主义文化强国，广大文艺工作者义不容辞、重任在肩、大有作为。他再次以“提几点希望”的方式，就新时代中国文艺繁荣发展的根本性问题作了论述：一是要“心系民族复兴伟业，热忱描绘新时代新征程的恢宏气象”；二是要“坚守人民立场，书写生生不息的人民史诗”；三是要“坚持守正创新，用跟上时代的精品力作开拓文艺新境界”；四是要“用情用力讲好中国故事，向世界展现可信、可爱、可敬的中国形象”；五是要“坚持弘扬正道，在追求德艺双馨中成就人生价值”。两次讲话中的这些重要论述，进一步丰富发展了《在文艺工作座谈会上的讲话》的精神内容，为马克思主义文艺理论宝库增添了新的财富。[1]

2022年10月16日，在中国共产党第二十次全国代表大会上的报告中，习近平指出“只有把马克思主义基本原理同中国具体实际相结合、同中华优秀传统文化相结合，坚持运用辩证唯物主义和历史唯物主义，才能正确回答时代和实践提出的重大问题，才能始终保持马克思主义的蓬勃生机和旺盛活力”[2]。2023年6月2日，在文化传承发展座谈会上的讲话中，习近平提出：“在五千多年中华文明深厚基础上开辟和发展中国特色社会主义，把马克思主义基本原理同中国具体实际、同中华优秀传统文化相结合是必由之路。这是我们在探索中国特色社会主义道路中得出的规律性认识。……历史正反两方面的经验表明，‘两个结合’是我们取得成功的最大法宝。”[3] 习近平在新时代文化建设方面的新思想、新观点、新论断，内涵丰富、论述深刻，是新时代党领导文化建设实践经验的理论总结，丰富和发展了马克思主义文化理论，构成了习近平新时代中国特色社会主义思想的文化篇，形成了习近平文化思想。这在马克思主义文艺理论的发展史上也具有里程碑意义。

三、学习马克思主义文艺理论的意义与方法

在现代文艺史上，马克思主义文艺理论的思想观念和方法，曾经影响了一代又一代的进步文艺家，成为他们确立正确文艺观、走向积极健康文艺创作的指南。马克思、恩格斯的文艺观，对当时的无产阶级诗人、民主主义和进步文艺家就产生了很大影响。俄国十月革命前后，高尔基与布尔什维克党的接近，特别是与列宁的交往，是他写出《母亲》这样的优秀作品并成为一位伟大的无产阶级作家的重要因素。在中国，鲁迅从革命民主主义转向马克思主义，最终成为新文学运动的旗手，也与他执着地译介和学习马克思主义文艺理论密切相关。鲁迅不仅大力支持马克思主义文艺理论著述的译介工作，还亲自翻译了《苏俄的文艺政策》、托洛茨基的《文学与革命》专论诗人勃洛克的第三章、卢那察尔斯基的《艺术论》和《文艺与批评》、普列汉诺夫的《艺术论》等。在

---

① 参见习近平：《在中国文联十大、中国作协九大开幕式上的讲话》，人民出版社2016年版；《在中国文联十一大、中国作协十大开幕式上的讲话》，人民出版社2021年版。

② 习近平：《高举中国特色社会主义伟大旗帜 为全面建设社会主义现代化国家而团结奋斗——在中国共产党第二十次全国代表大会上的报告》，人民出版社2022年版，第17页。

③ 习近平：《在文化传承发展座谈会上的讲话》，人民出版社2023年版，第5页。

回顾1928年的“革命文学”论战时，他曾经对友人说道：“我有一件事要感谢创造社的，是他们‘挤’我看了几种科学底文艺论，明白了先前的文学史家们说了一大堆，还是纠缠不清的疑问。并且因此译了一本蒲力汗诺夫的《艺术论》，以救正我——还因我而及于别人——的只信进化论的偏颇。”①

毛泽东《在延安文艺座谈会上的讲话》，更是影响了中国几代文艺家的文艺观念，深入生活，为人民大众服务，成为文艺家们的自觉选择，紧紧追随时代前行的脚步，与人民群众同呼吸共命运，追求民族风格与民族气派，成为现代以来中国优秀文艺的突出特征。习近平《在文艺工作座谈会上的讲话》《在中国文联十大、中国作协九大开幕式上的讲话》和《在中国文联十一大、中国作协十大开幕式上的讲话》，以其真理的力量，很快成为作家、艺术家践行以人民为中心创作导向的思想纲领和行动指南。

今天，中国人民正在进行着民族复兴的伟大实践，发展和繁荣社会主义文艺事业是这一伟大实践的一个有机组成部分。为此，我们不仅要切实重视学习和掌握马克思主义文艺理论，从思想上认识学习和掌握它的意义和价值，而且还要在此基础上，面向新时代的语境，创新和发展马克思主义文艺理论。

首先，学习马克思主义文艺理论有利于树立正确的文艺观和价值观，并据以指导文艺实践。马克思主义文艺理论的实践性特别重视从实践中来又到实践中去，重视以正确的理论和文艺观指导文艺创作和批评活动。正确的理论和文艺观有利于文艺家正确地反映现实、表现人生，创作出更好满足文艺接受者审美需要、提供更多人生滋养的优秀作品。正确的理论和文艺观也有利于文艺接受者认识和把握文艺作品的思想和审美价值，养成健康的艺术趣味，形成积极向上的世界观、人生观和审美观。马克思主义文艺理论是对文艺的社会性质和发展规律的科学认识与总结，同时也是在与各种错误的文艺创作和理论观念的斗争中发展起来的。马克思和恩格斯在分别写给拉萨尔谈悲剧创作问题的信里，对作者重视席勒而轻视莎士比亚，特别是其从抽象历史观念出发进行创作而缺乏现实主义的中肯批评；列宁在《党的组织和党的出版物》中对资产阶级非党性文学观的批判；毛泽东《在延安文艺座谈会上的讲话》对“文艺的基本出发点是爱，是人类之爱”等观念的批驳，无不表明马克思主义文艺理论的真理性是与其对于各种理论谬误的批判相统一的。当今时代，世界范围内文化和

① 鲁迅：《〈三闲集〉序言》，《鲁迅全集》第四卷，人民文学出版社2005年版，第6页。

意识形态领域的斗争依然激烈，各种各样的文艺思潮、文艺理论和美学观念层出不穷，其中有正确的也有错误的，有的则是真理与谬误混杂，因之，学习马克思主义文艺理论，树立科学的文艺观，是非常有助于我们在文艺理论学习中披沙拣金、作出正确取舍的。

其次，学习马克思主义文艺理论有助于确立观察文艺现象的马克思主义理论视角。习近平《在哲学社会科学工作座谈会上的讲话》指出："坚持以马克思主义为指导，是当代中国哲学社会科学区别于其他哲学社会科学的根本标志，必须旗帜鲜明加以坚持。"① 学习马克思主义文艺理论是创新和发展马克思主义文艺理论的前提，是建构以马克思主义为指导，充分体现中国特色文艺理论学科体系、学术体系、话语体系的需要。只有运用马克思主义的观点和方法，才能真正有效地创新和发展马克思主义文艺理论。马克思主义文艺理论是发展中的科学，在当今时代和未来时代仍需要创新发展。当然，马克思主义文艺理论的发展有其生长点和出发点。生长点是变化中的时代生活和文艺现实提出的新问题，只有在呼应和解决时代生活和文艺现实所提出的新问题的基础上，才有马克思主义文艺理论创新和发展的可能。出发点则是以往马克思主义文艺理论发展中积累下的一切优秀理论成果，理论和思想是有传承性的。恩格斯说："每一个时代的哲学作为分工的一个特定的领域，都具有由它的先驱传给它而它便由此出发的特定的思想材料作为前提。"② 文艺理论亦是如此。马克思主义文艺理论需要创新和发展，但首先必须学习和继承，学习和继承与创新和发展是辩证统一的关系，对以往的马克思主义文艺理论一无所知或知之甚少，创新和发展就失去本有的源流，就会成为一句空话。

最后，学习马克思主义文艺理论也为开展文艺理论和文艺批评研究提供了科学保证。文艺批评是文艺实践的重要形式，文艺理论研究则是文艺实践向思想创新的理论升华，这两种活动的展开，都包括对于批评和研究对象的分析、阐发、评价、判断等思维活动。要保证分析和阐发切合对象的存在实际与特点，评价和判断中肯恰当而不武断任意，就需要科学的理论观念作支撑，需要科学的方法来导引。只有在科学的理论观念和方法指导与引领下，文艺批评才会富有成效，具有力量。对文艺创作有指导意义，文艺理论研究

---

① 习近平：《在哲学社会科学工作座谈会上的讲话》，人民出版社2016年版，第8页。

② 恩格斯：《致康拉德·施米特》，《马克思恩格斯文集》第十卷，人民出版社2009年版，第599页。

也才不会走向错误。正因如此，才更加体现了学习马克思主义文艺理论的重要性。

毛泽东《在延安文艺座谈会上的讲话》的“引言”，谈到学习问题时特别强调了作家、艺术家要学习马克思列宁主义，指出：“一个自命为马克思主义的革命作家，尤其是党员作家，必须有马克思列宁主义的知识。”① 他举例批评一些作家主张一切应该从“爱”出发等错误观念，认为其缺少存在决定意识、阶级斗争和民族斗争的客观现实决定人们的思想感情这一马克思主义的基本观点，明确指出“马克思列宁主义是一切革命者都应该学习的科学，文艺工作者不能是例外”②。习近平《在文艺工作座谈会上的讲话》也郑重地指出：“只有牢固树立马克思主义文艺观，真正做到了以人民为中心，文艺才能发挥最大正能量。”③ 他还特别强调：“要以马克思主义文艺理论为指导，继承创新中国古代文艺批评理论优秀遗产，批判借鉴现代西方文艺理论，打磨好批评这把‘利器’，把好文艺批评的方向盘，运用历史的、人民的、艺术的、美学的观点评判和鉴赏作品，在艺术质量和水平上敢于实事求是，对各种不良文艺作品、现象、思潮敢于表明态度，在大是大非问题上敢于表明立场，倡导说真话、讲道理，营造开展文艺批评的良好氛围。”④ 这就进一步指明了学习和掌握马克思主义文艺理论的现实意义和实践价值，为我们学习马克思主义文艺理论增添了新的动力。

那么，在学习马克思主义文艺理论上要遵循怎样的方法呢？这里主要归纳为如下三点。

一是要在把握理论的体系中抓住重点学。马克思主义文艺理论是马克思主义整个理论体系的一个组成部分。相对于某位文论家或某一理论流派来说，马克思主义文艺理论自身也是一个完整的体系。我们要看到这两者之间的内在联系。同时，要把具体理论人物、理论流派、理论文献和理论观点放在马克思主义文艺理论的整体系统视野中考察，在与其他相关人物、流派、文献、观点的比较关系中来学习，不能一叶障目、以偏概全，只见树木、不见森林。此外，

---

① 毛泽东：《在延安文艺座谈会上的讲话》，《毛泽东选集》第三卷，人民出版社 1991 年版，第 852 页。

② 毛泽东：《在延安文艺座谈会上的讲话》，《毛泽东选集》第三卷，人民出版社 1991 年版，第 852 页。

③ 习近平：《在文艺工作座谈会上的讲话》，人民出版社 2015 年版，第 13 页。

④ 习近平：《在文艺工作座谈会上的讲话》，人民出版社 2015 年版，第 30 页。

还要在把握整体体系的基础上分清主次、轻重，着重于对马克思主义文艺理论基本精神、理论原则和主要理论关系与问题的把握，尤其是要把功夫多花在阅读马克思主义文艺论著的经典文本上，这是学好马克思主义文艺理论的关键。

二是要在联系实际和对文论发展趋势的把握中带着问题学。马克思主义文艺理论有其历史的形态，有其历史的发展线索和阶段性，诸多理论观念和命题都有其具体的生发缘由，有其历史语境的具体限定性，其确切的理论内涵必须回溯至具体的历史语境之中才能加以透彻理解，其具体理论效应也必须联系文艺发展的实际状况才能获得清晰显现。因此，学习中必须具有历史意识，有历史的把握，同时具有问题意识。历史的把握既是为了更好理解以往相关理论观点的语境与内涵，也是为了把以往生成的理论观念延伸、引入当下的文艺实践。因为理论生成的具体限定性在一定意义上就可能意味着历史局限性，以往的理论需要在当下的文艺实践中检验、体察其生命活力，也只有在与当下实践的互动、碰撞中才能得到进一步的发展。因此，历史的把握还应该有问题意识的参与。"坚持问题导向是马克思主义的鲜明特点。问题是创新的起点，也是创新的动力源。"① 带着问题意识鉴古察今，知其然并知其所以然，才能真正走进历史，更好地认识不同时期马克思主义文艺理论的内容和特点，理解和评断各个理论观念的价值与意义。

三是要努力把文艺理论观点同文艺研究方法统一起来学习。马克思主义文艺学说作为一种科学的文论形态，既是基于对文艺社会性质、文艺创作和发展规律总结而形成的一个理论观念系统，也是基于辩证唯物主义和历史唯物主义形成的一种考察艺术的方法论，即它是科学的理论观念和科学的研究方法的统一。恩格斯晚年说："马克思的整个世界观不是教义，而是方法。它提供的不是现成的教条，而是进一步研究的出发点和供这种研究使用的方法。"② 马克思主义的文艺观也是如此。因此，我们既要把马克思主义文艺理论作为一种文艺的观念系统来掌握和学习，也要把它当作一种研究文艺问题的方法论来掌握和学习。马克思主义文艺理论在长期的发展中已经形成了一些重要的观点、命题和论断，掌握这些观点、命题和论断并将之运用于文艺研究和文艺批评之中，是理所当然的。然而，如果学习者不明白这些观点、命题和论断是以往的马克

① 习近平：《在哲学社会科学工作座谈会上的讲话》，人民出版社 2016 年版，第 14 页。
② 恩格斯：《致韦尔纳·桑巴特》，《马克思恩格斯文集》第十卷，人民出版社 2009 年版，第 691 页。

思主义者运用科学的方法论所获得的理论产物，不注意理论和实践结合，不注意历史和逻辑统一，仅仅是记住了它们，而不会用科学的方法论在新的实践中检验它们、发展它们，这是很难得到马克思主义文艺理论的精髓的。掌握立场、观点和方法的统一，对于马克思主义文艺理论的学习者来说是最重要的事情。只有掌握了马克思主义的文艺方法论，如对立统一的方法、发展变化的方法、阶级分析的方法、普遍联系的方法等，我们才能科学地分析和判断文艺作品和文艺现象，才能使文艺理论研究沿着正确的方向深化、发展、前进，才能使马克思主义文艺理论真正变成我们行动的指南。

思考题：

1. 如何理解马克思主义文艺理论的研究对象、范围与特征？
2. 马克思主义文艺理论经历了哪几个主要的发展阶段？
3. 学习马克思主义文艺理论有什么意义和价值？

第一章　文艺作为观念形态的上层建筑

文艺的属性是什么？这是文艺理论的根本问题，也是马克思主义文艺理论首先要解决的问题。马克思主义认为，文艺是观念形态上层建筑的一个组成部分。恩格斯说："每一时代的社会经济结构形成现实基础，每一个历史时期的由法的设施和政治设施以及宗教的、哲学的和其他的观念形式所构成的全部上层建筑，归根到底都应由这个基础来说明。"① 文艺作为社会中的存在事物，从其自身的构成属性来讲，是形成于艺术审美生活领域的一种社会意识形式；从其社会属性来讲，它是具有意识形态性的一种社会意识形式，可以生动鲜明地表现出特定的社会性质。文艺既被社会生活和经济基础所决定，同时又反作用于社会生活和经济基础。文艺发挥这种反作用的途径之一是它成为人类掌握世界的一种专有方式，能充分表现出人的本质力量，促进社会的进步和发展。以艺术精神的方式来掌握世界，实际上就是按照艺术规律来掌握世界。

"艺术的规律"充分地、集中地体现在"美的规律"中。"按照美的规律"进行文艺创作的核心，就是处理好真善美的关系。审美要以"真"和"善"为基础，文艺的价值归根结底要以真善美为内在支撑，缺少真善美的作品很难具有艺术审美价值。同时，文艺还要以新颖、生动、鲜活的艺术形象来调动人的意识和审美感情，缺乏艺术性的作品不具有充分的审美价值，当然也就无法发挥积极的艺术功能。

第一节　文艺在社会结构中的位置

文艺是人的一种生活方式，是一种社会性的、精神性的活动。文艺在社会结构中占有特定的位置，由此形成了文艺的基本性质、特点和功用。

一、文艺是一种社会意识形式

文艺在社会结构中的位置不是人为规定的，而是在人类社会发展中逐步形

① 恩格斯：《反杜林论》，《马克思恩格斯文集》第九卷，人民出版社 2009 年版，第 29 页。

成的。这是历史唯物主义的一个命题。

（一）文艺属于观念形态的上层建筑

文艺的直接表现是形成文艺作品。单就文艺作品本身而言，它是个物质性的存在。不论是文学作品，还是美术作品、音乐作品，皆可作如是观。它是文艺感知的首要对象。一切文艺作品都要以一定的物质形式为载体，都要利用一些物质的手段，如语言、色彩、形状、结构等物质的表现形式，但这些物质表现形式并不构成文艺的本质。真正决定文艺本质的是人的创造性活动，是人在社会生活的基础上把这些物质因素利用起来、组织起来，形成有意蕴的形象或形象体系。所以说，文艺是人的意识的创造物，这种创造物是人的意识对客观对象加工制作的产物，因此具有精神属性。

所谓“意识”，从认识论意义上说，就是大脑对外在信息进行加工而形成的具体内容，如人的感觉、主张、观念、思想等，是客观物质世界在人脑中的主观映象，是大脑认知活动的结果。

那么，文艺所承载的意识内容从何而来呢？对此，文艺理论学说史上曾有过多种不同的回答，不过大致可以分为两类：一类以唯心主义观念为代表，主张意识的完全独立性，即认为意识是本原的、自在的，作家头脑中的意识是作品的最终源泉。譬如，柏拉图的“神灵附体说”，以及其后的灵感论、偶然论等。另一类则以唯物主义观念为代表，主张意识的相对独立性，认为物质性的社会生活是文艺的最终源泉，作家的头脑和意识要以客观社会为依据。马克思主义则对这种观念进行了既唯物又辩证的解析。

马克思和恩格斯通过对以往思想史、认识史的批判反思，以对历史的考察和现代科学的发展成果为根据，发现了社会意识得以形成和发展的内在规律与最终根源。在文艺上也是如此。在他们看来：“不是人们的意识决定人们的存在，相反，是人们的社会存在决定人们的意识。”① 这一发现，科学地回答了物质世界及客观存在同人的精神机能及主观思维的关系，为我们正确认识文艺的性质奠定了基石。马克思在《〈政治经济学批判〉序言》中说：

人们在自己生活的社会生产中发生一定的、必然的，不以他们的意志

① 马克思：《〈政治经济学批判〉序言》，《马克思恩格斯文集》第二卷，人民出版社 2009 年版，第 591 页。

为转移的关系，即同他们的物质生产力的一定发展阶段相适合的生产关系。这些生产关系的总和构成社会的经济结构，即有法律的和政治的上层建筑竖立其上并有一定的社会意识形式与之相适应的现实基础。……随着经济基础的变更，全部庞大的上层建筑也或慢或快地发生变革。在考察这些变革时，必须时刻把下面两者区别开来：一种是生产的经济条件方面所发生的物质的、可以用自然科学的精确性指明的变革，一种是人们借以意识到这个冲突并力求把它克服的那些法律的、政治的、宗教的、艺术的或哲学的，简言之，意识形态的形式。我们判断一个人不能以他对自己的看法为根据，同样，我们判断这样一个变革时代也不能以它的意识为根据；相反，这个意识必须从物质生活的矛盾中，从社会生产力和生产关系之间的现存冲突中去解释。①

马克思的这段话，是他的唯物史观的简要表述，也是他研究人文和社会问题重要的方法论。对于文艺而言，可以说这段论述在人类思想史上第一次科学地确定了文艺在社会结构中的位置，明确地阐述了文艺是与物质生活相适应的一种“社会意识形式”，属于观念形态的上层建筑范畴。

马克思的阐述清晰地告诉我们，社会的上层建筑要被经济基础所制约和决定，它为人们把握意识的性质、来源、发展规律提供了依据。马克思说：“我们的出发点是从事实际活动的人，而且从他们的现实生活过程中还可以描绘出这一生活过程在意识形态上的反射和反响的发展。甚至人们头脑中的模糊幻象也是他们的可以通过经验来确认的、与物质前提相联系的物质生活过程的必然升华物。因此，道德、宗教、形而上学和其他意识形态，以及与它们相适应的意识形式便不再保留独立性的外观了。它们没有历史，没有发展，而发展着自己的物质生产和物质交往的人们，在改变自己的这个现实的同时也改变着自己的思维和思维的产物。不是意识决定生活，而是生活决定意识。”②

早期的马克思主义理论家普列汉诺夫依据这一原理，论述了社会结构的“五因素论”。他说：“如果我们想简短地说明一下马克思和恩格斯对于现在

① 马克思：《〈政治经济学批判〉序言》，《马克思恩格斯文集》第二卷，人民出版社 2009 年版，第 591—592 页。

② 马克思、恩格斯：《德意志意识形态》，《马克思恩格斯文集》第一卷，人民出版社 2009 年版，第 525 页。

很有名的‘基础’对同样有名的‘上层建筑’的关系的见解，那么我们就可以得到下面一些东西：（一）生产力的状况；（二）被生产力所制约的经济关系；（三）在一定的经济‘基础’上生长起来的社会政治制度；（四）一部分由经济直接所决定的，一部分由生长在经济上的全部社会政治制度所决定的社会中的人的心理；（五）反映这种心理特性的各种思想体系。”① 在不断深化的认识过程中，马克思主义形成了关于社会结构的更为精练的表述，即我们目前所通行的说法：经济基础（由生产力和生产关系所构成）决定了设施的上层建筑（主要由国家机器等政权组织所构成），继而决定了观念形态的上层建筑（包括社会心理，主要由政治法律思想、道德、宗教、哲学、艺术等社会意识形式所构成）。这一表述，使我们清楚地看到了文艺在社会结构中的位置——文艺属于观念形态的上层建筑。

（二）文艺作为社会意识形式的存在

拓展资源

政治经济学批判·序言（节选）

“观念形态的上层建筑”是对人类精神现象和社会意识的总称。人的社会生活是丰富的、多方面的，不同生活领域之间既相互联系又相互区别。这一点，从分工的观点来看是比较容易理解的。比如，社会中有关政治的生活和因素形成了政治领域；有关道德的生活和因素形成了道德领域；有关艺术和审美的生活和因素形成了艺术和审美领域。这是社会生活同社会分工领域之间的关系。

既然我们的出发点是从事实际活动的人，并且可以看到他们的现实生活过程在各种意识形式上的反射和反响，那么，我们就能够从分工的角度了解各种意识形式的状况。社会生活的内容一定会反映到社会意识中来，而社会生活中的分工，在社会意识层面也必然形成与社会生活相对应的特定领域，如政法思想、哲学、宗教、道德和艺术等。这些社会意识层面中各自独特的表现领域被称为“社会意识形式”。即，政治领域的生活反映在社会意识中，就形成了政治思想的社会意识形式；道德领域的生活反映在社会意识中，就形成了道德观念的社会意识形式；文艺领域的生活反映在社会意识中，就构成了文艺这种社会意识形式。这是社会生活分工领域同社会意识分工形式之间的关系。

① ［俄］普列汉诺夫：《马克思主义的基本问题》，《普列汉诺夫哲学著作选集》第三卷，生活·读书·新知三联书店1962年版，第195页。

当然，社会意识形式的各种区分，严格说来只是理论的判断，实际上它们往往表现为交叉关系，是你中有我、我中有你、浑然一体的，既有相对独立的一面，又有相互渗透包容的一面。它们之间的区别只是在某个领域、某种意识形式中更加集中、更加突出一些而已。

恩格斯说："人们首先必须吃、喝、住、穿，然后才能从事政治、科学、艺术、宗教等等；所以，直接的物质的生活资料的生产，从而一个民族或一个时代的一定的经济发展阶段，便构成基础，人们的国家设施、法的观点、艺术以至宗教观念，就是从这个基础上发展起来的，因而，也必须由这个基础来解释，而不是像过去那样做得相反。"① 文艺作为社会生活中的事物，是一种客观的社会性的存在。我们所接触的文艺作品一经产生，就在社会中相对客观地存在着。它们同哲学意识、宗教意识、道德意识等共同构成观念形态的上层建筑，具体表现为一种特定的社会意识形式。文艺这种社会意识形式，势必成为人的现实生活过程在审美意识上的投射和反映。

因此，从根源上看，文艺的存在来自社会生活。文艺同社会生活的关系决定了文艺作为一种社会存在事物的基本属性即文艺的存在本性——文艺是观念形态上层建筑中的一种构成性存在，是以一定手法塑造形象体系以满足人的精神和审美需要的社会意识形式。

社会生活的相对稳定性造就了社会意识形式的相对稳定性。只要有某种类型的社会生活存在，必然会产生与这种社会生活存在相适应的社会意识形式。文艺作为社会意识形式之一，以相应的社会生活为根据，既不会轻易地被其他社会意识形式所同化，也不会简单地从社会生活和历史结构中消失。

二、文艺的意识形态性质

社会存在的特定性质决定了社会整体意识的性质，整体的社会意识在不同的历史阶段会呈现为特定的表现形态，即社会的意识形态。特定历史阶段的意识形态总要在政治、法律、道德、哲学等社会意识形式中表现出来。文艺同样也是如此。因为文艺作为一种社会意识形式，它不是空洞、抽象的，其内容必然要受到社会生活的影响。文艺在受制于一般社会发展状况的同时，还受制于

---

① 恩格斯：《在马克思墓前的讲话》，《马克思恩格斯文集》第三卷，人民出版社 2009 年版，第 601 页。

社会发展阶段的社会性质，由此表现为文艺的意识形态性。重视文艺的意识形态性，是马克思主义文艺理论的一个鲜明特征。

目前，社会和学界对“意识形态”概念的内涵及意识形态理论，在理解、阐释和使用方面多有歧义。本书认为，我们要探讨和学习的是马克思主义文艺理论，不是其他思想体系的文艺理论，因此必须在辩证唯物主义和历史唯物主义的语境中来认识这些问题。这就需要把握住以下几个要点：第一，马克思主义经典作家使用“意识形态”概念的原意、本义；第二，马克思主义经典作家对“意识形态”概念的使用比较复杂，人们的解读有很大的不同，因此要以辩证唯物主义和历史唯物主义的基本原理为理解依据；第三，语言、概念往往是发展的、变动的，“意识形态”的内涵要符合今天使用这一概念时的用意；第四，文艺意识形态理论必须符合文艺的实际。

（一）马克思主义意识形态理论的形成与解析

法国哲学家特拉西最早正式使用“意识形态”这一术语，他把“意识形态”界定为中立的为一切观念的产生提供一个真正科学哲学基础的“观念科学”。在特拉西的“意识形态”概念法语词汇意义的基础上，马克思创立了“意识形态”概念的德语词汇意义，主要用它来指称以唯心主义为核心的旧的思想体系。马克思曾经说：“德国唯心主义和其他一切民族的意识形态没有任何特殊的区别。”① “几乎整个意识形态不是曲解人类史，就是完全撇开人类史。”② 马克思对自己创立的辩证唯物主义和历史唯物主义思想体系和信仰的共产主义理论是否称为意识形态，采取十分审慎的态度。在理论和概念的发展过程中，人们对“意识形态”概念的使用逐渐具有了一般性的意义，使这一概念演变为带有中性意味的概念，可以指称社会意识中不同社会性质的思想体系。这样，就可能有真实的意识形态，也有虚假的意识形态；有先进的意识形态，也有守旧的意识形态。在不同时期、不同语境内，人们对“意识形态”概念的使用各有差异，由此造成了该概念内涵的多义性和混杂性。例如，在西方现代文化哲学的语境中，“意识形态”概念泛指各种构成体系的思想、观念、意识，如国家意识形态、女性主义意识形态、基督教意识形态等概念，如无政府主

---

① 马克思、恩格斯：《德意志意识形态》，《马克思恩格斯文集》第一卷，人民出版社 2009 年版，第 510 页。

② 马克思、恩格斯：《德意志意识形态》，《马克思恩格斯文集》第一卷，人民出版社 2009 年版，第 519 页。

义、自由主义、民族主义、保守主义等各种观念和主张，都被看作是一种独立的意识形态。

马克思主义的意识形态学说，同西方现代文化哲学语境中的意识形态学说有着根本的不同。马克思主义阐述了经济基础决定社会上层建筑的一般原理，描述了社会结构中不同层次因素之间的相互关系，具有普遍性、整体性和原则性，具有理论方法论的意义。同时，关于经济基础与上层建筑的描述是一种形象性的说法，是对现实生活中的社会历史结构及其关系的展示。我们不能停留在经济基础决定上层建筑的一般性表述上，还要看到经济基础的决定作用是怎样表现的，是从哪里表现出来的。

按照马克思主义观点，在经济基础的各个历史阶段之间，有着基本性质上的区别，从而形成性质迥异的表现形态，一般被称为“经济形态”。那么，人类社会都有哪些经济形态呢？马克思指出：“大体说来，亚细亚的、古希腊罗马的、封建的和现代资产阶级的生产方式可以看作是经济的社会形态演进的几个时代。”① 就是说，每一历史阶段的经济基础都呈现为一定的面貌、样态，表现为“经济的社会形态”。如以人力耕作和土地依附关系为特点的历史阶段，表现为封建主义的经济形态；以机器生产和资本运作为特点的历史阶段，表现为资本主义的经济形态。迄今为止，人类经历了原始共产主义的、奴隶主义的、封建主义的、资本主义的和社会主义的五种经济形态。

马克思不仅指出了社会结构的组成和相互关系，还指出了社会发展变化的内在原因和机制，即“物质生活的生产方式制约着整个社会生活、政治生活和精神生活的过程”②。这种制约，表现为物质生活对社会生活和精神生活在社会性质上的决定作用，即经济形态的性质决定了社会制度的性质，表现为特定的社会形态；经济形态和社会形态的性质又决定了社会意识的性质，表现为特定的意识形态。意识形态表现为在特定经济形态、社会形态基础上形成的社会意识的整体样态，是经济基础和政治上层建筑的性质在观念的上层建筑即社会意识中的反映。或者说，意识形态是具有特定性质的社会意识的整体表现。不同社会的整体意识体系之间，有着社会性质方面的区别。这种社会性质方面的区

① 马克思：《〈政治经济学批判〉序言》，《马克思恩格斯文集》第二卷，人民出版社 2009 年版，第 592 页。

② 马克思：《〈政治经济学批判〉序言》，《马克思恩格斯文集》第二卷，人民出版社 2009 年版，第 591 页。

别，是马克思主义唯物史观语境中“意识形态”概念的基本含义，并发挥着相应的作用。

据此，可以作出这样的一个界定：意识形态是直接在一定经济基础和上层建筑之上产生，由诸多社会因素构成，表现在多种意识形式中的社会意识的整体样态。这一界定的意义在于强调意识的社会性质。“意识形态”这一概念之所以成立，正在于它可以确切地表明，在不同经济形态基础之上的社会意识彼此间的社会属性是不同的。

这里须再次强调，我们所说的“意识形态”概念，具有马克思主义历史唯物主义的意义，同西方文化哲学意义上的“意识形态”概念有着根本的不同。它不是指成系统的某种具体的观念、思想或主张，而是指具有特定社会性质的整体社会意识。

不过，事物的社会属性不等于事物本身，因此“意识形态”不能完全等同于“观念的上层建筑”。实际上，马克思主义的“意识形态”和“观念的上层建筑”是两个既有区别又有联系的概念。马克思、恩格斯在讲到经济基础和上层建筑的关系时，是以此来说明物质生产关系对于社会制度及思想观念的决定性作用。在观念的上层建筑中，包括全部精神性的社会意识和观念体系。其中，以思想观念更为重要，更有代表性，是观念的上层建筑实质性构成的主体。所以，经典作家常常以作为观念的上层建筑的思想观念为例进行一般性的阐述。但这样做并不意味着观念的上层建筑中只能有思想观念，不能有社会心理等其他的意识成分。马克思、恩格斯说：“人们的观念、观点和概念，一句话，人们的意识，随着人们的生活条件、人们的社会关系、人们的社会存在的改变而改变，这难道需要经过深思才能了解吗?”① 这里的“观念、观点和概念”，是人们的意识的代表，是对全部社会意识中重要成分的突出强调。以此来代表全部社会意识，并不等于说它们径直等同于全部社会意识。只有这样，才可以正确理解马克思的下面一段话：“在不同的财产形式上，在社会生存条件上，耸立着由各种不同的，表现独特的情感、幻想、思想方式和人生观构成的整个上层建筑。”② 观念的上层建筑不仅建立在经济基础上，还建立在社会生

① 马克思、恩格斯：《共产党宣言》，《马克思恩格斯文集》第二卷，人民出版社 2009 年版，第 50—51 页。

② 马克思：《路易・波拿巴的雾月十八日》，《马克思恩格斯文集》第二卷，人民出版社 2009 年版，第 498 页。

存条件上。社会的生存条件比经济基础要宽泛得多。情感、幻想、习俗等精神因素，也属于观念的上层建筑的实质性成分，但它们的产生并不都被经济基础所决定，而意识形态则主要被特定形态的经济基础所决定。

此外，我们还要认识和理解恩格斯所说的“那些更高地悬浮于空中的意识形态的领域”①。恩格斯指出：“我们所研究的领域越是远离经济，越是接近于纯粹抽象的意识形态，我们就越是发现它在自己的发展中表现为偶然现象，它的曲线就越是曲折。”② 这就体现了马克思主义意识形态理论的辩证法因素。

根据上述对经典作家思想的解读，我们可以对全部社会因素作出这样的表述：一方面，一般社会结构可以根据其地位和作用而逐级地分为物质基础—政治的上层建筑—观念形态的上层建筑这样的层次关系，形成社会结构方面的维度。这里的社会结构只是一个框架，需要由实质性的部件来填充、来组成，即由生产力、生产关系、国家机器、社会意识形式等来组成。另一方面，生产力、生产关系、国家机器、社会意识形式等社会结构的实际部件，在历史的不同发展阶段具有不同的社会性质。社会性质在经济基础层次上的表现即为经济形态；在政治上层建筑层次上的表现即为社会形态；在观念的上层建筑层次上的表现即为意识形态。从而构成社会经济形态—社会政治形态—社会意识形态的层次关系，形成社会性质方面的维度。因此，意识形态是观念的上层建筑的社会性质的表现，同时也是构成观念的上层建筑实体的诸种社会意识形式的社会性质的表现。

这样，社会中每一具体的思想观念都具有两个维度的规定。在社会结构维度上，具体的思想观念总要归属于某一种意识领域，即归属于某一种社会意识形式，是观念的上层建筑中的一个组成分子；在社会性质维度上，具体的思想观念都处于某种特定的意识形态之中，具有意识形态性。因此，政治、法律、哲学、宗教、道德、艺术等，既可以同观念的上层建筑相联系，也可以同意识形态相联系，而不同的联系具有不同的地位与意义。

具体说来，文艺的社会结构维度表现的是文艺在整体社会结构中的位置，即文艺是观念的上层建筑中的一个组成部件、一种社会意识形式，由此构成了

---

① 恩格斯：《致康拉德·施米特》，《马克思恩格斯文集》第十卷，人民出版社 2009 年版，第 598 页。

② 恩格斯：《致瓦尔特·博尔吉乌斯》，《马克思恩格斯文集》第十卷，人民出版社 2009 年版，第 669 页。

文艺的存在本性。文艺的社会性质维度则表现出文艺在历史发展阶段中特定的社会性质，即在经济形态和社会形态的社会性质的基础上，具有意识形态的社会性质，由此构成了文艺的意识形态属性。每一具体的思想观念都处于这两个维度的交叉点上，并同时具有这两个维度。

这样来看，马克思所说的“意识形态的形式”，应该是指具有意识形态性的社会意识形式，或者说是意识形态的表现形式或存在形式。哲学、宗教、艺术等既是意识形态的表现形式，又是意识形态的存在形式。而恩格斯所说的“意识形态的领域”，应该是指表现出意识形态性的社会意识领域；意识形态作为一种思想体系，则是指具有特定社会性质的思想体系。

综合考察文艺在社会结构中的位置和它所具有的社会属性及自身的特点和功能等因素，对文艺的本性可以作这样的表述：文艺是具有意识形态性的、以一定物质手段塑造形象体系，满足人们审美需要的社会意识形式。简言之，文艺是一种既具有意识形态性又具有审美性的社会意识形式。

（二）文艺的意识形态性及其表现

马克思、恩格斯认为：“统治阶级的思想在每一时代都是占统治地位的思想。这就是说，一个阶级是社会上占统治地位的物质力量，同时也是社会上占统治地位的精神力量。支配着物质生产资料的阶级，同时也支配着精神生产资料，因此，那些没有精神生产资料的人的思想，一般地是隶属于这个阶级的。”① 这种占据统治地位的精神力量，即在社会中占据主导地位的思想意识。整体的社会意识都因这种主导思想而具有特定的性质，即构成社会意识形态的性质。艺术家作为创作主体总会处于某种特定的社会之中，其思想意识必然受到当时社会意识形态性质的影响。反过来，艺术家的世界观、阶级立场和思想感情又会影响到其作品的思想和倾向，从而使得文艺作品具有了意识形态的属性。

从整体而言，文艺是社会意识的一个组成部分，因此也是意识形态得以存在和表现的场所。根植于某一社会形态基础上的文艺意识形态性质，总是取决于它所属的社会性质，取决于创作主体的思想倾向和价值立场。文艺作为社会的意识形式，以全部社会生活作为反映对象。同时，每一具体的作品又只能反

---

① 马克思、恩格斯：《德意志意识形态》，《马克思恩格斯文集》第一卷，人民出版社 2009 年版，第 550 页。

映局部的社会生活，因而每部作品的内容、作用、地位，以及对社会性质的表现，总会因作者的价值观和反映对象状况的不同而有所差别。一般说来，与经济基础和政治制度直接相关的生活，占据整体社会的核心地位。越是社会生活的核心部分，特定社会性质的色彩越是浓烈。除此之外，社会生活中还有广阔的空间，一直延伸到社会生活的边缘地带。越是社会生活的外围的边缘部分，特定社会性质的色彩越是淡薄。相应地，作为对社会生活的反映，文艺作品的意识形态属性，其浓烈程度会依照同核心生活的距离关系而发生递减的变化。在文艺实践中可以看到，除创作主体的因素外，某些直接表现经济和政治生活的作品，如革命性、战斗性、阶级性和倾向性比较强烈的现实主义或浪漫主义文艺作品，其意识形态性都很浓郁，表现得也很强烈、很鲜明；而某些形式性较强和唯美主义的作品，则意识形态性比较淡薄，如描写自然生态的作品（山水诗、花鸟画）、描写人体生理属性的作品、创造图形和花纹的工艺美术作品和以娱乐为旨趣的大众文化产品等。

文艺作品表现意识形态性质的多样性和复杂性，来自文艺自身的规律性，出于文艺与生活关系的多层次性。只有正确地认识文艺意识形态性的具体表现，才能在文艺整体和文艺方向上鲜明而切实地坚持文艺意识形态理论，才能既满足社会的多方面需求，又能充分发挥文艺的应有能量。

第二节 文艺是人类掌握世界“专有的方式”

文艺不只是被动地受到社会生活的制约，它还能对社会和经济基础产生反作用。恩格斯指出：“政治、法、哲学、宗教、文学、艺术等等的发展是以经济发展为基础的。但是，它们又都互相作用并对经济基础发生作用。这并不是说，只有经济状况才是原因，才是积极的，其余一切都不过是消极的结果，而是说，这是在归根到底不断为自己开辟道路的经济必然性的基础上的相互作用。”① 文艺同经济基础，同政治、法、哲学、宗教等其他社会意识形式之间，是相互影响的。经济基础和其他社会意识形式的内容和状态，可以影响文艺，

---

① 恩格斯：《致瓦尔特·博尔吉乌斯》，《马克思恩格斯文集》第十卷，人民出版社 2009 年版，第 668 页。

文艺也能对经济基础和其他社会意识形式的发展产生促进或阻滞的作用。这种反作用是人的主体性、能动性和创造性的重要表现。从这方面来说，文艺是人类掌握世界“专有的方式”。

一、对世界的“艺术精神”的掌握

“艺术精神”的掌握这一命题是马克思提出来的。他说：“从抽象上升到具体的方法，只是思维用来掌握具体、把它当做一个精神上的具体再现出来的方式。但决不是具体本身的产生过程。……整体，当它在头脑中作为思想整体而出现时，是思维着的头脑的产物，这个头脑用它所专有的方式掌握世界，而这种方式是不同于对于世界的艺术精神的，宗教精神的，实践精神的掌握的。实在主体仍然是在头脑之外保持着它的独立性；只要这个头脑还仅仅是思辨地、理论地活动着。因此，就是在理论方法上，主体，即社会，也必须始终作为前提浮现在表象面前。”① 这里，马克思列举了不同于理论思维的人类掌握世界的几种专有方式，明确地把“艺术精神”作为专有方式的一种提了出来。

（一）什么是“艺术精神”的掌握方式

人对世界的“掌握”，是指人对世界的认识和改造。人对世界的认识，包括对事物外在表现的感知和对事物内在规律、特点的把握；人对世界的改造，是指人能从自己的目的出发使事物为我所用。人对世界的全面的掌握，表明了人能够以一种较为全面的方式占有自己的本质。

在马克思看来，现实社会中的具体现象是人的认识的起点。作为直观和表象起点的具体现象，还只是“整体的一个混沌的表象”。人在实践活动中，经过对大量现象的感知和分析，并通过更切近的规定，就会在分析中达到越来越简单的概念，从表象中的具体达到越来越稀薄的抽象，直至达到一些最简单的规定，这样就形成了概念，形成了理论。理论是把直观和表象加工成概念这一过程的产物，在这一过程中形成的具体的概念，“已不是关于整体的一个混沌的表象，而是一个具有许多规定和关系的丰富的总体了”②。这一“丰富的总体”又被称为“具体总体”“思想总体”或“思想具体”。它虽然是人对于某

---

① 马克思：《〈政治经济学批判〉导言》，《马克思恩格斯选集》第二卷，人民出版社 2012 年版，第 701—702 页。

② 马克思：《〈政治经济学批判〉导言》，《马克思恩格斯选集》第二卷，人民出版社 2012 年版，第 700 页。

一具体事物的认识，却包含着关于这一事物整体内部关系的认识，是体现着总体联系的具体。依靠理论思维，人能够深入世界的内部，把握事物之间内在的联系及其规律。

对世界的理论思维的掌握方式是高度抽象性的，它要摒弃具体的、偶然的、表面的现象和材料而直达事物内在的逻辑和规律。与这种高度抽象性思维的掌握世界的方式不同，人还能够对世界以“艺术精神”“宗教精神”和“实践精神”的方式加以掌握。这几种方式都不同程度地带有“感性”，即“直观和表象”的特点。

感性，在人的生命活动和社会活动中具有重要的意义。马克思说：“人只有凭借现实的、感性的对象才能表现自己的生命。”① “人对世界的任何一种人的关系——视觉、听觉、嗅觉、味觉、触觉、思维、直观、情感、愿望、活动、爱，——总之，他的个体的一切器官，正像在形式上直接是社会的器官的那些器官一样，是通过自己的对象性关系，即通过自己同对象的关系而对对象的占有，对人的现实的占有；这些器官同对象的关系，是人的现实的实现（因此，正像人的本质规定和活动是多种多样的一样，人的现实也是多种多样的），是人的能动和人的受动，因为按人的方式来理解的受动，是人的一种自我享受。”② 带有感性特点的“艺术精神”的掌握方式，是人的生命的直接表现，可以多样而充分地显现出人的本质力量。马克思说：“对象如何对他来说成为他的对象，这取决于对象的性质以及与之相适应的本质力量的性质；因为正是这种关系的规定性形成一种特殊的、现实的肯定方式。眼睛对对象的感觉不同于耳朵，眼睛的对象是不同于耳朵的对象的。每一种本质力量的独特性，恰好就是这种本质力量的独特的本质，因而也是它的对象化的独特方式，是它的对象性的、现实的、活生生的存在的独特方式。因此，人不仅通过思维，而且以全部感觉在对象世界中肯定自己。”③ 可以说，客观世界的多样性决定了人的本质力量的多样性，人的本质力量的多样性决定了人掌握世界方式的多样性。

审美的精神活动特性，充分表现在艺术活动中。文艺作为人的活动的一部

① 马克思：《1844 年经济学哲学手稿》，《马克思恩格斯文集》第一卷，人民出版社 2009 年版，第 210 页。

② 马克思：《1844 年经济学哲学手稿》，《马克思恩格斯文集》第一卷，人民出版社 2009 年版，第 189 页。

③ 马克思：《1844 年经济学哲学手稿》，《马克思恩格斯文集》第一卷，人民出版社 2009 年版，第 191 页。

分，在生命和社会发展中具有特殊的意义。固然，人首先要满足生存的需要，否则就无法存活。但人类的发展不只是停留在生存需要阶段，人是社会的人，有精神性和人文性。艺术活动作为审美性的精神活动，又不同于其他的精神活动，往往与意识形态有着密切关联。譬如，人的事业心、成就感、理想追求、自我价值的实现、荣誉获得的愿望等，都是精神性的需求，虽较少受到自然的限制，但要受到现实生活的制约，仍要同社会生存的利害观念相关联。艺术活动就不同了，它虽会受到艺术传统和生产力的某些限制，但具有“个人创造性和个人爱好的广阔天地，有思想和幻想、形式和内容的广阔天地”①。艺术活动的主要目的是要获得愉悦感，而这种愉悦感是会造成无限的审美空间的。孔子闻《韶》乐而“三月不知肉味”，艺术创作中作者可“精骛八极，心游万仞”，这些都表现出“艺术精神”掌握世界方式的独到之处。

（二）“艺术精神”方式的主要功能和特点

对世界“艺术精神”的掌握方式，其功能和特点主要表现在以下四方面：

其一，通过对具体形象的认知而直观地把握世界的本质。文艺是对社会生活的描写和表现，虽然基本采用的是形象的手法，但任何创作都要含有作家对社会生活的理性认识。这一特征使文艺成为内含“思想总体”的具体形象。当文艺体现出对社会生活的典型化加工时，作家头脑中的“思想总体”就转化为具体的形象体系，即成为体现着一定思想的具体感性形象，使艺术的形象化体系能对社会的本质方面加以反映和表现。艺术创作不是生活现象的简单罗列，优秀的文艺作品总是以生活的逻辑为线索而将生活现象生动地表现出来，具有丰厚内涵，从而深刻地反映出生活的内在本质。列宁就说过，列夫·托尔斯泰的作品中“至少会反映出革命的某些本质的方面”②。恩格斯在谈到巴尔扎克的创作时说：“他在《人间喜剧》里给我们提供了一部法国‘社会’，特别是巴黎上流社会的无比精彩的现实主义历史，他用编年史的方式几乎逐年地把上升的资产阶级在1816—1848年这一时期对贵族社会日甚一日的冲击描写出来，这一贵族社会在1815年以后又重整旗鼓，并尽力重新恢复旧日法国生活方式的标准。他描写了这个在他看来是模范社会的最后残余怎样在庸俗的、满身铜臭的暴发户的逼攻之下逐渐屈服，或者被这种暴发户所腐蚀；他描写了贵妇人

---

① 列宁：《党的组织和党的出版物》，《列宁选集》第一卷，人民出版社2012年版，第664页。

② 列宁：《列夫·托尔斯泰是俄国革命的镜子》，《列宁选集》第二卷，人民出版社2012年版，第241页。

（她们在婚姻上的不忠只不过是维护自己的一种方式，这和她们在婚姻上听人摆布的情况是完全相适应的）怎样让位给为了金钱或衣着而给自己丈夫戴绿帽子的资产阶级妇女。围绕着这幅中心图画，他汇编了一部完整的法国社会的历史，我从这里，甚至在经济细节方面（诸如革命以后动产和不动产的重新分配）所学到的东西，也要比从当时所有职业的史学家、经济学家和统计学家那里学到的全部东西还要多。”① 在我国现当代文学史中，鲁迅的《阿Q正传》、茅盾的《子夜》、巴金的《家》、曹禺的《日出》、柳青的《创业史》、路遥的《平凡的世界》等作品，都形象而深刻地表现出当时中国社会的状况，使人如同身临其境般地感到社会变革的必要性和迫切性，具有深刻的思想性和极大的教育作用。

其二，能通过感性形象而激发强烈的审美情感。艺术掌握世界方式的感性特点，使得它同人的情感生活的联系更直接、更迅速，因而在感觉上更为直观和生动，在情感体验上也更为深刻和强烈。因为人“是一个有激情的存在物。激情、热情是人强烈追求自己的对象的本质力量”②。艺术所引发的审美情感不同于生理性情感，带有社会性、文化性，因此是同思想性和社会认识紧密关联的。艺术是对世界的形象化的、带有情感的掌握方式，艺术建构出的形象体系来自生活本身，同生活现象之间有同构性联系。当人以在生活现象中形成的思想意识去塑造或观看艺术形象时，人就能被艺术形象所蕴含的思想及社会价值所感染，从而形成相应的情感。所以，情感不能脱离思想，脱离情感的思想和脱离思想的情感，实际上都是不存在的。在准确认识艺术的效能和特点方面，普列汉诺夫明确地反对“艺术只表现情感”的论点。他说：“艺术既表现人们的感情，也表现人们的思想，但是并非抽象地表现，而是用生动的形象来表现。艺术的最主要的特点就在于此。”③ 生活中的人都是现实的存在，没有抽象的人性，也没有抽象的情感。虽然人的情感类型都是喜怒哀乐，但喜怒哀乐的内涵和缘由大不相同。马克思、恩格斯在批判资产阶级的所谓“真正的社会主义”观念时曾尖锐地指出：“它所关心的既然已经不是现实的人而是‘人’，所

---

① 恩格斯：《致玛格丽特·哈克奈斯》，《马克思恩格斯文集》第十卷，人民出版社 2009 年版，第 570—571 页。

② 马克思：《1844 年经济学哲学手稿》，《马克思恩格斯文集》第一卷，人民出版社 2009 年版，第 211 页。

③ ［俄］普列汉诺夫：《论艺术（没有地址的信）》，曹葆华译，生活·读书·新知三联书店 1964 年版，第 4 页。

以它就丧失了一切革命热情，它就不是宣扬革命热情，而是宣扬普遍的人类之爱了。"① 而这种抽象的"人"和"普遍的人类之爱"，"不代表无产者的利益，而代表人的本质的利益，即一般人的利益，这种人不属于任何阶级，根本不存在于现实界，而只存在于云雾弥漫的哲学幻想的太空"②。毛泽东说："世上决没有无缘无故的爱，也没有无缘无故的恨。"③ 我们在社会主义文艺事业的发展过程中，要旗帜鲜明地反对抽象人性论和普遍情感论，坚持社会主义文艺的思想性、人民性和情感的倾向性。

其三，善于超越现实而表现理想。艺术地掌握世界，不仅是现实性的，还可以是理想性的。艺术具有虚构的特点，可以凭借丰富的想象力而刻画出理想的事物和世界。恩格斯针对民间故事书的作用曾经说道："民间故事书的使命是使农民在一天繁重的劳动之余，傍晚疲惫地回到家里时消遣解闷，恢复精神，得到欢娱，使他忘却劳累，把他那块贫瘠的田地变成芳香馥郁的玫瑰园；它的使命是把工匠的作坊和饱受折磨的徒工的简陋阁楼变幻成诗的世界和金碧辉煌的宫殿，把他那身体粗壮的情人变成体态优美的公主；但是民间故事书还有一个使命，这就是同圣经一样使他们有明确的道德感，使他们意识到自己的力量、自己的权利和自己的自由，激发他们的勇气并唤起他们对祖国的热爱。"④ 一切想象都有现实的基础，一切理想都是对现实的超越。立足于现实基础的想象和理想，往往就是人类社会的发展方向和目标，可以引导和鼓舞人们去奋斗，从而带来社会和历史的进步。

其四，对人的意识有巨大的浸透力和影响力。艺术审美对人的意识的影响具有"寓教于乐"和"润物无声"的特点，使人不知不觉地在愉快中受到感染。针对德国风俗画家卡尔·许布纳尔的画作《西里西亚织工》（1844），恩格斯曾经这样解说："画面异常有力地把冷酷的富有和绝望的贫困作了鲜明的对比。厂主胖得像一只猪，红铜色的脸上露出一付冷酷相，他轻蔑地把一个妇人的一

① 马克思、恩格斯：《德意志意识形态》，《马克思恩格斯文集》第一卷，人民出版社 2009 年版，第 590 页。

② 马克思、恩格斯：《共产党宣言》，《马克思恩格斯文集》第二卷，人民出版社 2009 年版，第 58 页。

③ 毛泽东：《在延安文艺座谈会上的讲话》，《毛泽东选集》第三卷，人民出版社 1991 年版，第 871 页。

④ 恩格斯：《德国民间故事书》，《马克思恩格斯全集》第二卷，人民出版社 2005 年版，第 84 页。

块麻布抛在一边，那妇人眼看出售无望，便昏倒了；她旁边围着两个小孩，一个老头吃力地扶着她；管事的在检验另外一块麻布，这块布的主人正在焦灼地等候检验的结果；一个青年正在把自己的劳动换来的可怜的收入给失望的母亲看；在石头的长凳上坐着一个老头、一个姑娘和一个男孩，他们在等着轮到自己；两个男人，一个人背着一块没有验上的麻布，正从房子里出来，其中一个怒气冲冲地摇晃着拳头，另一个把手搁在他的同伴的肩上，指着天，好像在说：别生气，自有老天爷来惩罚他。所有这些情景都出现在一间冷冷清清的、像是没有人住的外厅中，外厅的地面是石头铺的，只有厂主一个人是站在一块小毡垫上。在画面的远处，在柜台后面展现出来的是一个陈设极其讲究的账房，华丽的窗帘，明亮的镜子；几个办事员正在那里写什么，丝毫没有注意他们背后所发生的事情；老板的儿子，一个年轻的花花公子斜倚着柜台，手里拿着马鞭，嘴里叼着雪茄，冷眉冷眼地瞧着这些不幸的织工。”① 这幅画以典型化方式把社会生活的一个截面形象地展示出来，其感性形象中蕴含着丰富而深刻的社会内容，对人的意识形成巨大的冲击和影响。因此恩格斯评论道，这幅画“给不少人灌输了社会的思想”，“从宣传社会主义这个角度来看，这幅画所起的作用要比一百本小册子大得多”。② 可见，以“艺术精神”方式掌握世界所产生的效能是很有力、很突出的。

概括地讲，对“艺术精神”的把握，是人对世界具体而又体现总体、感性而又蕴含理性、直观而又附丽情感、形象而又不脱离思想的一种把握对象的专有方式。

二、“按照美的规律来构造”

这是马克思提出的重要的美学命题。在他看来，人对世界的掌握不是盲目的、任意的，而是要遵循一定规则的。以“艺术精神”的方式掌握世界，就要遵循美的规律。

（一）“美的规律”的思想内涵

在《1844 年经济学哲学手稿》中，马克思写道：

---

① 恩格斯：《共产主义在德国的迅速进展》，《马克思恩格斯全集》第二卷，人民出版社 1957 年版，第 589—590 页。

② 恩格斯：《共产主义在德国的迅速进展》，《马克思恩格斯全集》第二卷，人民出版社 1957 年版，第 590、589 页。

> 诚然，动物也生产。动物为自己营造巢穴或住所，如蜜蜂、海狸、蚂蚁等。但是，动物只生产它自己或它的幼仔所直接需要的东西；动物的生产是片面的，而人的生产是全面的；动物只是在直接的肉体需要的支配下生产，而人甚至不受肉体需要的影响也进行生产，并且只有不受这种需要的影响才进行真正的生产；动物只生产自身，而人再生产整个自然界；动物的产品直接属于它的肉体，而人则自由地面对自己的产品。动物只是按照它所属的那个种的尺度和需要来构造，而人却懂得按照任何一个种的尺度来进行生产，并且懂得处处都把固有的尺度运用于对象；因此，人也按照美的规律来构造。①

这段话的主旨是将人与动物相比较，论述人的生命的生产和再生产；人的生产活动和生命活动不像动物那样，只是为了延续生命和接种传代，满足狭隘的、生理的、直接的肉体的需要，而是一种“全面的”“真正的”生产，体现出人的自由自觉的生命存在。人之所以能够“自由地”面对自己的产品，首先是因为人能够“自由地”生产自己的产品；人之所以能够“自由地”生产自己的产品，首先是因为人是自由的生命体。人是有意识的物种，人的活动是“自由自觉的活动”。这种生命体的生产活动既讲究实用，也追求审美。这种自由自觉的生命活动和生产活动是形成审美活动的重要因素。当然，这里所说的“自由”，不是指可以恣意妄为，而是指人具有意志性、精神性，可以在一定程度上摆脱自然本能受到的限制。

人是按照“两个尺度”来进行生产的，一个是客体尺度，一个是主体尺度；一个是物质尺度，一个是人的尺度。客体尺度就是事物的客观标准，主体尺度就是人的价值需求。由于人也是物种之一，因此所谓“种的尺度”，当然也包括人的尺度，同时也是人和一般物种的“固有的尺度”。所谓“固有的尺度”，从对象方面说，是指对象的外在的感性形象和内在的本质属性；从主体方面说，是指人的感性意识、感官需要，更体现为人的高级的精神需要。人的生命活动的特点和对象化表现，是我们认识美的规律的重要依据。把美的规律运用于对象，按照美的规律来构造，才能产生出美的作品。

---

① 马克思：《1844年经济学哲学手稿》，《马克思恩格斯文集》第一卷，人民出版社2009年版，第162—163页。

马克思指出，人的生命活动是“自由的有意识的”，具有“整体特性”。[①]人的这种自由自觉性，表现为“能够有计划地使自然规律为一定的目的服务”[②]。“按照美的规律来构造”，这是人的一切创造性活动的法则。文艺是最典型、最集中的审美活动，因之，文艺生产更需要遵循美的规律。

理解“美的规律”，要以唯物辩证法和唯物史观为基础，以对审美活动特点的科学揭示为依据。美的现象、美感、审美关系和美的规律都是经过世代相传的社会实践和审美创造活动历史地形成和发展起来的。被人所普遍认可的“美的事物”（即所谓的“共同美”，如花朵、孔雀、自然风光等）一旦形成，就是一种相对而言的客观存在。社会美（即社会生活中的美的现象）、艺术美和人体美（即在艺术及人体上表现出来的美的现象）都是如此。自然美（即自然界中的美的现象）中诸如形、光、色、味等元素，都具有客观存在性。艺术美源于生活美并高于生活美。人们总是把美的事物纳入审美关系中加以欣赏和解析。审美主体必须把审美对象从一般的客观性关系转换成客观的对象性关系，才能赋予真正的审美意义和审美价值。美的属性并非是对象本身的固有属性，而是根据对象本身的固有属性衍生出来的价值属性。这种对美和审美的理解，必须从人的感性活动、实践和人的主体方面来把握。马克思说：

> 从前的一切唯物主义（包括费尔巴哈的唯物主义）的主要缺点是：对对象、现实、感性，只是从客体的或者直观的形式去理解，而不是把它们当做感性的人的活动，当做实践去理解，不是从主体方面去理解。……没有把人的活动本身理解为对象性的［gegenständliche］活动。[③]

马克思在这里提出的认识和掌握世界的方法论原则，具有非常重要的指导意义。我们在认识美的现象时，尤其要注意树立正确的思想方法，以马克思的对象性理论为武器，准确认识审美活动中的主客体关系。

主体与客体的关系问题，是贯穿于整个马克思主义哲学思想的一条主线。

---

① 马克思：《1844 年经济学哲学手稿》，《马克思恩格斯文集》第一卷，人民出版社 2009 年版，第 162 页。

② 恩格斯：《反杜林论》，《马克思恩格斯文集》第九卷，人民出版社 2009 年版，第 120 页。

③ 马克思：《关于费尔巴哈的提纲》，《马克思恩格斯文集》第一卷，人民出版社 2009 年版，第 499 页。

马克思主义哲学中的一系列重大理论问题都需要在主客体关系中寻求解决，审美问题也不例外。马克思说："感觉为了物而同物发生关系，但物本身是对自身和对人的一种对象性的、人的关系，反过来也是这样。""当物按人的方式同人发生关系时，我才能在实践上按人的方式同物发生关系。"① 主客体是一种互相对应的关系：客体是相对于主体而言的，离开主体的客体不是现实的客体；主体是相对于客体而言的，离开客体的主体不是现实的主体。当人还没有同自然发生关系时，自然对人来说就是个彼岸世界。只有自然变为人的对象，彼岸世界变为此岸世界，自然才成为与人的关系中的客体；人也只有与对象世界发生关系，才能成为与自然的关系中的主体。

从本体论意义上说，世界是物质的。对于客观的物质世界来说还可以分为两种：一是不依赖于人的纯粹客观存在的物质世界，二是人化的自然界，也就是人的本质力量对象化的世界。这两种世界既有区别又有联系，前者是原本的、无限的，是独立于人之外永恒地存在着的；后者是有限的，是相对于人来说的世界，即我们所说的客观现实。后者不同于前者，却要依赖于前者，因为后者是从前者发展来的，没有前者也就没有后者。感性的客观自然界是主体活动的普遍的物质条件，从这种意义上也可以说物质自然界是主体活动的永恒的原本的客体。主体的活动无论怎样发展，自然界无论在何种程度上被"人化"，外部自然的优先地位无疑仍在保持着。马克思、恩格斯指出："人并没有创造物质本身。甚至人创造物质的这种或那种生产能力，也只是在物质本身预先存在的条件下才能进行。"② 这就是说，人的对象化活动绝非是人的本质力量的任意外化，它要有客观的物质前提，要受自然物质及其运动规律的制约。如果抽掉"人化自然"的原本的物质前提，甚至从"人化自然"中引申出世界的本原不是"物质"而是"实践"，把"人化自然"看作对物质世界本身的创造，那就滑向唯心论方向去了。

其实，纯粹客观的物质世界并不完全等同于人的现实世界。人的现实世界实际上是人化的自然界，人活动的客体只能是客观自然界中与主体本质力量相关联而被具体确立的对象，它是主体活动表现出的一种社会属性，它表现为事

---

① 马克思：《1844 年经济学哲学手稿》，《马克思恩格斯文集》第一卷，人民出版社 2009 年版，第 190 页。

② 马克思、恩格斯：《神圣家族》，《马克思恩格斯全集》第二卷，人民出版社 1957 年版，第 58 页。

物由自然联系进入了同社会主体的联系，由自在之物过渡到为我之物，由自然界的物质交换领域进入社会物质交换领域。也就是说，客体只是以自然属性为基础，并不等于就是纯粹的自然属性。马克思说：“随着对象性的现实在社会中对人来说到处成为人的本质力量的现实，成为人的现实，因而成为人自己的本质力量的现实。”① 人就是在其本质力量对象化的世界中进行活动，在属于人的现实中进行创造，在属于人的广阔现实世界中进行实践、认识和审美的。

根据马克思的“对象化”思想和关于主客体关系的论述来认识人类的审美活动，可以看到，“美”的概念在不同的哲学基础和理论体系中具有不同的含义。在马克思主义思想体系中，是将美的事物作为一种对象性的存在同人及人的活动相关联的。马克思曾经说道：“劳动生产了美，但是使工人变成畸形。”② 可见，马克思所说的“美”的概念，是指在人的活动中生产出来的事物，是一种社会性的客观存在，不是柏拉图客观唯心主义“理念说”意义上的客观存在，也不是纯粹自然性的客观存在。就是说，美的事物作为客观事物，是不以人的意志为转移的客观存在，但客观事物是否具有审美价值，则要同人的审美本质力量和审美活动相关联。

人类具有审美的共通感，对个体的审美感受有所制衡和规约。美的事物既是客观的，又是对象性的。人与美的事物之间要达到主客体的统一，须有一定的前提条件，即客体要有一定的本质属性，主体要有同客体属性相契合的本质力量，而主体的本质力量是由生命的有机体构成的。例如，人在视觉方面的本质力量要以生命有机体中以生物和生理系统构成的视觉认知结构和机能为支撑。除生理性的感觉外，人的文化素质和本质力量也是对象性的。譬如，当人对《红楼梦》产生共鸣时，往往以为是《红楼梦》客观具有的审美属性引发了人的反响，因之把作为客体的《红楼梦》看作美感得以形成的决定性因素。但对这种情形还需要“从主体方面去理解”，当《红楼梦》作为文化客体而产生作用时，必须以主体的一定人文认知结构为对象性条件，即主体“也必须始终作为前提浮现在表象面前”③。如果主体不具有由一定的生活阅历和文化素养构

① 马克思：《1844 年经济学哲学手稿》，《马克思恩格斯文集》第一卷，人民出版社 2009 年版，第 190—191 页。

② 马克思：《1844 年经济学哲学手稿》，《马克思恩格斯文集》第一卷，人民出版社 2009 年版，第 158—159 页。

③ 马克思：《〈政治经济学批判〉导言》，《马克思恩格斯选集》第二卷，人民出版社 2012 年版，第 702 页。

成的人文认知结构，一定会弱化对《红楼梦》的审美感受，也不能深刻理解《红楼梦》的审美价值，《红楼梦》也不能对欣赏者引发强烈的情感共鸣。

马克思说得好："如果你想得到艺术的享受，那你就必须是一个有艺术修养的人。"① 特别是欣赏高雅艺术，必须具有相关的专业知识和很强的鉴赏能力。一定的审美感受能力，是对对象形成美感的必备条件。诚如马克思所说："只有音乐才激起人的音乐感；对于没有音乐感的耳朵来说，最美的音乐也毫无意义，不是对象，因为我的对象只能是我的一种本质力量的确证。"② 美的事物作为人类审美本质力量的确证，是人的本质力量的对象化产物，是随着人的审美本质力量的形成和发展而历史地产生出来的。"只是由于人的本质客观地展开的丰富性，主体的、人的感性的丰富性，如有音乐感的耳朵、能感受形式美的眼睛，总之，那些能成为人的享受的感觉，即确证自己是人的本质力量的感觉，才一部分发展起来，一部分产生出来。因为，不仅五官感觉，而且连所谓精神感觉、实践感觉（意志、爱等等），一句话，人的感觉、感觉的人性，都是由于它的对象的存在，由于人化的自然界，才产生出来的。"③ 对象性的存在培育出对象性的主体，使人形成新的感受能力，造成主体和客体之间新型的对象性关系，即由新主体和新客体构成了新型的主客体关系——审美关系。由此，人的本质力量才得到新的证明，人的本质才得到新的充实。"美的规律"就是在这样的过程中产生出来的。因而所谓"美的规律"，就是事物与人结成审美对象性关系的过程及其内在联系。

人的审美本质力量和美的规律，是人类社会实践长期发展的结果。马克思说："已经生成的社会创造着具有人的本质的这种全部丰富性的人，创造着具有丰富的、全面而深刻的感觉的人作为这个社会的恒久的现实。"④ 人在自然界和社会中的不断发展，不仅包括体质的发展，还包括思维能力及感觉能力的发展。恩格斯说："随着脑的进一步的发育，脑的最密切的工具，即感觉器官，

① 马克思：《1844 年经济学哲学手稿》，《马克思恩格斯文集》第一卷，人民出版社 2009 年版，第 247 页。

② 马克思：《1844 年经济学哲学手稿》，《马克思恩格斯文集》第一卷，人民出版社 2009 年版，第 191 页。

③ 马克思：《1844 年经济学哲学手稿》，《马克思恩格斯文集》第一卷，人民出版社 2009 年版，第 191 页。

④ 马克思：《1844 年经济学哲学手稿》，《马克思恩格斯文集》第一卷，人民出版社 2009 年版，第 192 页。

也进一步发育起来。正如语言的逐渐发展必然伴随有听觉器官的相应的完善化一样，脑的发育也总是伴随有所有感觉器官的完善化。”① 人的审美本质不是从动物界进化而来，而是随着人脑在实践活动基础上的发展，随着智能的提高，随着感觉器官的完善化和高级化而产生出来的。不言而喻，人的眼睛和耳朵与野性的、非人的眼睛和耳朵得到的享受是不同的。这种区别的内在依据，正是基于构成生命本质力量的认知结构的不同。只有人的生命有机体才能形成具有审美能力的认知结构，因此，只有人才能具有审美的本质力量，并能“按照美的规律来构造”。

人的思维具有概括性和抽象性的特征及功能。从对大量个别事物的感知中，人脑可以自动地提取出事物形式中的某些共同特征，形成类化的认知结构。所以，对于某一类事物中的个别事物，虽然是第一次看到，仍然可以觉得很美；有的艺术表现形式很抽象，却仍然可以引发美感。

审美是有条件的。例如，“忧心忡忡的、贫穷的人对最美丽的景色都没有什么感觉；经营矿物的商人只看到矿物的商业价值，而看不到矿物的美和独特性；他没有矿物学的感觉”②。审美关系的现实结成，需要以主体的一定状态为催化剂。主体认知结构与事物外形之间的对应匹配关系，造就了二者结成审美关系的可能性。这种可能性是否转化成现实性，要取决于主体的身心状态。当人抱有功利性需求即处于利害状态时，必然会优先注意到事物内在的利害价值，与利害价值相关不大的外在形式因素就不大被注意。例如人在极度饥渴时看到水果，首先想到的是吃进去，顾不上欣赏水果的外形，而当人没有急切的功利性需求时，才可能观赏到水果的形状美及颜色美，这时就是处于非利害的、可审美的身心状态。人在可以审美的状态下，才能体验到事物形式所引发的愉悦感。人的这种非实用性的愉悦感，也就是所谓的美感。审美可以让人摆脱日常生活功利性的羁绊，因此可以超越直接的、狭隘的“肉体需要”，克服欲望主义、拜金主义的低俗性、私利性，满足人的高级的、“自由自觉”境界的精神需求。

随着生产实践和社会实践的发展，随着观念和感觉的不断丰富，人在经验中所形成的认知方式越来越精细化、多样化。受知觉经验及认知方式差别的影响，人的审美趣味及审美眼光也千差万别，文艺创作和文艺欣赏方面也是如

① 恩格斯：《自然辩证法》，《马克思恩格斯文集》第九卷，人民出版社 2009 年版，第 554 页。
② 马克思：《1844 年经济学哲学手稿》，《马克思恩格斯文集》第一卷，人民出版社 2009 年版，第 192 页。

此。恩格斯指出：

> 手不仅是劳动的器官，它还是劳动的产物。只是由于劳动，由于总是要去适应新的动作，由于这样所引起的肌肉、韧带以及经过更长的时间引起的骨骼的特殊发育遗传下来，而且由于这些遗传下来的灵巧性不断以新的方式应用于新的越来越复杂的动作，人的手才达到这样高度的完善，以致像施魔法一样产生了拉斐尔的绘画、托瓦森的雕刻和帕格尼尼的音乐。①

人的审美需要的形成，促进了审美活动特别是审美创造活动的发展。同时，审美需要一旦发生，也会具有并保持一定的相对独立性。在审美需要形成之后，不仅人类早期的实用艺术由此开始附丽着审美属性，人们还为了追求审美而创作出更多的艺术品。这个过程一直延续下来，变得越来越鲜明和突出，汇成了瑰丽的艺术世界。

人类的审美活动和审美能力是自然进化和社会实践的综合产物，因此，包括审美知觉在内，"五官感觉的形成是迄今为止全部世界历史的产物"②。而人的审美创造活动，必然为了满足人的高级的精神需要，呈现人和对象的自由自觉状态，把人和对象的外在的和内在的主客体因素，即对象的本质属性和人的本质力量统一起来，并创造性地运用到审美对象上去。

（二）"按照美的规律来构造"和人的审美活动

按照美的规律进行艺术构造时，有两个主要的着眼点：一是对作品外在形象的表现，二是对作品内在价值的体现，这两点共同构成作品的审美价值。第一个着眼点比较容易理解，对作品外形加以艺术化的表现，是艺术之为艺术的基本条件，也是文艺作品审美价值的重要来源。事物以实用之目的引发的愉悦感，是功利性快感；事物以其形象引发的愉悦感，才是美感。一切出于审美的文艺创作，都必须建构出美的形象。而所谓美的形象，一定要新颖、生动，符合人的情感趣味和审美眼光。

当然，文艺还要关注它的社会价值属性。文艺的社会价值属性，集中地、突出地表现为文艺的意识形态性。文艺作为一种社会意识形式，可以具有多种

---

① 恩格斯：《自然辩证法》，《马克思恩格斯文集》第九卷，人民出版社 2009 年版，第 552 页。

② 马克思：《1844 年经济学哲学手稿》，《马克思恩格斯文集》第一卷，人民出版社 2009 年版，第 191 页。

社会属性，而审美性和意识形态性是文艺最重要的两种社会属性，其中，审美性是文艺整体的功能性属性。当文艺作品的思想内容具有意识形态性时，意识形态性就寓于作品之中，此时，意识形态性可以在作品内部对作品的审美性发挥着支撑和规导的作用。

按照马克思“美的规律”及审美对象性关系的思想，艺术作品只有在同主体结成审美关系时才可相对于主体而具有审美性。人在审美时，不仅会感受到作品的艺术性，还会领悟到作品的思想内容及其社会价值因素。社会价值因素的最高表现就是意识形态性。如果主体在面对文艺作品时，与作品思想内容所具有的意识形态性不一致，就会对该作品产生否定和拒斥的态度，二者之间不能形成对象性的审美关系，该作品也不能相对于主体而具有积极的审美性。毛泽东《在延安文艺座谈会上的讲话》中说：“对于一切包含反民族、反科学、反大众和反共的观点的文艺作品必须给以严格的批判和驳斥；因为这些所谓文艺，其动机，其效果，都是破坏团结抗日的。”① 在爱国的、进步的人民大众眼中，具有卖国、反动内容的作品是不具有积极审美性的。同样，在反动阶级眼中，像《白毛女》《红色娘子军》这样的“红色经典”作品也是不符合他们的审美性的。但是，不论作品的现实审美性是怎样的，它们都是文艺作品，可以具有某种艺术性。可见，艺术审美性的构成，除艺术表现的技巧和形式外，更重要的是作品思想内涵中的社会价值倾向。习近平指出：“对文艺来讲，思想和价值观念是灵魂，一切表现形式都是表达一定思想和价值观念的载体。离开了一定思想和价值观念，再丰富多样的表现形式也是苍白无力的。文艺的性质决定了它必须以反映时代精神为神圣使命。”② 艺术性不是构成作品审美性的唯一因素，也不能成为文艺创作中用来抵御意识形态性及社会价值倾向性的借口和挡箭牌。同时，文艺的审美性、艺术性、意识形态性虽然可以共同存在于文艺作品之中并结成一定的关系，但这几种属性是相对独立的，有不同的来源、意义和表现，不能把它们生硬地捏合在一起。

根据马克思关于“美的规律”的思想，可以看到，所有美的事物都是于人有利的事物，对人有害的事物是很难引起美感的。从历史上来看，以有意识的功利观点来看待事物，往往是先于以审美的观点来看待事物的。鲁迅曾经阐发

① 毛泽东：《在延安文艺座谈会上的讲话》，《毛泽东选集》第三卷，人民出版社 1991 年版，第 869 页。

② 习近平：《在中国文联十大、中国作协九大开幕式上的讲话》，人民出版社 2016 年版，第 8 页。

说："在一切人类所以为美的东西，就是于他有用——于为了生存而和自然以及别的社会人生的斗争上有着意义的东西。功用由理性而被认识，但美则凭直感底能力而被认识。享乐着美的时候，虽然几乎并不想到功用，但可由科学底分析而被发见。所以美底享乐的特殊性，即在那直接性，然而美底愉乐的根柢里，倘不伏着功用，那事物也就不见得美了。"① 我们从审美活动的实践中也可以看出，适当的功利价值和利害关系对审美具有至关重要的作用，它决定了相对应的事物能否引发美感，继而决定了事物能否被人感知为美的对象。

历史表明，"追求真善美是文艺的永恒价值"②。文艺应当是真善美的统一。"真"是"善"的客观基础，"善"是"美"的内在支撑。所有美的事物，都需要在人的认识中表现为"善"，而"善"即表现为正价值。审美实践中，往往是事物的有利性价值越大，其审美正价值也越大。在文艺的长久发展中，审美的某些有利性因素可能逐渐淡化而不被人们关注，但它原有的正价值所引发的情感依然存在，致使人们把它看作一种"有意味的形式"。不过，通过研究，我们依然可以发现文艺的审美价值和有利性价值之间的历史渊源。

"按照美的规律来构造"，就意味着人的创造活动要符合人类社会之"善"、历史发展之"善"。按照美的规律进行的文艺创作，需要努力表现对象和人的自由自觉的存在状态，应当抑制表现人的低级的、狭隘的、直接的、仅限于满足传宗接代和延续生命的生理欲望和生理需要，而应当努力表现人的"固有的尺度"和人"对自己本质的全面占有"，满足人的高级的精神需求，以有利于提高人的素质，促进人的全面自由的发展。

当无产阶级走上历史舞台，无产阶级文艺出现之时，马克思和恩格斯就大力呼吁要创作符合无产阶级利益和要求的艺术作品，希望塑造能够改变环境、具有实践力量的新人形象，"歌颂倔强的、叱咤风云的和革命的无产者"③，鼓励作家、艺术家创作具有社会主义倾向的作品。

"按照美的规律来构造"，在马克思主义文艺理论中国化的过程中有着极为鲜明的表现。中国的马克思主义文艺理论对"按照美的规律来构造"有着创造性的发挥。比如，强调到人民大众的现实生活中去了解和体验"美的规律"，

① 鲁迅：《〈艺术论〉译本序》，《鲁迅全集》第四卷，人民文学出版社 2005 年版，第 269 页。
② 习近平：《在文艺工作座谈会上的讲话》，人民出版社 2015 年版，第 24 页。
③ 恩格斯：《诗歌和散文中的德国社会主义》，《马克思恩格斯全集》第四卷，人民出版社 1958 年版，第 224 页。

把深入生活、扎根人民作为第一位的工作。通过文艺创作，表现社会生活的本质属性和人民群众的改变世界的实践能力，追求人的自由自觉的生命状态和生存状态，创造出精品力作，满足人民群众不断增长的高级的精神需要，以提高人的综合素质，推动社会的全面进步。

坚持和恪守人们的审美理想和社会理想，实现中华民族伟大复兴的梦想，实现“两个一百年”奋斗目标，坚持以人民为中心的创作导向，把中国精神作为社会主义文艺的灵魂，这是中国文艺家坚持按照美的规律办事的最高境界。我们“要把爱国主义作为文艺创作的主旋律，引导人民树立和坚持正确的历史观、民族观、国家观、文化观，增强做中国人的骨气和底气”①。这种价值诉求是文艺审美价值的有力支撑。“我们要坚持马克思主义在意识形态领域指导地位的根本制度，坚持为人民服务、为社会主义服务，坚持百花齐放、百家争鸣，坚持创造性转化、创新性发展，以社会主义核心价值观为引领，发展社会主义先进文化，弘扬革命文化，传承中华优秀传统文化，满足人民日益增长的精神文化需求，巩固全党全国各族人民团结奋斗的共同思想基础，不断提升国家文化软实力和中华文化影响力。”② 在新时代的历史条件下，文艺工作者应当高扬社会主义核心价值观的旗帜，承担起新时代的历史使命，把社会主义核心价值观生动活泼地体现在文艺创作之中，用栩栩如生的作品形象告诉人们什么是应该肯定和赞扬的，什么是必须反对和否定的，做到春风化雨、润物无声。弘扬中华美学精神，凝聚中国力量，不辜负时代召唤，不辜负人民期待，这样，一定会创造出更多更好的文艺作品。

思考题：

1. 马克思主义文艺意识形态学说的内涵是什么？
2. 意识形态与观念的上层建筑有什么联系和区别？
3. 文艺的存在本性与社会属性有何不同？
4. 人类为什么要以“艺术精神”的方式掌握世界？
5. 文艺如何“按照美的规律来构造”？

---

① 习近平：《在文艺工作座谈会上的讲话》，人民出版社 2015 年版，第 24 页。

② 习近平：《高举中国特色社会主义伟大旗帜　为全面建设社会主义现代化国家而团结奋斗——在中国共产党第二十次全国代表大会上的报告》，人民出版社 2022 年版，第 43 页。

第二章　文艺的继承与发展

马克思主义文艺理论并不是在通常的意义上来考察文学艺术的历史继承与发展变化，它是将辩证唯物主义和历史唯物主义放在文艺问题上加以应用。它既坚持经济基础的归根结底的决定作用，又强调建立在经济基础之上的各种意识形式及其相互作用对于文艺发展的影响，以及文艺自身继承和发展的历史与规律，尤其是提出艺术发展与物质生产和社会一般发展的不平衡关系理论，为用辩证方法论研究文艺历史提供了范例。

第一节　文艺的发展演化

马克思主义创始人从来没有否认过人类生活中的各个领域，诸如法律、科学、艺术等有其相对独立的发展，始终强调对艺术自身逻辑关系和历史演化的研究。但是，他们反对认为文艺的发展完全可以由它们的内在关系就能够解释清楚，反对那种所谓的“纯艺术史”研究。他们认为，考察文艺的发展还有一个更基本的向度，即必须关注文艺演变发展与社会的物质生产、经济、政治、法律、宗教等因素之间的复杂关系。也就是说，不能只是就文艺谈文艺，而应当把文艺放在与其他社会因素之间的联系中来加以考察。

一、文艺发展的社会历史条件

马克思主义的文艺思想实际上就是辩证唯物主义和历史唯物主义在文艺问题上的应用。离开了辩证唯物主义和历史唯物主义，任何稍微重大的文艺现象都无法说明，都无法作出科学合理的解释。马克思、恩格斯认为：“不是意识决定生活，而是生活决定意识。”“甚至人们头脑中的模糊幻象也是他们的可以通过经验来确认的、与物质前提相联系的物质生活过程的必然升华物。”① 物质生活的生产方式，制约着整个社会生活、政治生活和精神生活的过程。“不是

① 马克思、恩格斯：《德意志意识形态》，《马克思恩格斯文集》第一卷，人民出版社2009年版，第525页。

从观念出发来解释实践，而是从物质实践出发来解释各种观念形态。”① 马克思、恩格斯把文艺作为观念的上层建筑，将其看作是一定社会形式和经济基础在观念上的反映物。因此，文艺的发生、发展归根结底要受经济基础的制约。必须从物质生活的矛盾中，从社会生产力和生产关系之间的现存冲突中去解释包括文艺在内的各种社会意识形式的发展变化。

关于艺术起源，恩格斯强调从艺术与社会物质生产力、经济基础以及政治、宗教、文化等诸要素之间的关系等方面来阐释。他说：

> 直接的物质的生活资料的生产，从而一个民族或一个时代的一定的经济发展阶段，便构成基础，人们的国家设施、法的观点、艺术以至宗教观念，就是从这个基础上发展起来的，因而，也必须由这个基础来解释，而不是像过去那样做得相反。②

艺术作为观念、意识的产物，与其他意识产物诸如法、宗教、哲学等，都是从经济基础上发展起来的，因而也必须由这个基础来解释它们的存在与发展。这是马克思主义文艺思想的一个核心要义，也是考察文艺发展变化的基本方法论。

马克思、恩格斯提出：

> 从直接生活的物质生产出发阐述现实的生产过程，把同这种生产方式相联系的、它所产生的交往形式即各个不同阶段上的市民社会理解为整个历史的基础，从市民社会作为国家的活动描述市民社会，同时从市民社会出发阐明意识的所有各种不同的理论产物和形式，如宗教、哲学、道德等等，而且追溯它们产生的过程。这样做当然就能够完整地描述事物了（因而也能够描述事物的这些不同方面之间的相互作用）。③

---

① 马克思、恩格斯：《德意志意识形态》，《马克思恩格斯文集》第一卷，人民出版社 2009 年版，第 544 页。

② 恩格斯：《在马克思墓前的讲话》，《马克思恩格斯文集》第三卷，人民出版社 2009 年版，第 601 页。

③ 马克思、恩格斯：《德意志意识形态》，《马克思恩格斯文集》第一卷，人民出版社 2009 年版，第 544 页。

可见，要完整地描述事物的产生过程，既不能从它们本身来理解，也不能从所谓人类精神的一般发展或者某种先验范畴来理解，相反，它们根源于物质的生产关系。因此，人们不能局限在各种意识形式本身的历史发展中来理解意识，不能在文艺自身的范围内来理解文艺。同时，也不能像黑格尔那样，把文艺看作是“绝对理念”的自我运动，而是要在现实的物质生产的基础上，考察特定时代的整个历史基础。这个历史基础由物质生产以及由物质生产所产生的交往形式而形成的社会条件所构成，从这里出发来阐明各种不同的理论产物和意识形式，揭示包括文艺创作在内的关于意识生产的奥秘。并且，在此前提下追溯它们产生的过程，即考察其自身的演变，才能够完整地描绘事物。考察文艺的历史发展，需要按照这个逻辑，才能找到推动其内容和形式变化的真实的社会历史根源。

在《〈政治经济学批判〉导言》中，马克思深入地论述了希腊神话作为一种“不自觉的”艺术对希腊艺术的重要意义以及二者之间的深刻联系。

> 大家知道，希腊神话不只是希腊艺术的武库，而且是它的土壤。……任何神话都是用想象和借助想象以征服自然力，支配自然力，把自然力加以形象化；因而，随着这些自然力实际上被支配，神话也就消失了。……希腊艺术的前提是希腊神话，也就是已经通过人民的幻想用一种不自觉的艺术方式加工过的自然和社会形式本身。这是希腊艺术的素材。不是随便一种神话，就是说，不是对自然（这里指一切对象的东西，包括社会在内）的随便一种不自觉的艺术加工。埃及神话决不能成为希腊艺术的土壤或母胎。但是无论如何总得是一种神话。因此，决不是这样一种社会发展，这种发展排斥一切对自然的神话态度，一切把自然神话化的态度；因而要求艺术家具备一种与神话无关的幻想。①

马克思这里至少强调了这样两层意思：首先，从希腊神话与希腊社会现实之间的关系来看，神话是通过“幻想”，“用一种不自觉的艺术方式加工过的自然和社会形式本身”。它虽然充满幻想、离奇与不可思议，但它并不神秘，它与现

---

① 马克思：《〈政治经济学批判〉导言》，《马克思恩格斯选集》第二卷，人民出版社 2012 年版，第 711 页。

实之间关系非常密切。希腊神话是古希腊特定时期的产物，只有考察古希腊社会的生产力条件、生产关系、政治组织形态以及其他文化形式，我们才能够理解古希腊神话何以出现并何以如此。在现代社会，随着物质生活尤其是现代科学技术的发展，不可能产生这种神话，因为现代社会“这种发展排斥一切对自然的神话态度，一切把自然神话化的态度；因而要求艺术家具备一种与神话无关的幻想”。

其次，从希腊神话、希腊艺术自身的发展逻辑来看，“希腊神话不只是希腊艺术的武库，而且是它的土壤”。作为后世社会分工的一个特定领域，希腊艺术的发展是以“由它的先驱传给它而它便由此出发的特定的思想材料作为前提”① 的。希腊神话就是作为这些“思想材料”而构成了希腊艺术的生产资料和生产力。也就是说，希腊神话作为艺术生产本身的历史传统构成了特定的艺术生产力。

人们讨论艺术起源时，往往只注重艺术本身的“思想材料”，而对“思想材料”背后更深的基础，往往因为联系环节的模糊或不够直接而忽视其存在，所以常常可以见到艺术起源于宗教、巫术或者神话之类的表述，这种表述本身并没有错，但未能揭示出问题的根本，即这些现象背后的真正动因是什么。同样，有的时候，人们过于简单化地理解物质生活的基础性决定作用，直接将艺术起源和发展对应于特定时代的物质生活本身，殊不知，无论从历史的时段而言，还是从逻辑的环节而言，那种将二者直接联系起来的做法都是不准确的。

随着人类社会的发展，劳动、实践活动使得艺术活动逐渐走向自觉，人类的审美意识越来越明晰，“不自觉的”艺术逐渐演进为“自觉的”艺术。马克思在论述审美关系的生成时指出，审美主体与审美对象都是在“自然的人化”过程中实现的，即在人类生产劳动过程中现实地生成的，它来自人类的实践活动的全部历史。

一方面，在生产劳动中，人类在实践中逐渐认识与掌握客观世界的规律，能够按照自身的意志、愿望和能力对自然物进行加工、改造和创造，从而使原本与人相对立的自然界成为“人化的自然”或“自然的人化”。人类不仅实现了一定程度的生产实践的自由自觉性，并且这种自由自觉性随着实践能力的提

---

① 恩格斯：《致康拉德·施米特》，《马克思恩格斯文集》第十卷，人民出版社 2009 年版，第 599 页。

高和范围的扩大在不断增长，改变了人与自然的关系。自然界越来越可用、可亲、可近，自然界也越来越成为人类审美活动的对象。

我们知道，在原始先民那里，“自然界起初是作为一种完全异己的、有无限威力的和不可制服的力量与人们对立的，人们同自然界的关系完全像动物同自然界的关系一样，人们就像牲畜一样慑服于自然界，因而，这是对自然界的一种纯粹动物式的意识（自然宗教）”①。在这样的生存阶段，自然界几乎没有被人类的历史进程所改变，自然界是异己的、恐怖的，它不可能成为人类的审美对象，人类不可能获得面对自然的自由自觉意识，人与自然的审美关系当然也就无从谈起。马克思曾以自然科学和工业的发展带来的人的解放为例，指出自然科学通过工业在实践上日益进入人的生活，改造人的生活，并为人的解放作准备。所谓人的解放，也就是将人慑服于自然的威力的不自由状态逐步引向自由自觉的状态，不断从必然王国走向自由王国。当然，历史不是线性的，在人类历史的发展过程中，工业的发展又带来了人的非人化，或者说“异化”。如何走出异化？这是现代文艺理论和美学不断探讨的一个命题。但是，工业的发展过程并不因此就失去对人的解放的意义。诚如马克思所强调的，“如果把工业看成人的本质力量的公开的展示，那么自然界的人的本质，或者人的自然的本质，也就可以理解了”②。即自然界因为工业的力量而呈现出“为人而存在”的一面，使自然成为“人的无机的身体”③，不断变成人类审美的对象。同时，人也借助于工业尤其是科技的力量不断展开并扩大自身的本质力量。从这种意义上说，人类的生产实践为人与自然的审美关系的建立创造了必要条件，而在实践中逐渐形成的自由自觉的意识，恰是人类审美意识的核心层面。

另一方面，人又在生产劳动过程中不断发展与完善自身的意志、情感、理性和各种感觉能力，包括审美能力。人拥有五官感觉或者说感觉具有人性的意义，从人类的发展史上说，这并不是天生的，人类最初拥有的是纯粹动物式的意识，只有当人类拥有了自我意识，意识到必须和周围的个人来往，也就是开始意识到人总是生活在社会中的，才能产生出具有人性意义的感觉。但即使这

① 马克思、恩格斯：《德意志意识形态》，《马克思恩格斯文集》第一卷，人民出版社 2009 年版，第 534 页。

② 马克思：《1844 年经济学哲学手稿》，《马克思恩格斯文集》第一卷，人民出版社 2009 年版，第 193 页。

③ 马克思：《1844 年经济学哲学手稿》，《马克思恩格斯文集》第一卷，人民出版社 2009 年版，第 161 页。

样，“这个开始，同这一阶段的社会生活本身一样，带有动物的性质；这是纯粹的畜群意识，这里，人和绵羊不同的地方只是在于：他的意识代替了他的本能，或者说他的本能是被意识到了的本能。由于生产效率的提高，需要的增长以及作为二者基础的人口的增多，这种绵羊意识或部落意识获得了进一步的发展和提高。与此同时分工也发展起来。分工起初只是性行为方面的分工，后来是由于天赋（例如体力）、需要、偶然性等等才自发地或‘自然地’形成的分工。分工只是从物质劳动和精神劳动分离的时候起才真正成为分工。从这时候起意识才能现实地想象：它是和现存实践的意识不同的某种东西；它不用想象某种现实的东西就能现实地想象某种东西。从这时候起，意识才能摆脱世界而去构造‘纯粹的’理论、神学、哲学、道德等等”①。马克思和恩格斯在这里充分论证了人类的意识如何通过社会化生活实践，尤其是社会分工即物质劳动和精神劳动的分离而获得。

当分工出现之后，任何人都有自己一定的特殊的活动范围，他很难超出这个范围。这样，分工使物质活动和精神活动分离开来，使人们从事不同的专业化的活动成为可能，有人可以专门从事精神生产，这就为自觉的艺术活动提供了条件。社会分工使精神活动和物质活动、享受和劳动、生产和消费由不同的个人来分担这种情况不仅成为可能，而且成为现实。就艺术领域而言，“由于分工，艺术天才完全集中在个别人身上，因而广大群众的艺术天才受到压抑”②。

也正是日益强化的社会分工，促使人类逐渐走出动物意识而获得人的意识，特别是促使人的想象成为可能。马克思曾这样说：“在野蛮期的低级阶段，人类的高级属性开始发展起来。……想象，这一作用于人类发展如此之大的功能，开始于此时产生神话、传奇和传说等未记载的文学，而业已给予人类以强有力的影响。”③ 当然，这时的想象力还远没有达到艺术独立时代艺术想象的高度。可见，人的感觉、意识、想象力等，都是由于它的对象的存在，由于人化的自然界，才产生出来的。人类长期的实践活动造就了人的感觉，包括审美感

---

① 马克思、恩格斯：《德意志意识形态》，《马克思恩格斯文集》第一卷，人民出版社 2009 年版，第 534 页。

② 马克思、恩格斯：《德意志意识形态》，《马克思恩格斯全集》第三卷，人民出版社 1960 年版，第 460 页。

③ 马克思：《摩尔根〈古代社会〉一书摘要》，《马克思恩格斯论文学与艺术》（一），陆梅林辑注，人民文学出版社 1982 年版，第 256—257 页。

知，“五官感觉的形成是迄今为止全部世界历史的产物”①。人的实践活动创造了人与自然的审美关系，从对象方面来说，就是“自然的人化”过程，它创造了审美对象；从主体方面来说，也就是人的本质力量对象化的过程，是人的本质在对象中得以展开和实现的过程，它创造了主体的包括审美意识在内的人的感觉。

就艺术的发生、发展而言，牵涉到的不仅仅是审美对象的问题，也不仅仅是人的感觉、意识、想象力等精神层面的东西，还有把这些主体性因素付诸实践并在对象中得以实现的主体能力，譬如人体自由灵巧的器官、机能和语言、思维等，这是艺术发生和发展的必要条件。绘画、雕刻、音乐、文学等各门艺术的创作与欣赏最终都离不开这些主体能力，人需要运用这些能力来掌控和使用各种艺术媒介的技术与技巧。人的主体能力的高级表现形式，往往就体现在艺术和科学方面。

恩格斯曾经指出：

随着手的发展、随着劳动而开始的人对自然的支配，在每一新的进展中扩大了人的眼界。他们在自然对象中不断地发现新的、以往所不知道的属性。另一方面，劳动的发展必然促使社会成员更紧密地互相结合起来，因为劳动的发展使互相支持和共同协作的场合增多了，并且使每个人都清楚地意识到这种共同协作的好处。一句话，这些正在生成中的人，已经达到彼此间不得不说些什么的地步了。需要也就造成了自己的器官：猿类的不发达的喉头，由于音调的抑扬顿挫的不断加多，缓慢地然而肯定无疑地得到改造，而口部的器官也逐渐学会发出一个接一个的清晰的音节。

语言是从劳动中并和劳动一起产生出来的，……

首先是劳动，然后是语言和劳动一起，成了两个最主要的推动力，在它们的影响下，猿脑就逐渐地过渡到人脑；后者和前者虽然十分相似，但是要大得多和完善得多。随着脑的进一步的发育，脑的最密切的工具，即感觉器官，也进一步发育起来。正如语言的逐渐发展必然伴随有听觉器官的相应的完善化一样，脑的发育也总是伴随有所有感觉器官的完善

① 马克思：《1844 年经济学哲学手稿》，《马克思恩格斯文集》第一卷，人民出版社 2009 年版，第 191 页。

> 化。……——脑和为它服务的感官、越来越清楚的意识以及抽象能力和推理能力的发展，又反作用于劳动和语言，为这二者的进一步发展不断提供新的推动力。①

这里，恩格斯详细地描述了人们的实践活动、社会化的劳动如何促使语言和人脑的产生，以及由此形成的人的所有感觉器官的发展，简言之，“劳动创造了人本身”②。文艺活动所必需的动手能力、语言能力、五官的感觉知觉能力以及幻想、想象、推理、抽象等思维能力，都是伴随着劳动过程的展开而历史地形成的。所以，讨论文艺的起源与发展，离不开对最为本源的社会化劳动实践的历史考察。

也正是在这种意义上，马克思从生产的角度来看待艺术，把艺术看作生产的一种特殊方式，它既作为一般生产而受到生产的普遍规律的制约，又作为精神生产而具有特殊性。但这只是一种正确认识世界、认识事物的方法和指南，而不是一劳永逸的结论或万能灵药，只有通过细致、艰苦的历史研究，而不是简单地照搬普遍的公式，才会获得科学的认识。英国学者柏拉威尔在《马克思和世界文学》一书中曾指出：马克思在考察艺术时，“把主要用于经济学的术语也用在文学和其他艺术的历史上，如生产（Produzieren，Produktion）等。他把诗人也叫做‘生产者’，把艺术品叫做‘产品’，虽然是一种独特的、有别于其他种类的‘产品’。马克思通过使用这样的术语叫我们不要忘记把艺术放在其他社会关系的框子里来观察，特别是应该放在物质生产关系和生产手段的框子里。只有明确了这一点之后，他才能独立地、抽象地研究艺术，才有余暇观察一下艺术领域自身”③。这就合理地解读了文艺发展的社会历史条件。

二、物质生产与艺术发展的“不平衡关系”

按照历史唯物主义的观点，虽然文学艺术的发展最终取决于经济基础的发展，但这并不等于说文艺是经济基础的“等价物”，或者说它们之间的关

---

① 恩格斯：《自然辩证法》，《马克思恩格斯文集》第九卷，人民出版社2009年版，第553—554页。

② 恩格斯：《自然辩证法》，《马克思恩格斯文集》第九卷，人民出版社2009年版，第550页。

③ ［英］柏拉威尔：《马克思和世界文学》，梅绍武等译，生活·读书·新知三联书店1980年版，第383页。

系只是一种简单的“因果关系”。这里常常出现对马克思主义的曲解和误读，把马克思主义等同于庸俗社会学，机械地把物质生产与精神生产直接画上等号，将艺术生产这样充满想象和幻想、激情和灵感的活动变成物质生产的一部分，降低了艺术的精神性质，从而无法解释艺术的独特性和精髓之所在。

其实，马克思、恩格斯强调的是，各门学科都不存在完全独立的、内在的，完全由它们自己内部辩证法产生的历史。一切事物的发展最终都是由社会生产的全部历史所决定，只有在这个基础上，包括文学艺术在内的各个领域出现的变化和发展才能得到真正科学的解释。卢卡契曾经指出：马克思、恩格斯“从来没有否认人类生活中各个个别活动领域（法律、科学、艺术等）有着相对独立的发展”，他们反对的“只是那种认为科学或艺术的发展能够完全或者主要从它们的内在关系来进行解释的观点”。① 也就是说，马克思主义创始人之所以很多时候会强调艺术没有自己的历史，无非是想指出，那种所谓的“纯艺术史”，其实没有把产生艺术的国家、时代的社会经济方面的因素考虑进去。艺术的这种“内在关系”，在客观现实中无疑是存在的，但它们仅仅是作为历史发展整体中的部分因素而存在。毫无疑问，文艺的存在和本质，只有放在整个社会体系的总的历史关系中才能得到理解和解释。文艺的起源和发展，也只是整个社会总的历史过程的一部分，文艺作品的美学本质和思想价值，以及与之相关的它们的作用等，都是那个普遍的和有连贯性的社会过程的一个方面。

马克思在《剩余价值理论》中论述了物质生产与精神生产的复杂关系，直接开启了人们理解艺术发展问题的方法论路径。他说：“从物质生产的一定形式产生：第一，一定的社会结构；第二，人对自然的一定关系。人们的国家制度和人们的观念由这两者决定。因而，人们的精神生产的方式也由这两者决定。”“要研究精神生产和物质生产之间的联系，首先必须把这种物质生产本身不是当作一般范畴来考察，而是从一定的历史的形式来考察。例如，与资本主义生产方式相适应的精神生产，就和与中世纪生产方式相适应的精神生产不

---

① ［匈］卢卡契：《马克思、恩格斯美学论文集引言》，《卢卡契文学论文集》（一），中国社会科学出版社 1980 年版，第 274 页。

同。"[①] 这里，马克思强调要从物质生产的历史的形式中考察精神生产包括艺术生产，而不是把生产力与生产关系、经济基础与上层建筑、存在与意识、物质生产与精神生产等理论简单化，"否则把理论应用于任何历史时期，就会比解一个简单的一次方程式更容易了"[②]。譬如，马克思正是从资本主义的雇佣劳动的特征来讨论其艺术生产的，指出资产阶级抹去了一切向来受人尊敬和令人敬畏的职业的神圣光环，把医生、律师、教士、诗人和学者等都变成了他出钱招雇的雇佣劳动者。因此说，"资本主义生产就同某些精神生产部门如艺术和诗歌相敌对"[③]。恩格斯在讨论歌德面对德国社会的双重性时也特别指出："歌德在德国文学中的出现是由这个历史结构安排好了的。"[④] 列宁在讨论托尔斯泰时强调："托尔斯泰的观点和学说中的矛盾并不是偶然的，而是 19 世纪最后 30 多年俄国实际生活所处的矛盾条件的表现。"[⑤] 这些都是杰出的历史唯物主义批评的范例。

恩格斯明确指出："根据唯物史观，历史过程中的决定性因素归根到底是现实生活的生产和再生产。无论马克思或我都从来没有肯定过比这更多的东西。如果有人在这里加以歪曲，说经济因素是唯一决定性的因素，那么他就是把这个命题变成毫无内容的、抽象的、荒诞无稽的空话。"[⑥] 这种复杂关系的一个突出表现，就是马克思在《〈政治经济学批判〉导言》中提出的著名的"物质生产的发展例如同艺术发展的不平衡关系"命题：

> 物质生产的发展例如同艺术发展的不平衡关系。进步这个概念决不能在通常的抽象意义上去理解。就艺术等等而言，理解这种不平衡还不像理

① 马克思：《剩余价值理论》，《马克思恩格斯全集》第三十三卷，人民出版社 2004 年版，第 346 页。

② 恩格斯：《致约瑟夫·布洛赫》，《马克思恩格斯文集》第十卷，人民出版社 2009 年版，第 592 页。

③ 马克思：《剩余价值理论》，《马克思恩格斯全集》第三十三卷，人民出版社 2004 年版，第 346 页。

④ 恩格斯：《诗歌和散文中的德国社会主义》，《马克思恩格斯全集》第四卷，人民出版社 1958 年版，第 254 页。

⑤ 列宁：《列夫·托尔斯泰是俄国革命的镜子》，《列宁选集》第二卷，人民出版社 2012 年版，第 243 页。

⑥ 恩格斯：《致约瑟夫·布洛赫》，《马克思恩格斯文集》第十卷，人民出版社 2009 年版，第 591 页。

解实际社会关系本身内部的不平衡那样重要和那样困难。……可是，这里要说明的真正困难之点是：生产关系作为法的关系怎样进入了不平衡的发展。……这种见解表现为必然的发展。但承认偶然。……出发点当然是自然规定性；……

关于艺术，大家知道，它的一定的繁盛时期决不是同社会的一般发展成比例的，因而也决不是同仿佛是社会组织的骨骼的物质基础的一般发展成比例的。例如，拿希腊人或莎士比亚同现代人相比。就某些艺术形式，例如史诗来说，甚至谁都承认：当艺术生产一旦作为艺术生产出现，它们就再不能以那种在世界史上划时代的、古典的形式创造出来；因此，在艺术本身的领域内，某些有重大意义的艺术形式只有在艺术发展的不发达阶段上才是可能的。如果说在艺术本身的领域内部的不同艺术种类的关系中有这种情形，那么，在整个艺术领域同社会一般发展的关系上有这种情形，就不足为奇了。困难只在于对这些矛盾作一般的表述。一旦它们的特殊性被确定了，它们也就被解释明白了。①

接着，马克思以古希腊艺术为例，分析了这种“不平衡关系”中古希腊艺术具有“永久的魅力”的原因，指出：

困难不在于理解希腊艺术和史诗同一定社会发展形式结合在一起。困难的是，它们何以仍然能够给我们以艺术享受，而且就某方面说还是一种规范和高不可及的范本。

一个成人不能再变成儿童，否则就变得稚气了。但是，儿童的天真不使成人感到愉快吗？他自己不该努力在一个更高的阶梯上把儿童的真实再现出来吗？在每一个时代，它固有的性格不是以其纯真性又活跃在儿童的天性中吗？为什么历史上的人类童年时代，在它发展得最完美的地方，不该作为永不复返的阶段而显示出永久的魅力呢？有粗野的儿童和早熟的儿童。古代民族中有许多是属于这一类的。希腊人是正常的儿童。他们的艺术对我们所产生的魅力，同这种艺术在其中生长的那个不发达的社会阶段

① 马克思：《〈政治经济学批判〉导言》，《马克思恩格斯选集》第二卷，人民出版社 2012 年版，第 710—711 页。

并不矛盾。这种艺术倒是这个社会阶段的结果，并且是同这种艺术在其中产生而且只能在其中产生的那些未成熟的社会条件永远不能复返这一点分不开的。①

从上面论述中不难发现，关于艺术的发展，牵涉下面几个重要问题：

第一，关于“不平衡关系”及其表现形式。这种“不平衡关系”，主要表现在两个层面：

其一是“不平衡关系”是就艺术本身、艺术形式的历史变化而言的。“在艺术本身的领域内部的不同艺术种类的关系中有这种情形”，即“在艺术本身的领域内，某些有重大意义的艺术形式只有在艺术发展的不发达阶段上才是可能的”。马克思以古希腊史诗为例来进行阐述。史诗在后世具有永久的艺术魅力，具有“一种规范和高不可及的范本”的价值，但史诗形成于物质生产“不发达的社会阶段”，并且随着社会的发展进步，艺术生产逐渐成为相对独立的精神生产，艺术的生产方式已经不再是古希腊时代史诗的创作方式，史诗这种艺术形式并没有被后世艺术直接继承下来，这也就是马克思所说的“当艺术生产一旦作为艺术生产出现，它们就再不能以那种在世界史上划时代的、古典的形式创造出来”。后世人类社会物质生产不断发展，生产力极大提高，却无法再创作出史诗，更无法企及古希腊史诗的高度，是因为创作史诗的时代生活没有了。也正是在这个意义上，马克思认为神话、史诗等“同这种艺术在其中生长的那个不发达的社会阶段并不矛盾。这种艺术倒是这个社会阶段的结果”。什么样的生活成长起什么样的艺术及其生产方式，前面谈到，科技昌明的时代不可能有神话意识的产生，也是这个道理。

其二是“在整个艺术领域同社会一般发展的关系上有这种情形”，即“不平衡关系”。我们可以从时间和空间两方面来看整个艺术生产与物质生产之间的这种“不平衡关系”。从时间的纵轴上来看，同一个民族、地域，艺术生产的繁荣与物质生产的繁荣之间从总体上来看不具有同步性。譬如，马克思所处的时代与莎士比亚所处的文艺复兴时代相比，社会生活要进步得多，生产技术要先进得多，物质基础要雄厚得多，但是此时的欧洲艺术从整体上而言，其繁

① 马克思：《〈政治经济学批判〉导言》，《马克思恩格斯选集》第二卷，人民出版社2012年版，第711—712页。

荣程度与文艺复兴时期相比根本无法同日而语。中国的春秋战国时期，社会动荡，民不聊生，却出现了百家争鸣的文化局面，诸子散文千古留名；三国时期战乱频仍，却产生了盛极一时的建安文学，所谓“三曹”、建安七子、建安风骨，都是关于彼时文学繁荣的表征，颇有“国家不幸诗家幸”的味道。恩格斯在《德国状况》中也有对类似情况的描述：“一切都烂透了，动摇了，眼看就要坍塌了，简直没有一线好转的希望，因为这个民族连清除已经死亡了的制度的腐烂尸骸的力量都没有。只有在我国的文学中才能看出美好的未来。这个时代在政治和社会方面是可耻的，但是在德国文学方面却是伟大的。”①

从空间的横轴来看，同一时期，不同地域和民族，艺术的繁盛并不与社会的一般发展、物质基础的一般发展成比例。也就是说，社会物质经济繁荣发展，并不必然带来文艺的繁荣，或者说，“经济上落后的国家在哲学上仍然能够演奏第一小提琴”②，艺术生产方面也是如此，这里不存在经济决定论。恩格斯曾于1890年指出，“挪威在最近20年中所出现的文学繁荣，在这一时期除了俄国以外没有一个国家能与之媲美。……他们创作的东西要比其他人所创作的多得多，而且他们还给包括德国文学在内的其他各国的文学打上了他们的印记”，而此时在物质生产方面，“只是直到最近，这个国家才零散地出现了一点点大工业”。③ 就是说，19世纪后半期，挪威在经济上并不如英、法、德等欧洲诸强，但在文学创作上，无论是量还是质，都取得了其他国家无法比拟的繁荣。同样的情况也出现在刚刚于彼时进行了并不彻底的农奴制改革的俄国，其资本主义发展非常缓慢，是欧洲资本主义发展链条中最为薄弱的环节，但是俄国在文学艺术上进入了一个黄金期，诞生了从普希金到果戈里、屠格涅夫、托尔斯泰等世界一流的大作家，同期经济上更为发达的英、法、德等国家却难以与之相提并论。

第二，如何理解这种“不平衡关系”的产生。

马克思、恩格斯关于这种“不平衡关系”的论述，其实是要呈现其历史的辩证的批评方法。他们认为这种“不平衡关系”的存在，并不是说经济基础或

① 恩格斯：《德国状况》，《马克思恩格斯全集》第二卷，人民出版社1957年版，第634页。

② 恩格斯：《致康拉德·施米特》，《马克思恩格斯文集》第十卷，人民出版社2009年版，第599页。

③ 恩格斯：《致保尔·恩斯特》，《马克思恩格斯文集》第十卷，人民出版社2009年版，第583—584页。

社会的一般发展对于艺术发展而言不再起"归根到底"的决定性作用了，而是说这种"不平衡关系"仍然源于这个"自然规定性"，仍然"表现为必然的发展"，并"受内在的一般规律的支配"，"但承认偶然"。恩格斯指出："在社会历史领域内进行活动的，是具有意识的、经过思虑或凭激情行动的、追求某种目的的人；任何事情的发生都不是没有自觉的意图，没有预期的目的的。……在这一领域内，尽管各个人都有自觉预期的目的，总的来说在表面上好像也是偶然性在支配着。人们所预期的东西很少如愿以偿，许多预期的目的在大多数场合都互相干扰，彼此冲突，或者是这些目的本身一开始就是实现不了的，或者是缺乏实现的手段的。这样，无数的单个愿望和单个行动的冲突，在历史领域内造成了一种同没有意识的自然界中占统治地位的状况完全相似的状况。……这样，历史事件似乎总的说来同样是由偶然性支配着的。但是，在表面上是偶然性在起作用的地方，这种偶然性始终是受内部的隐蔽着的规律支配的，而问题只是在于发现这些规律。"①

恩格斯还说：

> 人们自己创造自己的历史，但是到现在为止，他们并不是按照共同的意志，根据一个共同的计划，甚至不是在一个有明确界限的既定社会内来创造自己的历史。他们的意向是相互交错的，正因为如此，在所有这样的社会里，都是那种以偶然性为其补充和表现形式的必然性占统治地位。在这里通过各种偶然性来为自己开辟道路的必然性，归根到底仍然是经济的必然性。②

作为上层建筑和意识形式的艺术活动、艺术发展无疑是极具主体性、历史性的，充满着主观的各不相同的目的、愿望、激情、才气、感觉、无意识等不可量化的、不可统计的、不可规约的偶然因素，不可能与经济基础、物质实践、社会的一般发展有直接的对应关系，因而在各个历史时期艺术创作与发展呈现出偶然性很强的特点。马克思、恩格斯提出的这种"不平衡关系"，也明显地

---

① 恩格斯：《路德维希·费尔巴哈和德国古典哲学的终结》，《马克思恩格斯文集》第四卷，人民出版社 2009 年版，第 302 页。

② 恩格斯：《致瓦尔特·博尔吉乌斯》，《马克思恩格斯文集》第十卷，人民出版社 2009 年版，第 669 页。

体现出这种偶然性。但是，“在表面上是偶然性在起作用的地方，这种偶然性始终是受内部的隐蔽着的规律支配的”，这个偶然性只是必然性的“补充和表现形式”，必然性“通过各种偶然性来为自己开辟道路”，这个必然性“归根到底仍然是经济的必然性”。因此，恩格斯强调，不要被历史的表面现象所迷惑，要在大量的偶然性中看到其内在的必然性。马克思和恩格斯明确指出：“如果这种理论、神学、哲学、道德等等同现存的关系发生矛盾，那么，这仅仅是因为现存的社会关系同现存的生产力发生了矛盾。”因为分工带来了精神活动与物质活动的分离，“生产力、社会状况和意识，彼此之间可能而且一定会发生矛盾”，“要使这三个因素彼此不发生矛盾，则只有再消灭分工”。① 可以说，艺术生产与社会的一般发展这种“不平衡关系”的产生，是“生产力、社会状况和意识”三个因素的矛盾的表现和结果，是生产力与生产关系矛盾的表现和结果。

马克思强调：“我们判断一个人不能以他对自己的看法为根据，同样，我们判断这样一个变革时代也不能以它的意识为根据；相反，这个意识必须从物质生活的矛盾中，从社会生产力和生产关系之间的现存冲突中去解释。”② 可以看出，“不平衡关系”理论揭示了精神生产与物质生产的辩证关系，让人们看到在二者复杂关系下的物质基础的“归根到底”的决定性作用。

虽然在某些重要艺术形式内部，在不同民族地域之间、不同历史时期之间比较看来，存在着这种“不平衡关系”，但是，放在具体的特定时空中来考察，精神生产与物质生产和社会的一般发展仍然具有适应性关系。诚如马克思所言，史诗和神话“同这种艺术在其中生长的那个不发达的社会阶段并不矛盾”，是这个社会发展的产物。恩格斯在讨论 18 世纪西欧各国哲学的不同繁荣情况时这样归纳：“不论在法国或是在德国，哲学和那个时代的普遍的学术繁荣一样，也是经济高涨的结果。”③ 因此，这种“不平衡关系”并不意味着艺术发展与社会的一般发展无关，更不能说二者是反比例关系：物质生产越落后，艺术越繁荣。当然，也不能说，经济繁荣必然带来艺术

① 马克思、恩格斯：《德意志意识形态》，《马克思恩格斯文集》第一卷，人民出版社 2009 年版，第 534—535 页。

② 马克思：《〈政治经济学批判〉序言》，《马克思恩格斯文集》第二卷，人民出版社 2009 年版，第 592 页。

③ 恩格斯：《致康拉德·施米特》，《马克思恩格斯文集》第十卷，人民出版社 2009 年版，第 599—600 页。

繁荣，不能采用庸俗的经济决定论，认为艺术发展是完全取决于经济社会的发展。因为这里的物质经济因素是从“归根到底”的意义上来考虑的，换句话说，物质经济因素并不是唯一的或者说直接起作用的因素，其最终的决定作用是在社会各种因素的综合范围内的，并且呈现出具体的不同的历史表现形式。

这里，离开生产力、生产关系的理论无法把“不平衡关系”问题说清楚。但是，生产力、生产关系的理论，或者说经济基础与上层建筑模式并不是僵硬的公式，不能用来剪裁复杂的现实。柏拉威尔曾经指出：“马克思在与文学的实际接触中，从来没有机械地、一成不变地搬用‘基础和上层建筑’这个模式，而且事实上，在他的对当时文学作品的评论中，这个模式也从来没有占过突出的地位。”① 正如恩格斯反复告诫的：“如果不把唯物主义方法当做研究历史的指南，而把它当做现成的公式，按照它来剪裁各种历史事实，那它就会转变为自己的对立物。”② 因此，“必须重新研究全部历史，必须详细研究各种社会形态的存在条件，然后设法从这些条件中找出相应的政治、私法、美学、哲学、宗教等等的观点。在这方面，到现在为止只做了很少的一点工作，因为只有很少的人认真地这样做过。在这方面，我们需要人们出大力，这个领域无限广阔，谁肯认真地工作，谁就能做出许多成绩，就能超群出众”③。

看到经济基础的“归根到底”的决定作用，并不是问题的全部。马克思主义创始人还强调，“政治、法、哲学、宗教、文学、艺术等等的发展是以经济发展为基础的。但是，它们又都互相作用并对经济基础发生作用。这并不是说，只有经济状况才是原因，才是积极的，其余一切都不过是消极的结果，而是说，这是在归根到底不断为自己开辟道路的经济必然性的基础上的相互作用”，而且“并不像人们有时不加思考地想象的那样是经济状况自动发生作

① ［英］柏拉威尔：《马克思和世界文学》，梅绍武等译，生活·读书·新知三联书店 1980 年版，第 551 页。

② 恩格斯：《致保尔·恩斯特》，《马克思恩格斯文集》第十卷，人民出版社 2009 年版，第 583 页。

③ 恩格斯：《致康拉德·施米特》，《马克思恩格斯文集》第十卷，人民出版社 2009 年版，第 587 页。

用”。[①] 经济不是孤立地、自动地发生作用，尽管经济发展对这些领域具有最终的至上权力，但是这种至上权力是发生在各个领域本身所规定的那些条件的范围内的。恩格斯曾就哲学领域指出：“这些经济影响多半又只是在它的政治等等的外衣下起作用。”“对哲学发生最大的直接影响的，是政治的、法律的和道德的反映。”[②] 文艺的发展除了有作为“归根到底”的决定意义的经济因素之外，还有在经济基础之上各种社会因素诸如政治、法、哲学、宗教等的历史合力作用，是各种力量在经济基础之上互相作用的结果。社会的发展是一个多层次、多方面的过程，在社会和历史发展的总过程中，处处都是相互作用的复杂的编织物。

恩格斯还特别谈到那些有特殊性的意识形态领域与物质基础之间的更为复杂的关系，认为：

> 更高的即更远离物质经济基础的意识形态，采取了哲学和宗教的形式。在这里，观念同自己的物质存在条件的联系，越来越错综复杂，越来越被一些中间环节弄模糊了。但是这一联系是存在着的。[③]

> 历史上所有其他的偶然现象和表面的偶然现象都是如此。我们所研究的领域越是远离经济，越是接近于纯粹抽象的意识形态，我们就越是发现它在自己的发展中表现为偶然现象，它的曲线就越是曲折。如果您画出曲线的中轴线，您就会发现，所考察的时期越长，所考察的范围越广，这个轴线就越是接近经济发展的轴线，就越是同后者平行而进。[④]

这里，文学艺术不是“纯粹抽象的意识形态”，它既具有生产性的一面，也具有意识形态性的一面，说它介于物质生产与“纯粹抽象的意识形态”之

---

① 恩格斯：《致瓦尔特·博尔吉乌斯》，《马克思恩格斯文集》第十卷，人民出版社 2009 年版，第 668 页。

② 恩格斯：《致康拉德·施米特》，《马克思恩格斯文集》第十卷，人民出版社 2009 年版，第 600 页。

③ 恩格斯：《路德维希·费尔巴哈和德国古典哲学的终结》，《马克思恩格斯文集》第四卷，人民出版社 2009 年版，第 308 页。

④ 恩格斯：《致瓦尔特·博尔吉乌斯》，《马克思恩格斯文集》第十卷，人民出版社 2009 年版，第 669 页。

间，应该是合乎实际的，因此，它与经济社会的一般发展之间不具有那么直接的关系。一方面，因为政治、法、哲学、宗教、道德等各种意识形态形式都会对文艺发展施展影响力，这种合力作用是不能被忽视的，哪种因素的影响力更大，则因时代、民族、地域等因素影响而有所不同，这里必须作具体的历史的分析；另一方面，各种意识形式包括文学艺术都有自己的历史和相对独立的发展规律，有自己的历史传承。我们讨论文艺的批判与继承，也正是在这个意义上强调重视文艺生产力以及文艺本身的历史传统及发展规律。正是由于这诸多因素的存在，各种观念和意识形式，包括艺术，同自己的物质存在条件的联系才变得越来越错综复杂，越来越被一些中间环节弄模糊了，艺术生产与社会的一般发展之间才会出现不平衡关系。因而，不平衡关系正是艺术发展与经济社会的一般发展之间辩证运动的结果。任何关于艺术发展的考察都需要大量细致而艰苦的历史研究。辩证的、历史的方法是马克思主义的方法论精髓。

第三，关于艺术的进步以及永久魅力的问题。

文学艺术的发展变化不同于物质生产尤其是科学技术、生产工具的发展，后者呈现出比较清晰的历史进步性。文学艺术也具有历史性，它表现为一种历史的不断演化的过程，但优秀的文学艺术作品具有某种超越历史的价值性，它们并不会随着时间的推移而丧失价值，可能长久都不会“过时”。历史上的经典文学艺术作品在后世仍然可以产生巨大的效应，甚至出现增值现象。比如古希腊艺术、史诗与神话，它们的魅力在今天仍然陶冶、激励着人们的心灵，并给当代文学家、艺术家以创作的启迪和灵感，具有马克思所言的“一种规范和高不可及的范本”的意义。因此，文学艺术的发展，并不是真理加真理的过程，它呈现出复杂的、颇具悖论性的进步状态。当然，并不是所有的文学艺术都能达到这样的程度，只有优秀的文艺精品，堪称经典的文艺作品才有这样的效应，时间会淘洗大量的平庸之作。

当人们说文艺的永恒价值时，并不是说文艺作品的价值内涵是凝定不变的，各个时代不同的读者获取的内容都是相同的，而是说它们的价值会在后世不断的再阐释中获得恒久的意义。意大利作家伊塔洛·卡尔维诺在其长文《为什么读经典》中，对历史上文学经典这方面的特质有所归纳。他写道：“一部经典作品是一本永不会耗尽它要向读者说的一切东西的书。”“经典作品是这样一些书，我们越是道听途说，以为我们懂了，当我们实际读它们，我们就越是觉得它们独特、意想不到和新颖。”“一部经典作品是一本每次重读都像初读那样带来发现的书。”　“一部经典作品是一本即使我们初读也好像是在重温的书。”① 也就是说，经典是说不完的，在不断再阅读、再阐释中，它会获得新的生命力和新的价值。

为什么会这样呢？后世读者的需要和再阐释，可以说回答了直接的也是比较表层的原因，其深层次的原因，恐怕还是要从人类现实生活中才能得到解释。这里，马克思从两个方面作过解释：一方面，古希腊民族及其时代的特点以及由此造就的古希腊艺术本身的特点。古希腊的社会现实造就了古希腊的民族性格特征，从人类的童年时代来看，古希腊虽然处于“不发达的社会阶段”，但这是一个历史上的人类童年时代“发展最完美的地方”，生活于其中的“希腊人是正常的儿童”。因此，古希腊艺术与史诗作为这个时代这个民族的现实生活的描写和记录，其中包含着人类的社会与审美理想，自然、完美而健全，包含着指向未来的因素。文艺复兴运动、17 世纪新古典主义以及后世一次又一次地回归古希腊，其实都包含着对这个人类完美童年的追慕、想象和再造。正如法国新古典主义理论家布瓦洛（又译为波瓦洛）就极其推崇古希腊时期的优秀文艺作品，说荷马的作品是“众妙之门，并且是取之不尽”② 的，可以成为创作的典范。他认为，古希腊诗人从自然和神那里得到了启示，因此代表着模仿自然的最高成就，后世的世界已经不完整了，人与自然已经分离了，诗人要模仿自然，就必须模仿古典作品。另一方面，古希腊艺术的永久的魅力来自其历史时代的不可重复性。古希腊社会，这个人类历史上“发展最完美的地方”，其时代已经是“永不复返的阶段”，因而后世尤其是现代社会的人们对其中人性的完整，人与人、人与自然关系的完美，充满想象、眷恋和怀旧。

这里可以看出，关于艺术的永久魅力，马克思除了提出古希腊艺术本身的优秀和杰出、具有“范本”意义外，他所强调的是艺术反映同产生于其中的社会生活的特点及其与后世的关系，因为古希腊时期社会分工只是刚刚开始，人的完整性还得以保存，还不像后世那样形成了物质生产与精神生产的严重分化。所以说，那时的艺术对我们所产生的魅力，“是同这种艺术在其中产生而且只能在其

① ［意］伊塔洛·卡尔维诺：《为什么读经典》，黄灿然、李桂蜜译，译林出版社 2012 年版，第 4、5、3、4 页。

② ［法］波瓦洛：《诗的艺术》，任典译，人民文学出版社 1959 年版，第 50 页。

中产生的那些未成熟的社会条件永远不能复返这一点分不开的”①。马克思的这个看法，对我们判断艺术的特征和艺术美产生的原因具有方法论的意义。

第二节　文艺的批判继承

毫无疑问，文艺是讲求独创的，原创性是文艺的持久生命力的源泉。每个时代的文艺家都应有自己的创造，创新的文艺也往往表征着一个时代的创造力和精神高度。文艺的历史就是其不断地创新发展和创造性转化的历史，同时，这种创新又是在历史的深刻连续性中实现的，是对历史的继承、批判、超越的过程。这里要进一步探讨的是如何在对本民族文艺传统乃至人类文化遗产的批判继承中，实现文艺创造和文艺发展的革故鼎新，进而发出时代新声。

一、文艺遗产的批判继承

每一位文艺家，每一个时代的文学艺术，都创造着自己的历史。但这种创造决不是白手起家、无中生有，而是在特定条件下产生的。这些条件中经济条件归根到底起着决定性的作用，但政治、法律、宗教等前提和条件，“甚至那些萦回于人们头脑中的传统，也起着一定的作用，虽然不是决定性的作用”②。这里，需要看到，任何新的创造，无论是新思潮、新学说的兴起，还是新的文艺作品的诞生，都有其深刻的历史性。马克思说：

拓展资源

路易·波拿巴的雾月十八日（节选）

> 人们自己创造自己的历史，但是他们并不是随心所欲地创造，并不是在他们自己选定的条件下创造，而是在直接碰到的、既定的、从过去承继下来的条件下创造。一切已死的先辈们的传统，像梦魇一样纠缠着活人的头脑。③

---

① 马克思：《〈政治经济学批判〉导言》，《马克思恩格斯选集》第二卷，人民出版社 2012 年版，第 712 页。

② 恩格斯：《致约瑟夫·布洛赫》，《马克思恩格斯文集》第十卷，人民出版社 2009 年版，第 592 页。

③ 马克思：《路易·波拿巴的雾月十八日》，《马克思恩格斯文集》第二卷，人民出版社 2009 年版，第 470—471 页。

考察一个时代的文艺生产，考察文艺家的艺术创造，都应该放在一定的历史框架中，在历史的深层的联系中判断其创造性，而不能割断这种联系。因为“新的阶级及其文化，并非突然从天而降，大抵是发达于对于旧支配者及其文化的反抗中，亦即发达于和旧者的对立中，所以新文化仍然有所承传，于旧文化也仍然有所择取”①。

拓展资源

浮士德与城·后记（节选）

建设时代新文艺，推动文艺创新，离不开对历史传统的传承与弘扬，离不开优秀的文化遗产的滋养，这里有批判也有继承。歌德曾说：“每逢看到一位大师，你总可以看出他吸取了前人的精华，就是这种精华培育出他的伟大。像拉斐尔那种人并不是从土里冒出来的，而是植根于古代艺术，吸取了其中的精华的。假如他们没有利用当时所提供的便利，我们对于他们就没有多少可谈的了。”②

马克思非常强调艺术形式和艺术精神在文艺历史传承中的重要性。从西方文艺的历史变迁中也可以发现，如果不了解西方文艺的古典传统，就很难真正深入理解后世的西方文学艺术。经过世世代代相传、承继下来的文艺经典所具有的语言、结构、文体、风格、美学精神等，在一定程度上形成一种自我发展的历史，具有自身的演变规律，并成为后世文艺发展的前提和基础。任何一个时代的艺术，都不可能凭空实现自我发展。从文艺发展史可以看出，没有辉煌的古希腊艺术范本，不可能产生繁荣的古罗马艺术；同样，没有拜占庭灭亡时被抢救出来的古希腊文化手抄本，也就不会有文艺复兴的黄金时代的到来；而黑暗的中世纪之所以艺术成就不高，在一定意义上正是源于它对艺术传统这种生产力的摧毁。

就具体文艺创作而言，文艺作品之间的这种历史传承与借鉴则更为普遍和明显：中国古典长篇小说《三国演义》《水浒传》《西游记》等成书之前，其中的很多故事就早已在民间以各种艺术形式广为流传。17 世纪法国新古典主义喜剧作家莫里哀的名著《悭吝人》，则是由古罗马喜剧作家普劳图斯的《一坛黄金》创化而来。歌德的《浮士德》、拜伦的《唐璜》等都是在民间文学或前人作品基础之上的再创造。正是基于这一点，马克思、恩格斯反复强调，无产

① 鲁迅：《〈浮士德与城〉后记》，《鲁迅全集》第七卷，人民文学出版社 2005 年版，第 373 页。

② ［德］爱克曼辑录：《歌德谈话录》，朱光潜译，人民文学出版社 1978 年版，第 105 页。

阶级作家和有社会主义倾向的作家，一定要向莎士比亚和巴尔扎克学习，向优秀的资产阶级作家学习散文技巧，从他们那里汲取无产阶级艺术发展所需要的养分。

也正是在此意义上说，无论怎样的文艺创新抑或对艺术的革命性改造，都必须尊重并借鉴优秀的文艺遗产，诚如毛泽东所言："我们必须继承一切优秀的文学艺术遗产，批判地吸收其中一切有益的东西，作为我们从此时此地的人民生活中的文学艺术原料创造作品时候的借鉴。有这个借鉴和没有这个借鉴是不同的，这里有文野之分，粗细之分，高低之分，快慢之分。所以我们决不可拒绝继承和借鉴古人和外国人，哪怕是封建阶级和资产阶级的东西。"① 他还曾指出艺术形式方面的深刻的历史连续性：

> 艺术有形式问题，有民族形式问题。艺术离不了人民的习惯、感情以至语言，离不了民族的历史发展。艺术的民族保守性比较强一些，甚至可以保持几千年。古代的艺术，后人还是喜欢它。②

可以说，文艺发展的历史，同时也就是丰富、发展和变革传统的过程。同时，文艺与它所处的民族文化密不可分，一个民族的文化精神会深刻地熔铸在一个民族的文艺之中。

文艺上的发展和创新，是在由旧的作品与学说组成的参照系下的发展和创新。人们接近文艺，不只是为了寻找与自己的对话方式，而且还要寻找与他人对话的方式。所以，对于文艺作品，只有在充分了解了它们所处的文艺传统之后，才能感受到并揭示出文艺作品之间存在的如对话一般的关系。只有在这种关系下，我们才能准确把握文艺作品的艺术价值。习近平从创作时代精品、促进文艺健康发展和持续繁荣、复兴民族文化的高度强调："中华优秀传统文化是中华民族的精神命脉，是涵养社会主义核心价值观的重要源泉，也是我们在世界文化激荡中站稳脚跟的坚实根基。""要结合新的时代条件传承和弘扬中华优秀传统文化，传承和弘扬中华美学精神。"③ 这就把传统的作用阐释清楚了。

---

① 毛泽东：《在延安文艺座谈会上的讲话》，《毛泽东选集》第三卷，人民出版社 1991 年版，第 860 页。

② 毛泽东：《同音乐工作者的谈话》，《毛泽东文集》第七卷，人民出版社 1999 年版，第 77 页。

③ 习近平：《在文艺工作座谈会上的讲话》，人民出版社 2015 年版，第 25—26 页。

恩格斯曾经这样描述那些错误对待传统的人："平均主义派和大革命时代的巴贝夫派一样，是一批相当'粗暴的人'。他们想把世界变成工人的公社，把文明中一切精致的东西，即科学、美术等等，都当作无益的、危险的东西，当作贵族式的奢侈品加以消灭；这是由于他们完全不懂历史和政治经济学而必然产生的一种偏见。"① 这是典型的文化幼稚病，是不可能完成新文艺建设的历史使命的。

但是，文艺的传统作为一种存在并非纯然客观的，它是带有价值指向的物质力量和精神力量。对于现实发展而言，其中的精华与糟粕同在。面对文艺传统，我们既不能做历史虚无主义者，也不能做历史保守主义者，而是需要采取批判继承的态度。为什么应当如此？列宁说得好：

> 每一种民族文化中，都有两种民族文化。②

> 每个民族文化，都有一些民主主义的和社会主义的即使是不发达的文化成分，因为每个民族都有被剥削劳动群众，他们的生活条件必然会产生民主主义的和社会主义的意识形态。但是每个民族也都有资产阶级的文化（大多数还是黑帮的和教权派的），而且这不仅表现为一些"成分"，而表现为占统治地位的文化。③

民族文艺传统并不都是新的时代需要的精华，当然也并非都是毫无益处的糟粕。它是一个复杂的历史存在，这其中有符合新社会发展所需要的因素，甚至可以说必须从中寻找到符合时代发展需要的因素，新的社会才能健康持续地发展。从社会主义新文艺建设的角度来说，历史上的文艺遗产中必然包含有益的积极的成分。但物质上占统治地位的阶级，在精神文化上也必然占据统治地位，统治阶级的思想文化便是那个时期占统治地位的文化。历史上文艺遗产中那些民主主义的和社会主义的成分，都是新文艺建设的重要资源，但被包裹在

---

① 恩格斯：《大陆上社会改革的进展》，《马克思恩格斯全集》第三卷，人民出版社 2002 年版，第 480 页。

② 列宁：《关于民族问题的批评意见》，《列宁选集》第二卷，人民出版社 2012 年版，第 344 页。

③ 列宁：《关于民族问题的批评意见》，《列宁选集》第二卷，人民出版社 2012 年版，第 336 页。

那些“占统治地位的文化”中，因此要进行深入剖析、鉴别、批判和改造，使它转化为新文艺的有机因素。

恩格斯在谈到如何走出黑格尔哲学传统时，曾经指出：“像对民族的精神发展有过如此巨大影响的黑格尔哲学这样的伟大创作，是不能用干脆置之不理的办法来消除的。必须从它的本来意义上‘扬弃’它，就是说，要批判地消灭它的形式，但是要救出通过这个形式获得的新内容。”① 毛泽东提出，面对中国古代文化，“既不是一概排斥，也不是盲目搬用，而是批判地接收它，以利于推进中国的新文化”②。习近平总书记在文艺工作座谈会上指出，“传承中华文化，绝不是简单复古，也不是盲目排外，而是古为今用、洋为中用，辩证取舍、推陈出新，摒弃消极因素，继承积极思想，‘以古人之规矩，开自己之生面’”③，为批判继承传统文化指明了方向。

二、文艺的“推陈出新”

民族文化的历史传统是文艺之“根”，任何时代的文艺发展都离不开历史，都需要批判继承中外文学艺术遗产。但是，继承和借鉴决不可以替代自己的创造。“‘诗文随世运，无日不趋新。’创新是文艺的生命。文艺创作中出现的一些问题，同创新能力不足很有关系。刘勰在《文心雕龙》中就多处讲到，作家诗人要随着时代生活创新，以自己的艺术个性进行创新。唐代书法家李邕说：‘似我者俗，学我者死。’宋代诗人黄庭坚说：‘随人作计终后人，自成一家始逼真。’文艺创作是观念和手段相结合、内容和形式相融合的深度创新，是各种艺术要素和技术要素的集成，是胸怀和创意的对接。要把创新精神贯穿文艺创作生产全过程，增强文艺原创能力。”④ 每个时代的文艺都需要结合新的时代要求，积极主动挖掘本民族的丰厚历史资源、文化资源和思想资源，实现优秀传统文化的“创造性转化和创新性发展”⑤，使之成为文艺创作的源头活水，从而创作出传承传统文化基因、展现民族美学精神、具有鲜明时代审美风范和精神价值内涵的文艺作品，让文化薪火

---

① 恩格斯：《路德维希·费尔巴哈和德国古典哲学的终结》，《马克思恩格斯文集》第四卷，人民出版社 2009 年版，第 276 页。

② 毛泽东：《论联合政府》，《毛泽东选集》第三卷，人民出版社 1991 年版，第 1083 页。

③ 习近平：《在文艺工作座谈会上的讲话》，人民出版社 2015 年版，第 26 页。

④ 习近平：《在文艺工作座谈会上的讲话》，人民出版社 2015 年版，第 11 页。

⑤ 习近平：《在文艺工作座谈会上的讲话》，人民出版社 2015 年版，第 26 页。

相传并与时俱进。

人们常说秦汉散文、唐诗宋词、元代戏曲、明清小说，正所谓一代有一代之文学，任何一个时代都必须有属于自己时代的文艺创造，才能在历史的长河中经受时间的淘洗而标示出自己的存在。明代胡应麟在《诗薮·近体中》中说："诗至于唐而格备，至于绝而体穷。故宋人不得不变而之词。元人不得不变而之曲。词胜而诗亡矣，曲胜而词亦亡矣。"这里，他从诗体代变的角度揭示出艺术创新之必然。文艺的创造与创新，这是文艺的本性与生命力所在，任何历史继承与借鉴，其目的也只在于创新，缺乏创新指向的复古，是思想文化惰性的表征。面对传统，无论是强调继承还是强调批判，其宗旨皆在创新。没有属于自己的时代的创新发展，注定在历史的轨迹上不会留下痕迹。鲁迅说："没有冲破一切传统思想和手法的闯将，中国是不会有真的新文艺的。"① 他还说："我们不但是文艺上的遗产的保存者，而且也是开拓者和建设者。"② 只有创新才是对传统的最好的继承，抱残守缺、墨守成规是无法保存和保护文化传统的。缺乏创新的文艺会形成一个封闭的传统，在这样的传统中，所有的"新"文艺都可能只不过是时间意义上的"新"，而非实质上真正具有创新性。这时的文艺就会陷入自我重复。文艺家们不断地重复已有的写作模式，而批评家们则用已有的批评范式不断地对作品进行僵化的阐释。这会使得文艺呈现出一种"虚假的进步"。只有对传统进行批判发展的文艺，才能算作是真正新的文艺；只有真正新的文艺，才是对文艺的发展。改革开放以来我国不少的长篇小说、戏剧和影视作品在创作方面的革新与变化，都有力地证明了这一点。

"中华文化延续着我们国家和民族的精神血脉，既需要薪火相传、代代守护，也需要与时俱进、推陈出新。"③ 没有对传统文化和文艺的批判继承，所谓的文艺创新也只是一句空话。为创新而创新，缺乏历史的厚度，缺乏现实的关怀，其生命力最终不会长久，其发展也不可持续。了解我们文化的历史，考察当代的社会现实，才能对自己的思想进行批判性的思考，让从前被视作理所当然的判断呈现出其历史性、民族性的特征。

面对传统，文艺如何才能有新的创造？这里需要处理好模仿前人与大胆创

① 鲁迅：《论睁了眼看》，《鲁迅全集》第一卷，人民文学出版社 2005 年版，第 255 页。
② 鲁迅：《〈引玉集〉后记》，《鲁迅全集》第七卷，人民文学出版社 2005 年版，第 441 页。
③ 习近平：《在中国文联十大、中国作协九大开幕式上的讲话》，人民出版社 2016 年版，第 15 页。

新之间的辩证关系，艺术形式变革与内容创新之间的辩证关系，以及艺术传统范式与时代精神之间的辩证关系。

可以说，艺术是需要才华的事业，但艺术创造并不是随心所欲地凭空创造的，历史传统所形成的艺术能力，是任何一位优秀的艺术家都必须继承的遗产。古往今来，文艺创作都需要学习、借鉴，这个过程中不应废除模仿，因为其中存在着文艺创作的常见的规律。前文已反复强调批判继承的重要意义，但是在文艺创作中，这个批判继承的目的在于如何做到“推陈出新”，独抒己见。汉代王充提出：“稽合于古，不类前人。”（《论衡·自纪篇》）陆机在《文赋》中强调：“或袭故而弥新，或沿浊而更清。”杜甫忠告学诗的人：“不薄今人爱古人，清词丽句必为邻。”“别裁伪体亲风雅，转益多师是汝师。”（《戏为六绝句》）法国伏尔泰认为，“我们可以赞美古人，但不要让我们的赞赏变成盲从”，“在任何方面都逐字逐句地学步古人是一个可笑的错误”。① 理论家们的侧重点虽各有不同，而基本精神无不强调在学习借鉴的基础上进行超越前人的艺术创造，不能泥古不化。

师法古人是文艺创作、文艺发展的必由路径。面对传统、先辈，后世艺术家不能是亦步亦趋的懦夫，不能是模仿因袭的懒汉。至于从传统和古人那里汲取什么，如何实现传统的创造性转化，却一直是众说不一、见仁见智的。概括起来，主要牵涉以下两方面问题。

一则，偏重于强调语言、技巧、风格等形式因素方面的继承与创新。马克思主义创始人提出希腊神话和史诗等艺术形式，虽说就某方面讲是一种规范和范本，但同时也强调“古代人的性格描绘在今天已经不够用了”，应该“多注意一下莎士比亚在戏剧发展史上的意义”，② 注意学习优秀的资产阶级作家的散文技巧。就是说，优秀作品的语言、形式、技巧、风格等作为文艺生产能力的重要内容，是后世作家、艺术家学习模仿的重要面向。任何艺术家都要师法其他艺术家的风格技巧，采用其他艺术家用过的素材和处理方式，而后才能有自己的突破和艺术个性与风格的形成。唐代王勃《滕王阁序》传颂千古的名句“落霞与孤鹜齐飞，秋水共长天一色”，从句式结构上说，就是脱胎于庾信《马射

---

① ［法］伏尔泰：《论史诗》，伍蠡甫等编：《西方文论选》上卷，上海译文出版社 1979 年版，第 324、323 页。

② 恩格斯：《致斐迪南·拉萨尔》，《马克思恩格斯文集》第十卷，人民出版社 2009 年版，第 175 页。

赋》中“荷花与芝盖齐飞，杨柳共春旗一色”两句而成的。但这些带有“互文”性质的借鉴，正如谢榛《四溟诗话》中评价王勃之言所说，“虽有所祖，然青愈于蓝矣”，是青出于蓝而胜于蓝的化用，有继承，更有创新。唐代韩愈主张“惟陈言之务去”（《答李翊书》），称颂古人“词必己出”，坚决反对模拟无生气的骈文创作，指责那是“搜春摘花卉，沿袭伤剽盗”（《荐士》），明确提出为文应“能自树立，不因循”，要求“师其意，不师其辞”（《答刘正夫书》），侧重于倡导革新诗歌的语言形式。

再则，熔铸传统，独出机杼，不仅仅限于语言、结构等形式技巧方面，文艺继承基础上的变革与创新，更表现在艺术创作的意象、境界等内容因素方面。譬如，现代象征主义诗人戴望舒的名篇《雨巷》，无疑脱胎于南唐李璟《摊破浣溪沙》的名句“青鸟不传云外信，丁香空结雨中愁”，但在构织《雨巷》的意境和形象时，诗人既吸取了前人的诗词意蕴和语言之美，又有了自己的创造，表现出更多的时代气息。一般来讲，文艺的变革“当革其精神，非革其形式”，在形式无法完成革新之前，“能以旧风格含新意境，斯可以举革命之实矣”。① 这种情况很常见，尤其是在文艺革新的初始阶段。但随着时代发展，生产技术、工具和生产方式变了，语言变了，宗教变了，风俗习惯变了，人们的生活内容、生活方式乃至人物性格都变了。荷马史诗也好，维吉尔的诗歌也好，其艺术描绘在他们的时代是没有问题的，放在今天就有难以接受的一面了。对于艺术创造而言，所谓“旧瓶装新酒”的方式在特定的时间内可以用于文艺创新，但最终随着表达新的生活内容的需要，文艺的形式方面也必然要有新的变化和突破。经历过三次工业革命，人类生活发生了天翻地覆的变化，人们的生产方式和社会组织方式都发生了改变，这是现代文艺存在的现实土壤。现代文艺创新的依据和基础，也恰恰就在这变化了的时代生活里。不同时代文艺之间的差异，鲜明地体现出这一点。因此，文艺创新从根本上说植根于经济、社会变革之中。正是各个时代经济、社会的发展变化提出了文艺创新的需要，并提供了文艺创新的环境与可能。离开生活之源的僵死的文艺是不可能流传下去的，它必须在每个时代的文艺创新中获得涅槃与新生。无论是语言还是思想情感、艺术境界，都应发前人之所未发，别开生面。

---

① 梁启超：《饮冰室诗话》，郭绍虞主编：《中国历代文论选》第 4 册，上海古籍出版社 1980 年版，第 136 页。

继承借鉴，博古知今，批判吸收中外文艺传统，其实影响人们的不只是语言、技巧、风格、意象，它还提供给人们生活方式、思维方式、心理态度、视野观念、风俗习俗等主体因素，形成特定的民族审美心理、审美视野和文化观念，这些因素会在更深层面影响作家、艺术家的创作。因此，文艺遗产的借鉴还需要从这个角度去开掘，文艺的创新也同样需要从这个角度去突破。“在继承中转化，在学习中超越，创作更多体现中华文化精髓、反映中国人审美追求、传播当代中国价值观念、又符合世界进步潮流的优秀作品，让我国文艺以鲜明的中国特色、中国风格、中国气派屹立于世。”①

思考题：

1. 就特定时期的文艺发展状况，深入思考此时文艺所受到的经济及其他上层建筑诸因素的影响。
2. 如何理解物质生产与艺术发展的“不平衡关系”？
3. 文艺经典的主要成因是什么？
4. 结合文艺创作和发展实际，深入思考继承优秀文化遗产的意义。
5. 为什么要批判继承文艺遗产？应该如何批判继承文艺遗产？

① 习近平：《在中国文联十大、中国作协九大开幕式上的讲话》，人民出版社2016年版，第10页。

第三章　艺术生产与消费

艺术生产论是马克思主义文艺理论的重要组成部分，体现了马克思主义经典作家对文学艺术性质的新认识。艺术生产论，某种意义上可以说是马克思主义的文艺本体论，它把文艺活动看作人类生产实践活动当中的一个种类，一种生产活动、实践活动。马克思主义的艺术生产论不仅有助于认识以往各个历史时期文艺的特点，而且对于理解和指导新时代中国特色社会主义条件下的文学艺术活动以及文化产业发展具有重要的理论意义。本章主要是对“艺术生产”的概念、艺术生产的属性以及艺术生产与艺术消费的辩证关系加以辨析和阐发，并依据马克思主义的艺术生产理论，审视当代中国艺术生产范式的变化，探讨艺术生产的审美品格和市场需求的协调发展。

第一节　文艺是一种特殊的精神生产

马克思的艺术生产论建立在历史唯物主义基础上。马克思主义经典作家既看到艺术生产具有一般生产的普遍性，又强调其精神生产的特殊性，并对艺术生产与资本的关系作了历史和辩证的分析，尤其是揭示出艺术生产属性中的商品性质，从而为当代艺术生产提供了理论指导。

一、关于艺术生产的概念

艺术生产理论最初是马克思在研究经济学和哲学问题时提出来的。从《1844 年经济学哲学手稿》《神圣家族》《德意志意识形态》到《〈政治经济学批判〉导言》和《资本论》等著作，艺术生产理论得到不断的丰富和深化。

（一）“艺术生产”概念的提出

在《1844 年经济学哲学手稿》中，马克思首次在他的理论中将“艺术”和“生产”联系起来。他说：“私有财产的运动——生产和消费——是迄今为止全部生产的运动的感性展现，就是说，是人的实现或人的现实。宗教、家庭、国家、法、道德、科学、艺术等等，都不过是生产的一些特殊的方式，并且受生产的普遍规律的支配。”[①] 马克思将“艺术”“宗教”等均视为生产的一种特殊形态，并且提出这些特殊的生产方式“受生产的普遍规律的支配”观点。

在《德意志意识形态》的第一卷第一章中，马克思、恩格斯进一步从唯物史观的角度说明了精神生产与物质生产的联系以及精神生产的内涵：

> 思想、观念、意识的生产最初是直接与人们的物质活动，与人们的物质交往，与现实生活的语言交织在一起的。人们的想象、思维、精神交往在这里还是人们物质行动的直接产物。表现在某一民族的政治、法律、道德、宗教、形而上学等的语言中的精神生产也是这样。人们是自己的观念、思想等等的生产者，但这里所说的人们是现实的、从事活动的人们，他们受自己的生产力和与之相适应的交往的一定发展——直到交往的最遥远的形态——所制约。[②]

这一时期，马克思、恩格斯已经把精神生产纳入人类历史和整个生产活动过程中来考察，明确指出精神生产受到一定时期经济基础的制约。物质生产的性质决定精神生产的性质，“精神生产随着物质生产的改造而改造”[③]。与此同时，马克思又指出要特别警惕对物质生产的滥用，警惕“连最高的精神生产，也只是由于被描绘为、被错误地解释为物质财富的直接生产者”[④] 的做法，主张充分认识到“两种生产的相互作用”和精神生产不同于物质生产的特殊性。可以说，马克思主义创始人的“精神生产”概念是建立在物质生产与精神生产相互关系的基础之上的，这一思想构成了艺术生产论的理论根基。

在1857年写的《〈政治经济学批判〉导言》中，马克思第一次明确提出了“艺术生产”这一概念。他说：

---

① 马克思：《1844年经济学哲学手稿》，《马克思恩格斯文集》第一卷，人民出版社2009年版，第186页。

② 马克思、恩格斯：《德意志意识形态》，《马克思恩格斯文集》第一卷，人民出版社2009年版，第524—525页。

③ 马克思、恩格斯：《共产党宣言》，《马克思恩格斯文集》第二卷，人民出版社2009年版，第51页。

④ 马克思：《剩余价值理论》，《马克思恩格斯全集》第三十三卷，人民出版社2004年版，第348页。

> 就某些艺术形式，例如史诗来说，甚至谁都承认：当艺术生产一旦作为艺术生产出现，它们就再不能以那种在世界史上划时代的、古典的形式创造出来；因此，在艺术本身的领域内，某些有重大意义的艺术形式只有在艺术发展的不发达阶段上才是可能的。①

马克思已经看到了艺术生产与社会发展的复杂关系和特定时期艺术生产的特殊性质，提出了艺术生产的发展同物质生产的发展不平衡的问题，即艺术的一定的繁盛时期并不是与“社会的一般发展”以及社会组织中的“物质基础的一般发展”成比例的。不过，“根据唯物史观，历史过程中的决定性因素归根到底是现实生活的生产和再生产”②，经济发展对上层建筑各领域的最终支配作用是确定无疑的。正是在这段话中，马克思提出了“艺术生产”的概念，从此，“艺术生产”作为一个新的术语、一种新的艺术观念进入了马克思主义文艺理论系统。

在其后的研究中，马克思、恩格斯在哲学和政治经济学著作中多次论及“艺术生产”问题，并对“艺术生产”理论作了深刻且富有思辨意味的阐发。例如，在研究生产劳动和非生产劳动时关于钢琴制造者与钢琴演奏者的区别，关于生产与消费的同一性与非同一性问题，一定社会形态下自由的精神生产，资本主义生产同某些精神生产部门如艺术和诗歌“相敌对”，异化劳动消除后的人的全面解放问题，等等，这一系列论断构成了马克思主义“艺术生产”理论的基本内核。

（二）“艺术生产”的内涵

马克思主义经典作家多次提到“艺术生产”，但这一概念在他们不同的著述中其内涵不尽相同。大致说来，“艺术生产”概念具有广义和狭义两个层面的含义。

广义的“艺术生产”，指与物质生产相对的精神生产的一种。它随着精神生产与物质生产的分离而产生，并作为相对独立的生产部门被纳入整个社会的生产—消费系统之中。由于物质生产与精神生产的分工，人类原始的艺术活动

---

① 马克思：《〈政治经济学批判〉导言》，《马克思恩格斯选集》第二卷，人民出版社 2012 年版，第 710 页。

② 恩格斯：《致约瑟夫·布洛赫》，《马克思恩格斯文集》第十卷，人民出版社 2009 年版，第 591 页。

成为由艺术家专门从事的活动，艺术品成为专门的精神产品。可以说，广义的“艺术生产”是指一种精神劳动，它是分工的产物，并不限于某一特定历史时期的艺术活动。

广义的“艺术生产”既有作为精神生产的特殊性，又受生产的普遍规律的支配，体现了物质生产的一般特性。首先，它的产品“表现为物”，正如马克思所指出的那样：“艺术和科学的一切产品，书籍、绘画、雕塑等等，只要它们表现为物，就都包括在这些物质产品中。”① 其次，它的创作过程体现为一种劳动，里面渗透着艺术家的付出，并且其创作技巧和手段不可避免地受物质生产水平的制约。最后，它具有生产、流通和消费这些物质生产所共有的要素和环节。不过，广义的“艺术生产”在生产目的和生产过程中又与物质生产有着明显的区别，因为它不是以满足人们的物质需求为目的，而是作家、艺术家通过脑力劳动创造出的精神产品，满足的是人们的精神需求。同时，尽管精神生产的产品具有物质性，但其所运用的材料与物质生产不同，精神生产所依据的是精神材料，它来自艺术生产主体对社会的思考和所吸收的各种思想文化资料，以及历史积淀下来的人类精神财富。再则，艺术创作主体在进行艺术生产时享有精神自由，可以充分施展个人的才华和智慧，因此，马克思将艺术生产看成是“一定社会形态的自由的精神生产”②。

狭义的“艺术生产”，指在资本主义时期作家、艺术家“直接同资本交换的劳动”，它为资本创造价值，其艺术品具有商品的属性。换言之，只有文艺产品进入到资本运作过程中，文艺家的劳动才是“艺术生产”。

特定历史时期是理解狭义的“艺术生产”的出发点。马克思在《〈政治经济学批判〉导言》开篇就特别指出：“说到生产，总是指在一定社会发展阶段上的生产——社会个人的生产。因而，好像只要一说到生产，我们或者就要把历史发展过程在它的各个阶段上一一加以研究，或者一开始就要声明，我们指的是某个一定的历史时代，例如，是现代资产阶级生产——这种生产事实上是我们研究的本题。”③ 此后，当马克思把古典艺术与现代艺术进行比较，提到

① 马克思：《〈政治经济学批判（1861—1863 年手稿）〉摘选》，《马克思恩格斯文集》第八卷，人民出版社 2009 年版，第 234 页。

② 马克思：《剩余价值理论》，《马克思恩格斯全集》第三十三卷，人民出版社 2004 年版，第 346 页。

③ 马克思：《〈政治经济学批判〉导言》，《马克思恩格斯选集》第二卷，人民出版社 2012 年版，第 685 页。

"艺术生产一旦作为艺术生产出现"① 时，后面的一个"艺术生产"正是特指在资本主义生产这一历史背景下的狭义的艺术生产。

在《剩余价值理论》第一册第四章关于生产劳动和非生产劳动的理论中，马克思在探讨资本主义制度下生产劳动和非生产劳动的区分时，对狭义的"艺术生产"的本质作出了界定。他认为，亚当·斯密巨大的科学功绩之一就在于，"他下了生产劳动是直接同资本交换的劳动这样一个定义，也就是说，他根据这样一种交换来给生产劳动下定义，只有通过这种交换，劳动的生产条件和一般价值即货币或商品，才转化为资本（而劳动则转化为科学意义上的雇佣劳动）"②。马克思以作家为例，进一步阐明了"生产劳动"的内涵。他说："作家所以是生产劳动者，并不是因为他生产出观念，而是因为他使出版他的著作的书商发财，或者说，因为他是一个资本家的雇佣劳动者。"③ 作家为雇请他的书商创造出剩余价值，不仅把包含在工资中的生活资料的全部价值为书商再生产出来，而且把这个价值连同利润一起为他再生产出来，因为"商品具有的交换价值大于资本家为商品支付的交换价值"④。只有在这个意义上，作家的活动才是一种生产劳动。

马克思还以弥尔顿创作《失乐园》和为书商提供工厂式劳动的作家为例，再次强调了生产劳动的本质属性。他说："弥尔顿创作《失乐园》得到 5 镑，他是**非生产劳动者**。相反，为书商提供工厂式劳动的作家，则是**生产劳动者**。弥尔顿出于同春蚕吐丝一样的原因而创作《失乐园》。那是**他的**天性的表现。后来，他把作品卖了 5 镑。但是，在书商指示下编写书籍（例如经济学大纲）的莱比锡的一位无产者作家却是**生产劳动者**，因为他的产品从一开始就从属于资本，只是为了使资本增殖价值才进行的。一个自行卖唱的歌女是**非生产劳动者**。但是，同一个歌女，被剧院老板雇用，老板为了赚钱而让她去唱歌，她就

① 马克思：《〈政治经济学批判〉导言》，《马克思恩格斯选集》第二卷，人民出版社 2012 年版，第 710 页。

② 马克思：《〈政治经济学批判（1861—1863 年手稿）〉摘选》，《马克思恩格斯文集》第八卷，人民出版社 2009 年版，第 218 页。

③ 马克思：《〈政治经济学批判（1861—1863 年手稿）〉摘选》，《马克思恩格斯文集》第八卷，人民出版社 2009 年版，第 219 页。

④ 马克思：《〈政治经济学批判（1861—1863 年手稿）〉摘选》，《马克思恩格斯文集》第八卷，人民出版社 2009 年版，第 218 页。

是**生产劳动者**，因为她生产资本。”[①] 由此可见，马克思判断生产劳动和非生产劳动的区分，是从与资本的关系、“从对资本本身的不同方面的分析中得出结论”[②] 的。

二、艺术生产与资本

马克思肯定了亚当·斯密关于“生产劳动是直接同资本交换的劳动”的定义，显然这个定义“不是从劳动的物质规定性（不是从劳动产品的性质，不是从劳动作为具体劳动的规定性）得出来的，而是从一定的社会形式，从这个劳动借以实现的社会生产关系得出来的”。[③] 也就是说，马克思是从劳动与资本的关系来区分生产劳动和非生产劳动的，因为只有从这个角度才能深刻揭示资本主义生产方式所隐蔽的复杂的社会生产关系。艺术生产也是如此，它的实现过程与资本的生产过程密切相关。揭示艺术生产与资本的关系，是马克思主义艺术生产理论的一个重要方面。

（一）马克思论“一定的历史的形式”下的艺术生产与资本

马克思在驳斥资产阶级政治经济学家施托尔希关于物质生产和精神生产之间关系的反历史态度时，有一段重要的表述：

> 要研究精神生产和物质生产之间的联系，首先必须把这种物质生产本身不是当作一般范畴来考察，而是从一定的历史的形式来考察。例如，与资本主义生产方式相适应的精神生产，就和与中世纪生产方式相适应的精神生产不同。如果物质生产本身不从它的特殊的历史的形式来看，那就不可能理解与它相适应的精神生产的特征以及这两种生产的相互作用。[④]

这里提到的“一定的”“特殊的”“历史的形式”，充分体现了马克思的历史意

---

① 马克思：《〈政治经济学批判（1861—1863 年手稿）〉摘选》，《马克思恩格斯文集》第八卷，人民出版社 2009 年版，第 406 页。

② 马克思：《政治经济学批判（1857—1858 年草稿）》，《马克思恩格斯全集》第三十卷，人民出版社 1995 年版，第 264 页。

③ 马克思：《〈政治经济学批判（1861—1863 年手稿）〉摘选》，《马克思恩格斯文集》第八卷，人民出版社 2009 年版，第 218—219 页。

④ 马克思：《剩余价值理论》，《马克思恩格斯全集》第三十三卷，人民出版社 2004 年版，第 346 页。

识和唯物史观方法。只有将艺术生产置于特定的历史时期加以考察，才能使其论题不至于陷入空洞的抽象。把握特定的历史时期，是理解马克思艺术生产论的重要基点。

根据历史唯物主义的原则，马克思看到了资本在历史上的进步作用，资本主义生产力的极大发展所创造的巨大社会财富，为包括艺术生产在内的精神生产的发展提供了必要的物质手段和技术支持，并为个人的全面发展和真正自由个性的生成创造了某种物质条件。“资本的文明面之一是，它榨取这种剩余劳动的方式和条件，同以前的奴隶制、农奴制等形式相比，都更有利于生产力的发展，有利于社会关系的发展，有利于更高级的新形态的各种要素的创造。”① 因为商品形态不仅象征了现代性的各种社会关系，而且还是现代性的重要起源，商品世界是一个运转、变动的世界，其中一切价值都是短暂的，一切关系都是转瞬即逝和无关紧要的。同时，尽管资本把艺术家变成了雇佣劳动者，在一定程度上阻碍和限制了自由的艺术创作，但是，马克思也注意到雇佣劳动的积极方面：“一切所谓最高尚的劳动——脑力劳动、艺术劳动等都变成了交易的对象，并因此失去了从前的荣誉。全体牧师、医生、律师等，从而宗教、法学等，都只是根据他们的商业价值来估价了，这是多么巨大的进步呵。”② 在资本主义生产条件下，失去宫廷和贵族呵护的诗人要生存，就不得不用自己的劳动直接同资本交换。雇佣劳动者形成了“以物的依赖性为基础的人的独立性”③。“毫无疑问，这种物的联系比单个人之间没有联系要好，或者比只是以自然血缘关系和统治从属关系为基础的地方性联系要好。”④ 因为，此前社会形态中的人身依附关系不复存在，文艺家获得了相对的独立性和一定的创作自由，而这正是建立在交换价值基础上的。并且，专业分工和艺术自律也实际上暗含了交换的概念，因为“分工”和“自律”都需要市场来运作。

正如一切正题皆有反题一样，在马克思看来，资本以逐利为目的，其逻辑

① 马克思：《资本论》第三册第七篇，《马克思恩格斯文集》第七卷，人民出版社 2009 年版，第 927—928 页。

② 马克思、恩格斯：《卡·马克思和弗·恩格斯的遗稿》，《马克思恩格斯全集》第六卷，人民出版社 1961 年版，第 659—660 页。

③ 马克思：《〈政治经济学批判（1857—1858 年手稿）〉摘选》，《马克思恩格斯文集》第八卷，人民出版社 2009 年版，第 52 页。

④ 马克思：《〈政治经济学批判（1857—1858 年手稿）〉摘选》，《马克思恩格斯文集》第八卷，人民出版社 2009 年版，第 56 页。

是追求利润的最大化。资本的这种与生俱来的永不知足的贪婪，在驱动现代社会不断变革的同时，也导致经济危机的发生，并使整个社会丧失情感和伦理。“在我们这个时代，每一种事物好像都包含有自己的反面。我们看到，机器具有减少人类劳动和使劳动更有成效的神奇力量，然而却引起了饥饿和过度的疲劳。财富的新源泉，由于某种奇怪的、不可思议的魔力而变成贫困的源泉。技术的胜利，似乎是以道德的败坏为代价换来的。随着人类愈益控制自然，个人却似乎愈益成为别人的奴隶或自身的卑劣行为的奴隶。甚至科学的纯洁光辉仿佛也只能在愚昧无知的黑暗背景上闪耀。我们的一切发明和进步，似乎结果是使物质力量成为有智慧的生命，而人的生命则化为愚钝的物质力量。”① 资本的必然趋势是在一切地方使生产方式服从于资本，使它们受资本的统治，并且把任何劳动都变成雇佣劳动。在资本主义制度下，艺术劳动也变成了商业的对象，艺术家沦为资产阶级出钱招雇的雇佣劳动者，他们被迫按照市场的需要和资本家的指令去进行艺术创作，他们的一切欲望和一切活动都必然湮没在贪欲之中。

资本的这种控制力和逐利性必然与艺术的批判性、超越性形成矛盾和冲突。由此，马克思不仅从历史的视角，而且从价值论的立场，考察了艺术生产与资本的关系，看到了资本主义生产体系与艺术的敌对性：

> 他②没有能够超出泛泛的毫无内容的空谈。而且，这种关系本身也完全不像他原先设想的那样简单。例如，资本主义生产就同某些精神生产部门如艺术和诗歌相敌对。不考虑这些，就会坠入莱辛巧妙地嘲笑过的18世纪法国人的幻想。既然我们在力学等等方面已经远远超过了古代人，为什么我们不能也创作出自己的史诗来呢？于是出现了《亨利亚德》来代替《伊利亚特》。③

这里，马克思看到了历史进程中物质生产与精神生产关系的复杂性。由于资本

---

① 马克思：《在〈人民报〉创刊纪念会上的演说》，《马克思恩格斯文集》第二卷，人民出版社2009年版，第580页。

② 指资产阶级经济学家施托尔希。——引者注

③ 马克思：《剩余价值理论》，《马克思恩格斯全集》第三十三卷，人民出版社2004年版，第346—347页。

主义社会里的一切关系服从于一种抽象的金钱关系，“只要存在资本权力，所有的东西——不仅是土地，甚至人的劳动、人的自身，以及良心、爱情和科学，都必然成为可以出卖的东西”①。这种金钱拜物教直接导致了人的异化和艺术的异化，艺术所具有的自由天性被抑制。在这个意义上，“相敌对”的根本原因在于资本主义雇佣劳动的性质与精神生产的自由特性之间的矛盾和对立。同时，资本主义生产的标准划一也使艺术成了流水线上的产品。正如德国批评家瓦尔特·本雅明指出的那样，机械复制时代使原本独一无二的传统艺术丧失了光韵，最终导致了传统艺术的大崩溃，当然，“艺术作品的可机械复制性，在世界历史上第一次把艺术品从它对礼仪的依附中解放出来了”②。这也许就是艺术发展的辩证法。

马克思在谈到非物质生产领域中的资本主义表现时，还提出了一个重要观点：“在这里，资本主义生产只能非常有限地被运用……资本主义生产方式也只是在很小的范围内进行。”③ 在《政治经济学批判（1861—1863 年手稿）》中，马克思具体分析了在资本主义生产方式下艺术生产在一定程度上挣脱了资本主义生产方式统治的两种情况：其一，“生产的结果是商品，是使用价值，它们具有离开生产者和消费者而独立的形态”④。这就是说，艺术品可以脱离艺术家而单独存在，并显示出自身的多重价值。这些艺术品一方面作为商品在生产和消费中循环流通，实现着物质交换的商品使命；另一方面，又作为艺术品实现着人类精神共享的价值。其二，“演员对观众说来，是艺术家，但是对自己的企业主说来，是生产工人”⑤。歌唱家对雇用他的剧院老板来说是生产工人，因为老板用他的资本交换歌唱家的劳动能力，并因此发财致富，但对于观众而言，他的歌唱满足了他们的审美需求，使他们获得艺术享受。在这个意义上，资本对艺术生产的统辖权可以被限制在一定的范围内，艺术生产可以而且

① 列宁：《在第二届国家杜马中关于土地问题的发言稿》，《列宁全集》第十五卷，人民出版社 1988 年版，第 153 页。

② ［德］瓦尔特·本雅明：《摄影小史 机械复制时代的艺术作品》，王才勇译，江苏人民出版社 2006 年版，第 59 页。

③ 马克思：《〈政治经济学批判（1861—1863 年手稿）〉摘选》，《马克思恩格斯文集》第八卷，人民出版社 2009 年版，第 417 页。

④ 马克思：《〈政治经济学批判（1861—1863 年手稿）〉摘选》，《马克思恩格斯文集》第八卷，人民出版社 2009 年版，第 416 页。

⑤ 马克思：《〈政治经济学批判（1861—1863 年手稿）〉摘选》，《马克思恩格斯文集》第八卷，人民出版社 2009 年版，第 417 页。

能够挣脱资本的统治获得一定的自由度和独立性。这一观点进一步完善了马克思艺术生产论的基本精神，并为市场经济条件下艺术生产对资本的反抗提供了理论依据。

（二）当代艺术生产与资本

马克思的艺术生产论这一诞生在19世纪中叶的理论观点，至今仍具有强烈的现实针对性。中国当今市场经济条件下的文艺的生产方式和运营模式，十分接近马克思所说的那种为资本创造价值的具有商品特性的艺术生产。中国目前的文化产业政策，也包含多项资本与艺术生产的关系问题。因此，我们须对当今文艺活动与文化产业中的商品化趋势保持高度的警觉。

当下艺术生产与资本的关系相当密切，艺术生产正逐步演化为按照工业标准进行生产和分配的“文化产业”。在文化市场的运作和调节下，畅销书籍、网络小说、影视作品、音乐会、画展等，与消费社会中其他商品生产一样，在市场交换行为中获得对自身商业价值的确认，以便赢得更广泛的受众，从而最大限度地转化为利润和稿酬。不仅如此，商品化的逻辑已经渗透到人们的日常生活和思维方式中，所谓“日常生活审美化”，这一命题本身就是与社会物质财富的增长联系在一起的。试想，没有资本的支撑，人们能看到电影大片、街心花园，还有那穿梭交织的车流、五彩绚烂的霓虹灯吗？而这一切恰是资本运作的必然结果。在这个意义上，资本是当今日益增长的审美需求的物质力量。

与此同时，资本这把双刃剑的负面作用也日益显露。如果说资本一度成为艺术生产的强劲助推力的话，那么随着市场力图把一切东西都变为商品，艺术生产的雇佣关系越来越明晰，以审美意蕴的追求、个性创造等为主导的艺术创作，有可能逐渐演化为以盈利为主导的艺术创作。当今有些艺术生产的目的被扭曲，财富成为一些人追求的唯一目标，审美成为逐利的手段，作品“越来越失去它的一切的艺术性质”①。

不仅如此，资本进入艺术生产导致了作者的创造性被抑制。作者生产出来的产品注定要进入将要消费它们的市场，便不能忽视市场的迫切需要，而这些需要可能会对艺术品的内容和形式有负面影响，于是艺术家便受到了局限，他的创造潜能和个性都会被扼制。慑于资本的力量，作者不得不考虑市场需求、

① ［英］柏拉威尔：《马克思和世界文学》，梅绍武等译，生活·读书·新知三联书店1980年版，第394页。

卖点来从事艺术生产，以保证投入与产出的平衡。而这样一来，作者便“人在江湖，身不由己”，其创作个性与批判性立场严重丧失，出现作品同质化、感性化、媚俗化严重的现象也就不奇怪了。

作为非物质生产领域的精神生产，当今的艺术生产在借助资本的同时必须警惕资本对艺术的侵蚀或戕害。在 1842 年《第六届莱茵省议会的辩论（第一篇论文）》中，马克思曾用一种不妥协的语气表明了他的观点：

> 作者当然必须挣钱才能生活，写作，但是他决不应该为了挣钱而生活，写作。
>
> 作者绝不把自己的作品看作手段。作品就是目的本身；无论对作者本人还是对其他人来说，作品都绝不是手段，所以，在必要时作者可以为了作品的生存而牺牲他自己的生存。①

拓展资源

马克思和世界文学（节选）

这就是说，尽管马克思承认艺术生产的交换性质，但在价值判断上，他并不认为这是艺术的理想存在形态。在《1844 年经济学哲学手稿》中，马克思指出：“劳动本身，不仅在目前的条件下，而且就其一般目的仅仅在于增加财富而言，在我看来是有害的、招致灾难的。”② 列宁也指出，“写作事业不能是个人或集团的赚钱工具”③，“摆脱了农奴制的书报检查制度的束缚以后，我们不愿意而且也不会去当写作上的资产阶级买卖关系的俘虏”④。马克思主义经典作家对金钱拜物教的批判和抵制，对于今天的艺术生产仍具有警示作用。应该说，艺术的一个伟大的效能，恰恰在于通过自己的存在方式对各种“拜物教”进行了抵抗。一个真正的艺术家，

---

① 马克思：《第六届莱茵省议会的辩论（第一篇论文）》，《马克思恩格斯全集》第一卷，人民出版社 1995 年版，第 192 页。

② 马克思：《1844 年经济学哲学手稿》，《马克思恩格斯文集》第一卷，人民出版社 2009 年版，第 123 页。

③ 中国社会科学院文学研究所文艺理论研究室编：《列宁论文学与艺术》，人民文学出版社 1983 年版，第 68 页。

④ 中国社会科学院文学研究所文艺理论研究室编：《列宁论文学与艺术》，人民文学出版社 1983 年版，第 69 页。

即使在市场经济制约下也仍要抗拒把自己变成资本支配集团的雇佣劳动者。“要遵循言为士则、行为世范，牢记文化责任和社会担当，正确把握艺术个性和社会道德的关系，始终把社会效益放在首位，严肃认真考虑作品的社会效果。要珍惜自己的社会形象，在市场经济大潮面前耐得住寂寞、稳得住心神，不为一时之利而动摇、不为一时之誉而急躁，不当市场的奴隶，敢于向炫富竞奢的浮夸说‘不’，向低俗媚俗的炒作说‘不’，向见利忘义的陋行说‘不’。”①

三、艺术生产的属性

马克思关于艺术生产的理论为全面深入认识文艺的性质提供了一个新的视域。从为资本创造价值的角度看，艺术生产具有商品属性；但作为一种精神消费品，它又是审美的产物，其艺术作品能够“创造出懂得艺术和具有审美能力的大众”②。因此，特定历史条件下艺术生产本身具备了商品价值与艺术价值共存的特质。清醒地认识艺术生产的多重属性特别是商品属性，对于我们把握和解释当代的文学艺术活动十分必要。

（一）艺术生产的商品属性

根据马克思关于艺术生产与资本的理论，商品经济制约和改变了作家、艺术家以及其他所有精神劳动者的劳动性质，他们的劳动不再只是满足自己的需要，而是将其劳动成果投入到社会的经济运行机制中，成为一种“直接同资本交换”的精神生产劳动。因此，一定历史时期的艺术生产与以往历史上的文学艺术活动的不同之处在于其商品的属性。如果艺术生产没有商品性，没有交换性，那就不成其为艺术生产了。

中国当代艺术生产的实践也证明了这一点。随着市场经济体制的日益成熟，艺术生产已逐步被纳入整个社会的生产消费系统之中，艺术家、批评家、策划者乃至收藏家都进入艺术生产活动的环节。在现代科技和大众传媒的支撑下，艺术生产出现了产业化、市场化、娱乐化的趋势，经济效益被作为考量的重要尺度之一，艺术的商品价值被突出。如今的艺术生产已不仅仅是批量化生

---

① 习近平：《在中国文联十大、中国作协九大开幕式上的讲话》，人民出版社2016年版，第19—20页。

② 马克思：《〈政治经济学批判〉导言》，《马克思恩格斯选集》第二卷，人民出版社2012年版，第692页。

产和复制的问题，而是整个文化产业生产和运营模式的改变，并由此带来了文艺活动过程中的一系列根本性变化。可以说，如今要将艺术生产与资本完全分开，已经是一件很困难的事情了。各种审美活动大都以资本为后盾，并受到资本的控制，反过来这种结合又构成了审美的基础和条件。我们要做的不是否认艺术生产所具有的与资本交换的商品属性，而是要重新审视自康德以来的“无功利的合目的性”这种传统的艺术观。

或许是受康德“无功利的合目的性”审美理想的影响，人们一直对艺术生产的属性存在认识上的误区。一些从事文艺理论批评的人，对艺术生产的商品性或消费特征不愿正视或讳莫如深，导致在创作实践和理论批评上多有偏颇。当然，承认艺术生产的商品属性，并不是为艺术的商品化张目。艺术生产的商品性，一方面使文学艺术活动服从于商品的逻辑，另一方面也使文学艺术的观念和性质发生了一些根本性变化。艺术生产的商品属性提供了一个新的观照角度，即从艺术的生产和消费的关系去分析与理解整个艺术活动。为了有效地拓展文学艺术活动的生存空间，必须正视当今艺术生产的商品性质，同时也要正视艺术生产的商品性带来的各种问题。

（二）艺术生产的审美属性

在市场经济条件下，真正的艺术生产又不同于一般商品生产。尽管市场力图把一切东西都变为商品，但作为一种“自由的精神生产”，艺术生产中的意识形态因素还在起作用，它并不是完全按照资本主义市场规律来运行的，自由的天性和精神特征实际上内在地规定了艺术生产具有某种审美属性。

艺术生产的审美性，首先表现在文艺家生产过程的特殊性上。与其他生产劳动相比，艺术生产活动拥有更大的自由度和自主性，在创作中融入了更多的主体因素如情感和想象，并表现出对现实社会的一定的超越，其间的思维活动是无法量化的。从生产过程与生产方式来看，在艺术创造过程中，由于艺术生产主要采取个体劳动的方式，它通过特有的创造方式创作出多样化、个性化、感性化的艺术产品，而资本主义生产方式的集约性在这个领域难以奏效。其次，艺术生产的产品也不同于市场流通中的一般产品，它是审美的结晶，承载的是审美和文化内涵，体现为欣赏价值和认识价值。也就是说，它生产出来的产品主要是满足人们的精神需求，尤其是情感需求，这也是艺术生产区别于其他精神生产的重要特征。最后，艺术消费不同于一般的物质消费，它寻求的是对象的精神和审美品位。读者在消费过程中强调精神上的享受，消费过程应该充满愉悦，否则就不是真正的艺术消费。可以说，审美属性是艺术生产不可或缺的根本因素，是艺术生产的本质属性。

从价值规律的角度讲，艺术生产的审美性和商品性不是完全对立的，艺术产品的审美价值越高，其商品的价值应该会相应提升。同样，艺术生产的商品性并不完全排斥审美性，交换所具有的创作平等权可以使艺术生产真正成为“自由的精神生产”，由此在一定程度上复归了艺术创作的审美本性，这正是艺术生产的商品属性所蕴含的解放潜能。

诚然，要使艺术生产的商品性与审美性完全平衡是困难的。以经营为目的的文化产业更多的是考虑其产出效益，但作为一定社会形态下自由的精神生产，也可以在某种程度上表现出对资本的疏离，保持相对的独立性。在艺术生产的诸种属性中，审美属性具有优先性，这是因为其他生产注重的是实用性，而审美性是艺术生产区别于其他生产的突出之处，也是保持和提升艺术生产的精神品格的前提。倘若纯粹为了消费，那就只是生产而不是艺术生产了。

需要说明的是，不仅艺术生产的审美内涵、审美范围与功能都在悄然发生变化，而且艺术生产的属性也是多层面的，除了商品性和审美特征外，艺术生产的意识形态属性同样是不可或缺的。伊格尔顿曾说：“如何说明艺术中‘基础’与‘上层建筑’的关系，即作为生产的艺术与作为意识形态的艺术之间的关系，依我看来，是马克思主义批评当前面临的最重要的问题之一。”①

第二节　艺术生产和艺术消费

研究艺术生产，必然要涉及艺术生产与艺术消费的关系。马克思关于生产与消费关系的研究，不仅揭示了艺术生产活动的内部运行机制和规律，而且在方法论上也体现了一种普遍联系的整体辩证特征。

一、艺术生产与艺术消费的同一性和非同一性

在《〈政治经济学批判〉导言》中，马克思对生产与消费的辩证关系作了

---

①［英］特里·伊格尔顿：《马克思主义与文学批评》，文宝译，人民文学出版社1980年版，第81页。

精辟的阐述，其中也内含艺术生产与艺术消费的关系。

（一）生产与消费的同一性

马克思针对资产阶级经济学家粗暴地割裂生产与消费两者关系的做法，指出生产与消费之间具有同一性，表现在三个方面。

> （1）直接的同一性：生产是消费；消费是生产。……
>
> （2）每一方表现为对方的手段；以对方为中介；这表现为它们的相互依存；这是一个运动，它们通过这个运动彼此发生关系，表现为互不可缺，但又各自处于对方之外。生产为消费创造作为外在对象的材料；消费为生产创造作为内在对象，作为目的的需要。没有生产就没有消费；没有消费就没有生产。这一点在经济学中是以多种形式出现的。
>
> （3）生产不仅直接是消费，消费不仅直接是生产；生产也不仅是消费的手段，消费也不仅是生产的目的，就是说，每一方都为对方提供对象，生产为消费提供外在的对象，消费为生产提供想象的对象；两者的每一方不仅直接就是对方，不仅中介着对方，而且，两者的每一方由于自己的实现才创造对方；每一方是把自己当做对方创造出来。①

在这段论述中，马克思首先指出了生产与消费具有“直接的同一性”。“生产是消费”，指的是生产过程中生产者在发展自己能力的同时也在支出或消耗自身的体力，包括对生产资料的消费。而“消费是生产”，则是指消费过程中的再生产，如消费种子和肥料生产出农作物，或生产者创造的产品发展了人自身。同时，生产与消费的同一性表现为两者的互相依存，互不可缺：“没有生产就没有消费；没有消费就没有生产。”进而，马克思还从互为他者的角度指出两者的对象化问题：“每一方由于自己的实现才创造对方；每一方是把自己当做对方创造出来。”也就是说，生产和消费不仅互相依存，而且互相塑造，生产决定了消费，消费也在一定程度上决定了生产。

艺术生产作为一种特殊的生产，自然也具有生产与消费的这一性质。一方面，艺术生产直接是艺术消费，艺术家在艺术生产过程中支出和消耗了一定的

---

① 马克思：《〈政治经济学批判〉导言》，《马克思恩格斯选集》第二卷，人民出版社 2012 年版，第 692—693 页。

精神劳动和创造能力，同时他也在欣赏着自己的创造成果，在作品中复现自己的人格，从而获得审美的愉悦；另一方面，艺术消费直接是艺术生产，接受者通过欣赏文艺作品这种精神消费形式，既把文艺家创造的作品从物化状态再回复到心灵和精神状态，同时又是一种中介运动，给文艺家提供新的需求和目的。并且，作为互为前提的艺术生产与艺术消费也存在互相塑造的问题，艺术生产决定了艺术消费的品位，同样，艺术消费也在一定程度上关系到艺术生产的品质。

（二）同一性中的非同一性

不过，生产和消费之间的关系是辩证的，生产和消费之间毕竟是有区别的。马克思既看到了生产和消费的同一性，也看到了生产和消费之间的非同一性。他从唯物史观的立场出发，批驳了庸俗的社会主义者和平庸的经济学家把生产和消费等同起来的错误观点。那些人认为："在理论上和在外部现实中，生产和消费可以在空间和时间中彼此分开，但是按其本质来说，它们是没有区别的。"① 对于这种说法，马克思明确指出："我们得到的结论并不是说，生产、分配、交换、消费是同一的东西，而是说，它们构成一个总体的各个环节，一个统一体内部的差别。"② 马克思是将生产与消费放在整个生产活动中来考察的，系统中的各个环节既互相依存又互相区别，由此马克思进一步指出了生产与消费的同一性中的非同一性："生产同消费合一和消费同生产合一的这种直接统一，并不排斥它们直接是两个东西。"③ 在艺术生产活动中，艺术生产与艺术消费是这个过程中的两个要素，这两者既相互依存又相互影响，当然也存在着有些艺术家不受消费趋势左右而特立独行的"生产"，而这种"生产"是无法与艺术消费同一的。

在此基础上，马克思十分明确地指出：在整个生产过程中，生产是起决定性作用的要素。"在这个过程中，生产是实际的起点，因而也是起支配作用的要素。消费，作为必需，作为需要，本身就是生产活动的一个内在要素。但是生产活动是实现的起点，因而也是实现的起支配作用的要素，是整个过程借以

---

① 马克思、恩格斯：《德意志意识形态》，《马克思恩格斯全集》第三卷，人民出版社 1960 年版，第 610 页。

② 马克思：《〈政治经济学批判〉导言》，《马克思恩格斯选集》第二卷，人民出版社 2012 年版，第 699 页。

③ 马克思：《〈政治经济学批判〉导言》，《马克思恩格斯选集》第二卷，人民出版社 2012 年版，第 691 页。

重新进行的行为。”① 生产是起点，“生产既支配着与其他要素相对而言的生产自身，也支配着其他要素。过程总是从生产重新开始。交换和消费不能是起支配作用的东西，这是不言而喻的”②。在艺术生产与艺术消费这一关系中，接受者的消费与艺术家从事艺术创作的生产显然是不同的。艺术消费可以影响艺术生产，但不能代替生产，艺术生产始终居于支配地位，过程总是从艺术生产重新开始。

（三）艺术生产与艺术消费的相互作用

根据马克思的观点，艺术生产与艺术消费之间存在互为媒介、相互依存、相互影响的辩证关系。“没有生产，就没有消费；但是，没有消费，也就没有生产，因为如果没有消费，生产就没有目的。”③

就生产方面来说，第一，艺术生产生产着艺术消费。艺术生产为艺术消费主体提供“外在的对象”，即文学艺术作品。没有作品的存在，艺术消费不成其为消费。第二，艺术生产在创造出艺术作品的同时，也生产了消费主体，生产出懂得美、懂得艺术的消费者。第三，所创造的艺术作品的特殊性规定着艺术消费的性质和方式，这要求消费主体按照符合艺术作品的媒介方式和规律来实现对作品的消费和欣赏，例如作品的雅俗优劣，必然影响到消费者的消费层次和质量。第四，艺术生产也通过艺术作品不断在消费主体身上激发出新的需要和消费动力，并在此过程中逐步引导和培养消费大众的艺术水准和审美能力。

从消费对生产的作用来说，艺术消费也生产着艺术生产。第一，艺术作品只有在艺术消费中才能成为现实的作品。马克思以铁路为例，生动地说明了这一点：“一条铁路，如果没有通车、不被磨损、不被消费，它只是可能性的铁路，不是现实的铁路。”④ 没有艺术消费，艺术作品只能是潜在的、可能的产品，只有通过作为消费主体的大众的阅读和欣赏，它才能成为真正意义上的艺

---

① 马克思：《〈政治经济学批判〉导言》，《马克思恩格斯选集》第二卷，人民出版社 2012 年版，第 694 页。

② 马克思：《〈政治经济学批判〉导言》，《马克思恩格斯选集》第二卷，人民出版社 2012 年版，第 699 页。

③ 马克思：《〈政治经济学批判〉导言》，《马克思恩格斯选集》第二卷，人民出版社 2012 年版，第 691 页。

④ 马克思：《〈政治经济学批判〉导言》，《马克思恩格斯选集》第二卷，人民出版社 2012 年版，第 691 页。

术产品。第二，消费为生产创造出新的需要和动力，消费并不是在生产活动结束、产品到达消费者手中之后才启动的，而是一开始就介入产品的构想活动，推动并制约着生产的进行，正是接受者的欣赏才使得艺术家在最初的艺术生产行为中为“想象的对象”设计作品。在艺术生产中，接受者的兴趣、期待和能动性，始终是艺术家在创作中必须考虑的重要因素，并影响到他在素材搜集、写作策略、文本结构等要素上的选择。第三，艺术消费也生产出艺术家的素质。艺术作品在艺术消费过程中不断地接受读者的欣赏和检验，在这一过程中不断产生新的审美需要，从而在艺术家身上激发起追求一定目的的需要，并且在艺术消费过程中艺术家的审美能力通过反复的需要日臻完美。在这个意义上，艺术消费不仅创造出新的艺术生产的需要，而且催生了新的艺术生产主体。

二、艺术生产与市场规律的矛盾

马克思关于艺术生产与艺术消费辩证关系的阐述，对理解和辨析艺术生产在当代市场经济条件下的运行状况有着重要意义。随着消费社会的来临，艺术生产与市场的关系被推至突出的位置。在当代中国，艺术生产与艺术消费在相互依存的同时，存在深刻的矛盾张力。一些艺术家为迎合市场，吸引眼球，生产出一些低俗乃至恶俗之作，导致文艺界艺术生产与艺术消费水平的整体降低。还有一些艺术家则以偏执的姿态反抗资本的侵蚀，他们所表现出的对艺术消费的轻蔑使众人对其作品产生反感和抵制，由此不仅导致审美趣味发生逆转，而且使艺术本身遭到质疑。同时，艺术消费也并不一定真正促进艺术生产，特别是当市场完全用消费程度来衡量艺术产品的时候，就有可能出现“劣币驱逐良币”的情况。有些人用消费行为替代欣赏行为，消费的不是精品而是俗作，不是“艺术”而是“时尚”，从而使艺术品失去最基本的属性，如此等等，均造成艺术生产与艺术消费之间的裂痕，甚至造成艺术生产与艺术消费的背离。

特定时代艺术生产和消费的矛盾运动，恰是艺术生产变革的内在动力，解决矛盾的过程不仅是推动艺术生产发展的过程，而且是新的艺术生产产生的过程。如何实现艺术生产与艺术消费的互相促进和发展，对这一问题的探究将有助于增强马克思主义艺术生产理论对中国当代艺术生产的阐释力。

（一）艺术生产是起点

当代社会到底需要什么样的艺术生产？这一时代追问，正是马克思主义文艺理论需要探讨的问题。根据马克思的观点，艺术生产的过程总是从生产开始，

拓展资源

1857—1858 年经济学手稿摘选（节选）

艺术生产应该走在消费的前头。故我们将从艺术生产入手探讨艺术生产与艺术消费的关系，以期它在繁荣社会主义文化和提高人的素质方面发挥引领作用。

提升艺术产品的审美品格是当代艺术生产的主要职责，即使在市场经济条件下，作家创造出来的作品也应具有精神产品的特征。巴尔扎克曾说："就所有行业而言，艺术家有一种难以克服的自尊心、一种艺术感情，一种难以磨灭的人对事物的良心。你败坏不了，也永远收买不了这颗良心。"① 作为一种特殊的生产方式，艺术与生俱来的对自由的追求和对愉悦的冲动，构成了一种否定性力量，促使其产生对资本的反抗和超越。真正的艺术家应该坚守属于自己的那份责任，成为社会的良心。伟大的艺术的产生虽然与很多因素相关，但最核心和最基础的，则是里面所蕴含的思想，是对每个时代提出的问题的思考和回答，包括对苦难的体悟、对生命的热爱、对历史的反思和对理想的追求等。真正的艺术家"要用有筋骨、有道德、有温度的作品，鼓舞人们在黑暗面前不气馁、在困难面前不低头，用理性之光、正义之光、善良之光照亮生活。对人民深恶痛绝的消极腐败现象和丑恶现象，应该坚持用光明驱散黑暗、用真善美战胜假恶丑，让人们看到美好、看到希望、看到梦想就在前方"②。正是作品所充盈的对历史和人的尊严的维护和高扬，创造了艺术产品的恒久价值和某种超越性。

遗憾的是，当今具有深刻的思想性和反思力的作品还不够多。有些投资巨大的作品，却金玉其外，败絮其中，在恢宏绚丽的场面背后是内容的苍白空洞，在给消费者以震撼之余，留下回味和思索的东西寥寥无几。有些作家尽管用同情的笔触描写了底层人的境遇和苦难，却给人一种居高临下的感觉，作品中的底层人物多处于被拯救的位置；有些作品则以插科打诨的方式嘲笑底层民众为乐。这些都是需要当今的文学艺术创作者深刻反省的。

艺术生产的审美品格除需要而且应该拥有庄严伟大的思想外，艺术产品的审美精神品格也需要艺术形式上的精致。艺术生产者应当拥有一片能产生玄思妙想的天空，在艺术创作中将自身独特的生活体验与思想观念纳入艺术生产过程，用优美的方式表达思想和情感，展示出作品内在的生气和风骨，在使人们

---

① 《巴尔札克论文选》，李健吾译，新文艺出版社 1958 年版，第 157 页。

② 习近平：《在中国文联十大、中国作协九大开幕式上的讲话》，人民出版社 2016 年版，第 14—15 页。

心灵受到感动或得到愉悦的同时，增强信念和希望。

在强调艺术生产的深刻性、超越性和引领性的同时，马克思关于“生产的目的是消费”的命题，从艺术生产的目的这一特定角度规定了艺术生产的性质。艺术生产不是为了生产而生产，而是为了尽可能地满足消费者不断增长的精神需求，只有通过艺术消费，艺术生产的目的才能实现。同时，马克思还对生产委以重任，他说：“生产为消费创造的不只是对象。它也给予消费以消费的规定性、消费的性质，使消费得以完成。正如消费使产品得以完成其为产品一样，生产使消费得以完成。……所以，生产创造消费者。”① 艺术生产应该通过提供优秀的产品，引导人们健康的文化消费，进而提高其审美能力和文化素养。基于此，艺术生产肩负着通过产品塑造和提升艺术消费主体的任务。

随着艺术生成和传播媒介的变迁，当今的艺术生产面对的不再是少数精英，而是亿万普通的消费者。艺术生产究竟要塑造出什么样的大众，也是需要思考的一个问题。艺术生产应该通过创造精湛的艺术作品培养出懂得美、欣赏美并能创造美的大众，让大众在艺术的熏陶中逐步形成一定的批判能力和反思能力，从而获得精神上的自由。

艺术生产在生产作品的同时，也生产出了表达和感知世界的方式，因此，艺术生产的另一重要功能是丰富人的感觉。这是马克思在谈到人的解放时重点强调的观点，也是艺术生产与其他生产的主要区别所在。马克思认为，人的全面解放“不应当仅仅被理解为直接的、片面的享受，不应当仅仅被理解为占有、拥有。人以一种全面的方式，就是说，作为一个完整的人，占有自己的全面的本质。人对世界的任何一种人的关系——视觉、听觉、嗅觉、味觉、触觉、思维、直观、情感、愿望、活动、爱，——总之，他的个体的一切器官”②都在此列。这就是说，人的解放最终意味着“人的一切感觉和特性的彻底解放”③。而艺术生产在人的感觉的解放上具有不可替代的作用，它可以使人们在创造性的、快乐的劳动中获得有音乐感的耳朵和能感受形式美的眼睛。如果说资本主义生产方式条件下的艺术生产是以人的异化为代价的话，那么，社会主

① 马克思：《〈政治经济学批判〉导言》，《马克思恩格斯选集》第二卷，人民出版社 2012 年版，第 692 页。

② 马克思：《1844 年经济学哲学手稿》，《马克思恩格斯文集》第一卷，人民出版社 2009 年版，第 189 页。

③ 马克思：《1844 年经济学哲学手稿》，《马克思恩格斯文集》第一卷，人民出版社 2009 年版，第 190 页。

义条件下的艺术生产的目的就是人的全面解放。

（二）艺术生产与市场

艺术生产与市场的关系，是一个非常复杂的问题，尤其需要运用历史的和辩证的观点和方法，在历史和现实的双重维度上加以把握。与法兰克福学派对“文化工业”持否定立场不完全相同，在研究艺术生产的问题时，中国的马克思主义文艺理论在看到艺术生产所造成的负面影响的同时，更注重其建设性的一面。固然，市场经济与精神生产之间会产生不平衡乃至对立关系，但市场的作用不可小觑。作为社会实践活动的精神生产，需要一定的物质基础以保证文艺家的生存和从事艺术创造的必要的物质条件，如果艺术产品长期不能转化和实现其商品价值，艺术的再生产就很难维持，作家、艺术家在从事审美创造时也会失去必要的经济支持。在这个意义上说，市场对艺术自身的发展是必要的，艺术生产须借市场之力，以实现艺术规律与市场规律的协调发展。

马克思、恩格斯在《德意志意识形态》一书中讨论分工的利弊时，曾以意大利文艺复兴时期绘画艺术的繁荣为例，说明艺术作品同艺术家所处的社会经济、文化的繁荣密切相关。“如果桑乔把拉斐尔同列奥纳多·达·芬奇和提戚安诺比较一下，他就会发现，拉斐尔的艺术作品在很大程度上同当时在佛罗伦萨影响下形成的罗马繁荣有关，而列奥纳多的作品则受到佛罗伦萨的环境的影响很深，提戚安诺的作品则受到全然不同的威尼斯的发展情况的影响很深。和其他任何一个艺术家一样，拉斐尔也受到他以前的艺术所达到的技术成就、社会组织、当地的分工以及与当地有交往的世界各国的分工等条件的制约。像拉斐尔这样的个人是否能顺利地发展他的天才，这就完全取决于需要，而这种需要又取决于分工以及由分工产生的人们所受教育的条件。”① 这里马克思和恩格斯提出了两点，一是经济的发展、社会环境等与绘画、建筑和装饰艺术的关系；二是认为艺术家能否发挥他的才能取决于需求。接下来，马克思和恩格斯还进一步强调了市场需求对作品生产的影响：“巴黎对通俗喜剧和小说的极大喜好，促使从事这些创作的劳动组织出现了，而这种组织贡献出来的作品比德国的同这种组织竞争的‘唯一者’所写的作品无论如何要好一些。”②

① 马克思、恩格斯：《德意志意识形态》，《马克思恩格斯全集》第三卷，人民出版社 1960 年版，第 459 页。

② 马克思、恩格斯：《德意志意识形态》，《马克思恩格斯全集》第三卷，人民出版社 1960 年版，第 459 页。

如今，几乎没有人在从事文学艺术活动中完全不在乎受众的反应和市场的需求，因为没有市场的需求，艺术产品生产出来就无人问津。

艺术生产与市场的关系，还表现在对艺术生产创新动力的推动上。不言而喻，这种创新的动力首先来自艺术自身的发展需要，同时，市场和资本所起的保障和支撑作用也是不容忽视的。市场对艺术创新的推动主要来自两个方面，一是消费的驱动，二是资本的注入。消费者日益增长的文化需求促进艺术生产的翻新，艺术产品只有通过不断创造各种新的艺术样式和表现手段，才能使其产品更显魅力，并获得消费者的青睐。同时，艺术生产的创新与资本有密切关系，除了个人的天才外，没有雄厚的资本是很难开拓艺术市场的。一些影视作品为追求奇幻效果，往往与资本（包括资本支撑的技术）联手，以强化市场的竞争力。有些创意产业更与资金的投入分不开，并且它们本身也成为资本增值的优选对象。当然，在利用资本的同时需要保持对资本侵蚀的警惕，并要看到市场与资本的有限性。

艺术生产的兴盛与市场的流通机制相关。正是依靠市场的运作，好的艺术才能为更多的人所了解和接受，艺术产品的艺术价值也才能实现，若无视传播，再优秀的作品也只能“养在深闺人未识”。在传播过程中，质量决定了艺术产品的生命力，决定了它的影响广度和深度。其实，不少消费者是愿意花更多的钱去欣赏好作品的，经典作品的屡次再版，高水平的音乐会一票难求等，就是明证。随着消费大众艺术修养水平的不断提高，富有创造性的、个性化的精神产品的市场需求将会不断增加。同时，鉴于市场需求的多样性，大众文化和精英文化可以并行不悖，不同受众各取所需，各得其所。

（三）艺术规律和市场规律的协调发展

与马克思所处的早期资本主义时代相比，消费社会里艺术生产与市场的关系更为紧密，无视市场规律，艺术生产将难以为继。艺术生产需要尊重市场规律，了解市场发展；同时鉴于精神生产的特殊性，艺术生产又应有所超越，优秀的艺术作品并不因为市场的渗透和作用而丧失其艺术品格。理想的艺术生产应该是艺术价值和市场需求的协调发展，实现社会效益和经济效益的双赢。

习近平《在文艺工作座谈会上的讲话》指出：

> 一部好的作品，应该是经得起人民评价、专家评价、市场检验的作品，应该是把社会效益放在首位，同时也应该是社会效益和经济效益相统

一的作品。……文艺不能当市场的奴隶，不要沾满了铜臭气。优秀的文艺作品，最好是既能在思想上、艺术上取得成功，又能在市场上受到欢迎。要坚守文艺的审美理想、保持文艺的独立价值，合理设置反映市场接受程度的发行量、收视率、点击率、票房收入等量化指标，既不能忽视和否定这些指标，又不能把这些指标绝对化，被市场牵着鼻子走。①

这段讲话非常明确和辩证地阐述了文艺创作和市场的关系，艺术生产不能仅仅为了追求经济效益而迷失或降低它的审美属性和价值取向，社会效益与经济效益的统一是时代对当今艺术生产的要求。在充分考虑市场因素和了解市场运行机制的同时，提高艺术水准，是当代中国文化市场对艺术生产的召唤。

创作出无愧于时代的优秀作品，是在市场经济条件下保持艺术生产审美品格的关键。艺术生产的根本在于作品，好的艺术作品在提升人们的思想和审美情趣的同时，也会收获良好的经济效益。从消费者的需求来看，那些有思想蕴含和审美品位的作品将更受欢迎。习近平在党的十九大报告中说："要繁荣文艺创作，坚持思想精深、艺术精湛、制作精良相统一，加强现实题材创作，不断推出讴歌党、讴歌祖国、讴歌人民、讴歌英雄的精品力作。发扬学术民主、艺术民主，提升文艺原创力，推动文艺创新。倡导讲品位、讲格调、讲责任，抵制低俗、庸俗、媚俗。加强文艺队伍建设，造就一大批德艺双馨名家大师，培育一大批高水平创作人才。"② 要创作出社会效益和经济效益俱佳的优秀之作，需要创作主体在市场经济条件下保持一定的定力，而这取决于作家、艺术家是否具有高尚的人格和为艺术献身的精神。习近平说得好："文艺工作者应该牢记，创作是自己的中心任务，作品是自己的立身之本，要静下心来、精益求精搞创作，把最好的精神食粮奉献给人民。"③ 国家提出的实施精品战略的政策导向正是对这种融合的支持。在当代艺术生产实践中，已产生了一批既有较高的艺术价值又有很好市场反响的优秀作品，文艺家们运用消费者乐于接受的形式成功地将具有审美和精神意蕴的作品有效地展现在读者或观众面前。这些成功的文艺作品从实践层面证明了艺术规律和市场规律是对立统一的，说明艺

① 习近平：《在文艺工作座谈会上的讲话》，人民出版社 2015 年版，第 20—21 页。

② 习近平：《决胜全面建成小康社会 夺取新时代中国特色社会主义伟大胜利——在中国共产党第十九次全国代表大会上的报告》，人民出版社 2017 年版，第 43 页。

③ 习近平：《在文艺工作座谈会上的讲话》，人民出版社 2015 年版，第 7 页。

术精神与市场是可以协调发展并且相得益彰的。

充分认识艺术消费对艺术生产的制约，有效地利用和发挥市场或艺术消费在艺术生产和传播中的作用，这是市场经济条件下艺术生产兴盛的保障和条件。虽然艺术生产是起支配作用的要素，但艺术消费从创作伊始就推动并制约着艺术生产的进行，并贯穿于整个艺术生产环节中，艺术生产的实现须依赖于社会和消费者，并且也像一切生产活动那样，艺术生产只有通过生产和消费的相互作用，才使得整个活动得以延续。如今，消费过程越来越发挥出其潜在的制约力量。重视艺术消费的功用，以主动的姿态和新的理念参与文化市场的运作和艺术产品的策划，关注市场预测、市场引导的消费需求，以赢得更为广泛的受众，正成为当代艺术生产的必由之路。一些成功的优秀之作之所以获得很好的市场反响，就在于其团队具有清晰的市场定位和务实的市场推广策略，并对转型期读者或观众群的生存心态与欣赏兴趣有较为准确的把握。当然，艺术生产与艺术消费之间的关系不仅仅是一种经济关系，更是一种文化现象，健康的艺术消费更看重作品的质量，讲究的是精神上的享受和创造。

三、艺术生产论的当代拓展

随着艺术生产的重心移向日常生活消费文化领域，马克思主义艺术生产理论需要在新的历史条件下进一步发展。如何在我国社会主义市场经济体制逐步成熟的条件下提升精神文化建设，就成为一个亟须在理论和实践中探索的时代课题。

当今艺术生产的规模和地位较之马克思那个时代，已发生了很大的变化。我们尝试把艺术生产在整个生产活动中的变迁分为三个阶段：马克思所处的时代属于第一阶段。19 世纪中叶，马克思根据剩余价值规律的理论把艺术生产界定为与资本交换的精神劳动。当时的艺术生产在资产阶级生产方式中处于从属地位，资本的增值主要靠工业生产。20 世纪中叶以来为第二阶段，这一阶段艺术生产的整个生产过程和运营模式发生相当大的改变，特别是以文化产业为代表的艺术生产异军突起，它们的标准化、产业化的生产方式以及所代表的意识形态，尽管遭到“西方马克思主义”特别是法兰克福学派的批判，但艺术生产昂首阔步走向前台，成为大众文化生活的主力军，并作为财富增值很快的产业成为当代社会经济生产的重要产业之一。如今，艺术生产又将步入一个新的阶段即第三阶段，未来的艺术生产将呈现出个性化的特点，它逐步摒弃标准化的生产模式，多样化将成为市场新的增长点。这个阶段的艺术生产所面对的消费者，不再是千人一面的大众，而是有着不同需求且各具特点的大众。眼下，文化创意产业的勃兴，各种小剧场的演出，以及网络文学用户阅读需求的个性化，都从不同侧面反映了这个特征。

（一）个性化与艺术生产

如今艺术生产面对的是“众多的小众”。这些群体有着不同的审美追求，而鉴于艺术生产的目的以及艺术生产与市场的关系，艺术生产者须加强对市场格局的观察和对文化潮流的研究，力求做到因人而异，提供丰富且多样化的产品，以满足不同层次的人们的精神需求。可以说，未来艺术生产的精准定位是艺术生产发展的必然之路。

就当代中国而言，由于地域和经济发展上的差异，特别是人们社会地位、审美观念和欣赏趣味的不同，对艺术产品的需求必然是多元的。其实，如今艺术生产已经开始尝试这种点对点的服务了。邓小平《在中国文学艺术工作者第四次代表大会上的祝词》就提倡：“雄伟和细腻，严肃和诙谐，抒情和哲理，只要能够使人们得到教育和启发，得到娱乐和美的享受，都应当在我们的文艺园地里占有自己的位置。英雄人物的业绩和普通人们的劳动、斗争和悲欢离合，现代人的生活和古代人的生活，都应当在文艺中得到反映。”① 这段话为文化的繁荣和艺术生产的个性化指明了方向。精神产品是世界上最丰富的东西，冲破标准化、批量化的桎梏，发展个性化的艺术生产将是未来的常态。

（二）综合性与艺术生产

不同于传统的艺术创作，艺术生产是一个综合性的生产活动。就生产本身而言，尽管艺术生产保留着个体生产的某些特点，但团队协作已蔚成大势，畅销书的运作，影视剧的策划和热播，特别是创意产业公司，都是以团队方式进行的。尤其是进入互联网时代后，以信息技术为基础的艺术生产，将对艺术创作和艺术接受产生深刻影响，并极大地促进艺术的普及。随着艺术和互联网的携手，艺术创作日益成为大众的生活方式，生产者和消费者的身份也开始模糊，生产者或消费者，“他的生命表现，即使不采取共同的、同他人一起完成

① 邓小平：《在中国文学艺术工作者第四次代表大会上的祝词》，《邓小平文选》第二卷，人民出版社 1994 年版，第 210 页。

的生命表现这种直接形式，也是社会生活的表现和确证”①。孤立的个人已不可能完成整个艺术生产全过程。

就艺术生产理论而言，在艺术生产成为一种重要的生产方式的情况下，艺术生产的运行机制就不仅仅体现在分配和流动所形成的产业链中，而进入更为广阔的综合性研究。艺术与文化、艺术与技术、艺术与贸易等都将进入艺术生产的研究视野，这些关系如何处理将在一定程度上制约或促进艺术生产的健康发展。

（三）公益性与艺术生产

当今社会，资本的类型和盈利空间大大扩展，文化资本作为一种新型资本，成为市场的宠儿。为实现文学艺术的繁荣，既要善于运用市场的机制以增强艺术生产的活力，又应避免市场的盲目性和无序性，这就需要培育健全成熟的文化市场，使艺术生产在受到市场制约和支配的同时有所超越。在这个过程中，艺术生产的公益性被提上了议事日程。对于一些“曲高和寡”的高雅或严肃的文艺产品，公共财政需要扶持。除必要的审核之外，有关决策部门应该鼓励和资助那些严肃的、有创意的艺术生产活动，给予创作者以勇气、信心和机会，特别是对于一些精品力作，需要有足够的耐心支持艺术家长期潜心创作。同时，国家及相关机构也应该对一些非营利的公益性的文化部门如博物馆、图书馆等给予相应的财政支持，通过普及公共文化设施以提高受众的文化素质。与此相应的是，文艺批评需要参与到整个艺术生产活动中，正视市场经济条件下艺术生产的性质和发展，促使艺术生产与艺术消费的良性循环，用批评的力量影响和指导人们对文学艺术现象的观察与判断。

高科技的迅猛发展和互联网的普及，为人们自由地发展自己的才能和志趣提供了广阔的平台与空间。可以设想，当分工不再成为一种强制，当越来越多的人可以在艺术领域里享受充分展示才能的快乐时，艺术生产的资本属性将会逐渐淡化。这样一来，艺术生产就超出了哲学和经济学的范畴，而与马克思所设想的人的全面自由解放联系起来了。这正是当代艺术生产的目标和发展方向。

思考题：

1. 何谓广义的艺术生产？何谓狭义的艺术生产？

---

① 马克思：《1844年经济学哲学手稿》，《马克思恩格斯文集》第一卷，人民出版社2009年版，第188页。

2. 马克思关于艺术生产与资本关系的论点具体包括哪些方面？
3. 如何理解和认识艺术生产的多种属性？
4. 如何实现艺术生产与艺术消费的互相促进和发展？
5. 怎样看待艺术生产与市场之间的关系？

第四章 文艺的现实主义

现实主义理论是马克思主义文艺理论的重要组成部分。马克思主义的现实主义理论，是从源远流长的西方现实主义理论发展变革而来的。一般来讲，现实主义是指19世纪中期兴起于欧洲的注重客观性、典型性和批判性的文学思潮和创作方法。可是，这一思潮和方法，早在古希腊时期，亚里士多德（又译亚理斯多德）就以“按照人本来的样子来描写”和“按照它们应当有的样子描写”,① 对文艺的现实主义和浪漫主义作了最初的界定与区分。此后的西方现实主义理论大体就是沿着这一路径和传统发展过来的。按照“本来的样子”来描写，是重客观、重客体、重写实、重再现；按照“应当有的样子”来描写，则是重主观、重主体、重写意、重表现。无论“写实”还是“写意”，“再现”或者“表现”，都是文艺家遵循的不同创作精神和美学追求。

马克思、恩格斯对积极浪漫主义多有好评，如称英国诗人雪莱为“天才的预言家”②，称拜伦“满腔热情的、辛辣地讽刺现存社会”③，称海涅是“德国当代最杰出的诗人”④，等等。不过，就总体而言，他们更加偏爱并崇尚现实主义，这主要是因为现实主义的美学精神、艺术特性和马克思主义世界观与方法论的科学性、革命性更相契合。故此，马克思主义经典作家对现实主义倾注了更大的热情和心血，从而将传统现实主义提升到了马克思主义现实主义的新水平和新境界。

第一节 现实主义的基本精神

马克思、恩格斯所生活的时代，是欧洲批判现实主义风起云涌并取得举世

---

① ［古希腊］亚理斯多德：《诗学》（修订本），罗念生译，中国戏剧出版社1986年版，第62页。

② 恩格斯：《英国工人阶级状况》，《马克思恩格斯文集》第一卷，人民出版社2009年版，第474页。

③ 恩格斯：《英国工人阶级状况》，《马克思恩格斯文集》第一卷，人民出版社2009年版，第474页。

④ 恩格斯：《共产主义在德国的迅速进展》，《马克思恩格斯全集》第二卷，人民出版社1957年版，第591页。

瞩目成就的时代。批判现实主义的真实性、批判性，内化为马克思主义现实主义的基本精神，并被赋予了新的历史内涵和美学力量。

从学理角度说，现实主义文艺的真实性和倾向性，是植根于艺术规律所包含的客观性与主观性、客体性与主体性这对矛盾范畴的。由于倾向性具有多元性和多样化的性质与特点，其中最具历史意义和美学价值的是它的批判性，因此，真实性和批判性的统一便集中体现为现实主义的基本精神。

一、现实主义的真实性

现实主义的真实性，是指文艺反映客观社会生活的准确程度或可信程度。真实性是现实主义的特殊要求和突出表征，现实主义的真实性首先表现为细节的真实性，强调细节的真实性就是强调生活的真实性，也就是强调真实的客观性。

（一）真实性与客观性

所谓客观性，是指符合客观事物、客观标准、客观规律的性质和尺度。现实主义的真实性不同于浪漫主义的真实性之处，在于现实主义的真实性更多的是呈现一种客观的真实性。尽管具有客观真实性的不一定就是现实主义，例如自然主义，它摈弃精神和理想，以实证的东西为依据，但不具有客观真实性的肯定不是现实主义。

巴尔扎克在《人间喜剧·前言》中曾指出："法国社会将要作历史家，我只能当它的书记，编制恶习和德行的清单、搜集情欲的主要事实、刻画性格、选择社会上主要事件、结合几个性质相同的性格的特点揉成典型人物，这样我也许可以写出许多历史家忘记了写的那部历史，就是说风俗史。"于是，"我搜罗了许多事实，又以热情作为元素，将这些事实如实地摹写出来"。[①] 正基于此，巴尔扎克的小说有了某种经得起实证的文献学性质。对此，恩格斯曾指出："巴尔扎克，我认为他是比过去、现在和未来的一切左拉都要伟大得多的现实主义大师。"[②]

可以认为，经典作家之所以对现实主义厚爱有加，就是因为这种文艺具有客观的认识论价值和社会学意义，对此，他们有大量的论述。马克思高度赞扬

① 伍蠡甫等编：《西方文论选》下卷，上海译文出版社 1979 年版，第 168、174 页。

② 恩格斯：《致玛格丽特·哈克奈斯》，《马克思恩格斯文集》第十卷，人民出版社 2009 年版，第 570 页。

了“现代英国的一批杰出的小说家，他们在自己的卓越的、描写生动的书籍中向世界揭示的政治和社会真理，比一切职业政客、政论家和道德家加在一起所揭示的还要多。他们对资产阶级的各个阶层，从‘最高尚的’食利者和认为从事任何工作都是庸俗不堪的资本家到小商贩和律师事务所的小职员，都进行了剖析”①。恩格斯也提到：“我看到了《漂亮的朋友》生活中完全现实的一幕，现在我应当向吉·德·莫泊桑脱帽致敬。”② 同时，他们也批评了欧仁·苏在《巴黎的秘密》中用思辨哲学抹杀了文艺的真实性，批评了拉萨尔的《弗兰茨·冯·济金根》（以下简称《济金根》）以唯心史观歪曲了历史的真实。对于消极浪漫主义诗人沙多勃利昂，马克思曾写道：“这个作家我一向是讨厌的。如果说这个人在法国这样有名，那只是因为他在各方面都是法国式虚荣的最典型的化身，这种虚荣不是穿着十八世纪轻佻的服装，而是换上了浪漫的外衣，用新创的辞藻来加以炫耀；虚伪的深奥，拜占庭式的夸张，感情的卖弄，色彩的变幻，文字的雕琢，矫揉造作，妄自尊大，总之，无论在形式上或在内容上，都是前所未有的谎言的大杂烩。”③

现实主义的真实性及其客观性，是建立在文艺是社会生活的反映这一唯物主义认识论基础之上的。物质生活的生产方式制约着整个社会生活、政治生活和精神生活的过程。不是意识决定生活，而是生活决定意识。也就是说，观念的东西不外是移入人的头脑并在人的头脑中改造过的物质的东西而已。所以，恩格斯在《家庭、私有制和国家的起源》中指出：小说是反映婚姻方式的最好的镜子，“法国的小说是天主教婚姻的镜子；德国的小说是新教婚姻的镜子”④。马克思和恩格斯对于画家伦勃朗把圣母玛利亚的像画成尼德兰的农妇，即描绘成作者更亲近更了解的模样给予了高度评价，并指出，如果用伦勃朗的强烈色彩把革命派的领导人栩栩如生地描绘出来，那就更理想了。不过，在现有的一切绘画中，始终没有把这些人物真实地描绘出来，而只是“把他们画成

---

① 马克思：《英国资产阶级》，《马克思恩格斯全集》第十卷，人民出版社 1962 年版，第 686 页。

② 恩格斯：《致劳拉·拉法格》，《马克思恩格斯全集》第三十六卷，人民出版社 1975 年版，第 588 页。

③ 马克思：《致恩格斯》，《马克思恩格斯全集》第三十三卷，人民出版社 1973 年版，第 102 页。

④ 恩格斯：《家庭、私有制和国家的起源》，《马克思恩格斯文集》第四卷，人民出版社 2009 年版，第 84 页。

一种官场人物，脚穿厚底靴，头上绕着灵光圈。在这些神化了的拉斐尔式的画像中，一切绘画的真实性都消失了”①。列宁则强调列夫·托尔斯泰“是俄国革命的镜子”，“托尔斯泰观点中的矛盾，的确是一面反映农民在我国革命中的历史活动所处的矛盾条件的镜子”。②

正是基于这一艺术规律，毛泽东在提出人民生活是一切文学艺术的取之不尽、用之不竭的唯一的源泉理论命题后，继而又提出了深入生活的命题，指出一切“有出息的文学家艺术家，必须到群众中去，必须长期地无条件地全心全意地到工农兵群众中去，到火热的斗争中去，到唯一的最广大最丰富的源泉中去，观察、体验、研究、分析一切人，一切阶级，一切群众，一切生动的生活形式和斗争形式，一切文学和艺术的原始材料，然后才有可能进入创作过程”③。可以说，坚持深入生活是获取艺术真实的法宝，同时也是艺术家的良知和勇气的一种表现。

（二）真实性与倾向性

文艺的倾向性，指的是作家在文艺作品中所表现的立场、态度和价值取向。倾向性与文艺家的世界观、人生观和价值观密切相关。

马克思曾经指出：“从前的一切唯物主义（包括费尔巴哈的唯物主义）的主要缺点是：对对象、现实、感性，只是从客体的或者直观的形式去理解，而不是把它们当做感性的人的活动，当做实践去理解，不是从主体方面去理解。”④ 源于实践的人的主体性，决定了文艺的倾向性是一个客观的存在。正如恩格斯所说：“悲剧之父埃斯库罗斯和喜剧之父阿里斯托芬都是有强烈倾向的诗人，但丁和塞万提斯也不逊色；而席勒的《阴谋与爱情》的主要价值就在于它是德国第一部有政治倾向的戏剧。现代的那些写出优秀小说的俄国人和挪威人全是有倾向的作家。”⑤ 所以，表现了“下层等级”的“遭遇和

① 马克思、恩格斯：《〈新莱茵报。政治经济评论〉第4期上发表的书评》，《马克思恩格斯全集》第十卷，人民出版社1998年版，第324页。

② 列宁：《列夫·托尔斯泰是俄国革命的镜子》，《列宁选集》第二卷，人民出版社2012年版，第243页。

③ 毛泽东：《在延安文艺座谈会上的讲话》，《毛泽东选集》第三卷，人民出版社1991年版，第860—861页。

④ 马克思：《关于费尔巴哈的提纲》，《马克思恩格斯文集》第一卷，人民出版社2009年版，第499页。

⑤ 恩格斯：《致明娜·考茨基》，《马克思恩格斯文集》第十卷，人民出版社2009年版，第545页。

命运、欢乐和痛苦”，从而促使社会“关注所有穷人的状况”的 19 世纪法国、英国“这一类新的小说著作家”，在马克思主义经典作家看来“确实是时代的标志”。①

关于现实主义的真实性和倾向性的关系，有必要明确以下几点。

其一，倾向性根源于客观的社会生活。也就是说，作为文艺反映对象的客观的社会生活本身便存在倾向性。恩格斯说“出场人物是一定的阶级和倾向的代表，因而也是他们时代的一定思想的代表，他们的动机不是来自琐碎的个人欲望，而正是来自他们所处的历史潮流”②。这就明确了作品倾向的时代性、阶级性和历史性。莎士比亚关于货币本质的出色描绘，巴尔扎克对各色贪婪所作的透彻剖析，歌德早期作品表现的“鄙俗气”，托尔斯泰“勿以暴力抗恶”的思想，都印证了倾向性与时代密切相关。

其二，倾向性根源于创作的主体性。因为文艺家总是努力在作品中使德行显得更为可爱、恶行更为可憎、怪事更为触目，这是他的使命。即便是声称只能充当法国社会这个历史家的“书记”的巴尔扎克，也非常强调艺术家的思想。他所坚持的写作的法则，被恩格斯誉为“富有诗意的裁判”和“了不起的革命辩证法”。③ 对于优秀历史画画家卡尔·莱辛站到了社会主义方面来、杰出诗人海涅参加了革命民主主义队伍，恩格斯感到欢欣鼓舞；而对于只会歌颂胆怯的小市民的鄙俗风气，以至于使伟大的斗争变成滑稽小丑翻跟斗的卡尔·倍克，恩格斯则给予了毫不留情的批评。

其三，倾向性具有多元性、多向性。这其中既有肯定的倾向性，也有否定的倾向性，既有深刻、进步、革命的倾向性，也有肤浅、落后、反动的倾向性。譬如，对于 1830 年后德国文坛盛行的“羞羞答答的”“所谓的‘倾向’”，恩格斯就一针见血地指出“用一些定能引起公众注意的政治暗喻来弥补自己作品中才华的不足”，不过是一些“低等文人的习惯”而已。④ 恩格斯

---

① 恩格斯：《大陆上的运动》，《马克思恩格斯全集》第三卷，人民出版社 2002 年版，第 556 页。

② 恩格斯：《致斐迪南·拉萨尔》，《马克思恩格斯文集》第十卷，人民出版社 2009 年版，第 174 页。

③ 恩格斯：《致劳拉·拉法格》，《马克思恩格斯全集》第三十六卷，人民出版社 1975 年版，第 77 页。

④ 恩格斯：《德国的革命和反革命》，《马克思恩格斯文集》第二卷，人民出版社 2009 年版，第 361 页。

关于海涅与倍克的比较的论述，更是发人深省：

> 情节大致相同的同样的题材，在海涅的笔下会变成对德国人的极辛辣的讽刺；而在倍克那里仅仅成了对于把自己和无力地沉溺于幻想的青年人看做同一个人的诗人本身的讽刺。在海涅那里，市民的幻想被故意捧到高空，是为了再故意把它们抛到现实的地面。而在倍克那里，诗人自己同这种幻想一起翱翔，自然，当他跌落到现实世界上的时候，同样是要受伤的。前者以自己的大胆激起了市民的愤怒，后者则因自己和市民意气相投而使市民感到慰藉。①

恩格斯的这一论述，既凸显了倾向的多元性和多向性，同时也揭示了倾向的主体性和差异性。

其四，倾向性应该自然而然地流露出来。也就是说，现实主义的倾向性只有通过真实的艺术描写自然而然地表现出来，才符合艺术规律。在《致明娜·考茨基》中，恩格斯指出，过分鲜明地在小说里公开表明自己的立场，在全世界面前证明自己的信念，是不符合现实主义精神的。他说："我决不反对倾向诗本身。……可是我认为，倾向应当从场面和情节中自然而然地流露出来，而无须特别把它指点出来；同时我认为，作者不必把他所描写的社会冲突的历史的未来的解决办法硬塞给读者。"② 三年之后，恩格斯在《致玛格丽特·哈克奈斯》中，再次强调了这一观点："我决不是责备您没有写出一部直截了当的社会主义的小说，一部像我们德国人所说的'倾向性小说'，来鼓吹作者的社会观点和政治观点。我决不是这个意思。作者的见解越隐蔽，对艺术作品来说就越好。"③

正是基于这一立场，马克思、恩格斯批评了拉萨尔《济金根》的戏剧表达方式。马克思认为拉萨尔的"最大缺点就是席勒式地把个人变成时代精神的单

---

① 恩格斯：《诗歌和散文中的德国社会主义》，《马克思恩格斯全集》第四卷，人民出版社 1958 年版，第 236 页。原文为"慰借"，这里改为"慰藉"。——引者注

② 恩格斯：《致明娜·考茨基》，《马克思恩格斯文集》第十卷，人民出版社 2009 年版，第 545 页。

③ 恩格斯：《致玛格丽特·哈克奈斯》，《马克思恩格斯文集》第十卷，人民出版社 2009 年版，第 570 页。

纯的传声筒”①。恩格斯则强调“要更多地通过剧情本身的进程使这些动机生动地、积极地，所谓自然而然地表现出来”。因此，他建议拉萨尔“多注意一下莎士比亚在戏剧发展史上的意义”，并进而作出了这一具有普遍性意义的理论概括：

> 我认为，我们不应该为了观念的东西而忘掉现实主义的东西，为了席勒而忘掉莎士比亚。②

二、现实主义的批判性

批判性是指作品形象体系所蕴含的对现实关系的否定性评价。现实主义的批判性与真实性是可以而且应该统一的。恩格斯在给玛格丽特·哈克奈斯的信中曾指出：“您的小说，除了它的现实主义的真实性以外，给我印象最深的是它表现了真正艺术家的勇气。这种勇气不仅表现在您敢于冒犯傲慢的体面人物而对救世军所作的处理上……而且还主要表现在您把无产阶级姑娘被资产阶级男人所勾引这样一个老而又老的故事作为全书的中心时所使用的朴实无华的手法。……您觉得您有把握叙述一个老故事，因为您能够如实地叙述它，使它变成一个新故事。”③ 这就表明了文艺的批判性和真实性具有统一的关系。

（一）批判性的理论基础

马克思主义理论本身就包含着辩证的批判性。正如马克思指出的那样：“辩证法在对现存事物的肯定的理解中同时包含对现存事物的否定的理解，即对现存事物的必然灭亡的理解；辩证法对每一种既成的形式都是从不断的运动中，因而也是从它的暂时性方面去理解；辩证法不崇拜任何东西，按其本质来

① 马克思：《致斐迪南·拉萨尔》，《马克思恩格斯文集》第十卷，人民出版社 2009 年版，第 171 页。

② 恩格斯：《致斐迪南·拉萨尔》，《马克思恩格斯文集》第十卷，人民出版社 2009 年版，第 174、175、176 页。

③ 恩格斯：《致玛格丽特·哈克奈斯》，《马克思恩格斯文集》第十卷，人民出版社 2009 年版，第 569—570 页。

说，它是批判的和革命的。”①

批判性和革命性，是辩证唯物主义的精髓与灵魂之所在。马克思主义理论的任务是同辩证批判密不可分的。马克思和恩格斯合写的第一部著作，便被命名为《神圣家族，或对批判的批判所做的批判　驳布鲁诺·鲍威尔及其伙伴》。在他们看来，黑格尔《现象学》的全部工作的结果是“把世界头足倒置”了，他们对“青年黑格尔派”唯心论哲学体系进行的批判，则是对这种批判哲学所做的再批判。马克思和恩格斯首次对唯物史观作出较为系统阐述的《德意志意识形态》一书，同样也有一个副标题，即“对费尔巴哈、布·鲍威尔和施蒂纳所代表的现代德国哲学以及各式各样先知所代表的德国社会主义的批判”。从马克思的第一部著作《黑格尔法哲学批判》到著名的《资本论》，马克思主义的科学性和革命性，首先就集中体现在对人类历史传统、现实关系及其意识形态所作的毫不妥协的批判之中。

马克思主义现实主义的批判性，不但深深植根于唯物辩证法，而且也深深植根于唯物史观。恩格斯曾经反复强调：“正是马克思最先发现了重大的历史运动规律。根据这个规律，一切历史上的斗争，无论是在政治、宗教、哲学的领域中进行的，还是在其他意识形态领域中进行的，实际上只是或多或少明显地表现了各社会阶级的斗争，而这些阶级的存在以及它们之间的冲突，又为它们的经济状况的发展程度、它们的生产的性质和方式以及由生产所决定的交换的性质和方式所制约。”② 不过，由于迄今为止的一切历史观不是完全忽视了历史的这一现实基础，就是把它仅仅看成与历史进程没有任何联系的附带因素，因而任何关于历史的“想象”或“观念”，都成了一种“幻想”或“幻觉”的产物。历史的进程由此也就成了“只是‘骑士’、强盗和幽灵的历史”。③ 所以，马克思和恩格斯从一开始就坚持对“青年德意志派”“青年黑格尔派”和所谓“真正的社会主义”等思潮及其意识形态体系进行无情的批判。

基于这种历史唯物主义，我们可以更深刻地理解马克思和恩格斯与拉萨尔之间在悲剧观念上的根本分歧和冲突。拉萨尔在 1859 年关于悲剧《济金根》

---

① 马克思：《〈资本论〉第二版跋》，《马克思恩格斯文集》第五卷，人民出版社 2009 年版，第 22 页。

② 恩格斯：《〈路易·波拿巴的雾月十八日〉1885 年第三版序言》，《马克思恩格斯文集》第二卷，人民出版社 2009 年版，第 469 页。

③ 马克思、恩格斯：《德意志意识形态》，《马克思恩格斯文集》第一卷，人民出版社 2009 年版，第 546 页。

的文艺通信中宣称："这种同时是伦理的又是智力的，因而又是以永恒的和必然的客观思想冲突为基础的过失，我觉得才能构成最深刻的悲剧的冲突。"① 也就是说，在他看来，济金根的悲剧，根源于领袖们的革命目的和机会主义策略之间的矛盾。这种高度抽象化、非历史化的悲剧观，自然受到经典作家的批评。恩格斯一针见血地指出："您的观点在我看来是非常抽象而又不够现实的。"② 马克思也旗帜鲜明地发表了自己的看法："你所构想的冲突不仅是悲剧性的，而且是使1848—1849年的革命政党必然灭亡的悲剧性的冲突。……如果济金根不是借骑士纷争的形式发动叛乱，而是打起反对皇权和公开向诸侯开战的旗帜，他就会胜利。但是，我们也可以有这种幻想吗？济金根（而胡登多少和他一样）的覆灭并不是由于他的狡诈。他的覆灭是因为他作为骑士和作为垂死阶级的代表起来反对现存制度，或者说得更确切些，反对现存制度的新形式。……他在骑士纷争的幌子下发动叛乱，这只意味着，他是按骑士的方式发动叛乱的。如果他以另外的方式发动叛乱，他就必须在一开始发动的时候直接诉诸城市和农民，就是说，正好要诉诸那些本身的发展就等于否定骑士制度的阶级。"③ 显然，在马克思、恩格斯看来，济金根悲剧的根源并不是什么"思想"或"策略"的"过失"，而是一种历史因素的必然结果。

恩格斯曾经指出，"工人阶级处境悲惨的原因不应当到这些小的弊病中去寻找，而应当到资本主义制度本身中去寻找"，因为"产生这个结果的，并不是这个或那个次要的弊端而是制度本身"。④ 因此，无论是研究革命"必然爆发"还是"必然失败"的原因，"这些原因不应该从一些领袖的偶然的动机、优点、缺点、错误或变节中寻找，而应该从每个经历了动荡的国家的总的社会状况和生活条件中寻找"⑤。拉萨尔将济金根的悲剧归咎于"领袖""智力的""伦理的过失"，无疑是有悖于历史事实和规律的。所以，恩格斯剔肉见骨地指

① 《拉萨尔附在1859年3月6日的信中关于悲剧观念的手稿》，《马克思恩格斯论艺术》第一卷，中国社会科学出版社1982年版，第17页。

② 恩格斯：《致斐迪南·拉萨尔》，《马克思恩格斯文集》第十卷，人民出版社2009年版，第176页。

③ 马克思：《致斐迪南·拉萨尔》，《马克思恩格斯文集》第十卷，人民出版社2009年版，第169—170页。

④ 恩格斯：《英国工人阶级状况》，《马克思恩格斯文集》第一卷，人民出版社2009年版，第368页。

⑤ 恩格斯：《德国的革命和反革命》，《马克思恩格斯文集》第二卷，人民出版社2009年版，第352页。

出："据我看来，悲剧的因素正是在于：同农民结成联盟这个基本条件不可能出现，因此贵族的政策必然是无足轻重的；当贵族想取得国民运动的领导权的时候，国民大众即农民，就起来反对他们的领导，于是他们就不可避免地要垮台。"正基于此，恩格斯进而作出了"历史的必然要求和这个要求实际上不可能实现之间的悲剧性的冲突"这一著名论断。①

从文艺创作的角度看，现实主义的批判性也是一种美学精神和艺术策略。从根本上说，马克思主义文艺理论所期望的是进步的文艺家能够冲破前进道路上的种种束缚与重重障碍而站到无产阶级和社会主义方面来，努力表现无产阶级和社会主义的思想、倾向和运动，着力歌颂倔强的叱咤风云的革命的无产者。不过，由于历史的时代的局限性，当时的文艺家没能很好地做到这一点。作为一种艺术创作，倘若不能明确地昭示未来，那至少应当能够明确地告别昨天。作为一种退而求其次的艺术策略，恩格斯指出：

> 如果一部具有社会主义倾向的小说，通过对现实关系的真实描写，来打破关于这些关系的流行的传统幻想，动摇资产阶级世界的乐观主义，不可避免地引起对于现存事物的永恒性的怀疑，那么，即使作者没有直接提出任何解决办法，甚至有时并没有明确地表明自己的立场，我认为这部小说也完全完成了自己的使命。②

马克思主义经典作家对于歌德、托尔斯泰两重性的评价，充分印证了这一点。在评价中，他们肯定的恰恰是作者的否定性因素，而否定的又恰恰是作者的肯定性因素。例如，恩格斯在《诗歌和散文中的德国社会主义》一文中指出："歌德在自己的作品中，对当时的德国社会的态度是带有两重性的。有时他对它是敌视的；如在《伊菲姬尼亚》里和在意大利旅行的整个期间，他讨厌它，企图逃避它；他像葛兹、普罗米修斯和浮士德一样地反对它，向它投以靡非斯特非勒司的辛辣的嘲笑。有时又相反，如在《温和的讽刺诗》诗集里的大部分诗篇中和在许多散文作品中，他亲近它，'迁就'它，在《化装游行》里

① 恩格斯：《致斐迪南·拉萨尔》，《马克思恩格斯文集》第十卷，人民出版社 2009 年版，第 177 页。

② 恩格斯：《致明娜·考茨基》，《马克思恩格斯文集》第十卷，人民出版社 2009 年版，第 545 页。

他称赞它，特别是在所有谈到法国革命的著作里，他甚至保护它，帮助它抵抗那向它冲来的历史浪潮。……在他心中经常进行着天才诗人和法兰克福市议员的谨慎的儿子、可敬的魏玛的枢密顾问之间的斗争；前者厌恶周围环境的鄙俗气，而后者却不得不对这种鄙俗气妥协，迁就。因此，歌德有时非常伟大，有时极为渺小；有时是叛逆的、爱嘲笑的、鄙视世界的天才，有时则是谨小慎微、事事知足、胸襟狭隘的庸人。”① 列宁在《列夫·托尔斯泰是俄国革命的镜子》一文中，对托翁作品中的肯定性因素和否定性因素也作了截然相反的评价。

经典作家的上述论述，充分彰显了现实主义批判性的特殊思想意义和巨大艺术价值。

当然，革命文艺应该注重描写新的人物和新的世界，应当通过有血有肉、生动感人的艺术形象，真实地反映丰富的社会生活，反映人们在各种社会关系中的本质，表现时代前进的要求和历史发展的趋势，并且努力用社会主义思想教育人民，给他们以积极进取、奋发图强的精神。但是，这并不意味着革命文艺只能有肯定性描写而不能有否定性描写。这是因为“生活中并非到处都是莺歌燕舞、花团锦簇，社会上还有许多不如人意之处、还存在一些丑恶现象。对这些现象不是不要反映，而是要解决好如何反映的问题”。“文艺创作如果只是单纯记述现状、原始展示丑恶，而没有对光明的歌颂、对理想的抒发、对道德的引导，就不能鼓舞人民前进。”② 其实，马克思主义的现实主义是既包括了批判现实主义又超越了批判现实主义的。在马克思主义现实主义理论体系中，经典作家既强调否定性，也强调肯定性；既强调批判性，也强调歌颂性。他们关注的重点是“工人阶级对压迫他们的周围环境所进行的叛逆的反抗，他们为恢复自己做人的地位所作的令人震撼的努力”，“应当在现实主义领域内占有一席之地”。③

（二）批判性的表现形态

文艺现实主义批判性的表现形态，可以是鲜明的，也可以是隐蔽的，还可能是矛盾的。恩格斯之所以对德国画家许布纳尔 1844 年的画作《西里西亚织

---

① 恩格斯：《诗歌和散文中的德国社会主义》，《马克思恩格斯全集》第四卷，人民出版社 1958 年版，第 256 页。

② 习近平：《在文艺工作座谈会上的讲话》，人民出版社 2015 年版，第 20 页。

③ 恩格斯：《致玛格丽特·哈克奈斯》，《马克思恩格斯文集》第十卷，人民出版社 2009 年版，第 570 页。

工》给予高度的评价，认为“从宣传社会主义这个角度来看，这幅画所起的作用要比一百本小册子大得多”①，就是因为该画具有极其鲜明的批判性。

由于现实主义强调倾向应当从场面和情节中自然而然地流露出来，强调作者的见解越隐蔽对作品来说就越好，因此，经典作家是肯定并承认文艺批判性的隐蔽形态的。而对于那种“不顾作者的见解而表露出来”的批判性，即那种同作者的情感态度或政治立场相背离、相矛盾的批判性，马克思主义经典作家同样是加以赞许的。

如前所述，现实主义的真实性和倾向性是可以统一的。但除了这种一般性，还有特殊性，即恩格斯所强调的“我所指的现实主义甚至可以不顾作者的见解而表露出来”②。文艺史表明，为了表现倾向性而牺牲艺术描写的真实性，是违背艺术规律的。但是，为了艺术描写的真实性而违背自己的倾向性，却可以具有很高的艺术性。这种“不顾作者的见解而表露出来”的倾向性，往往被看作是作者世界观和创作方法的矛盾，即忠实于生活的现实主义创作原则突破了作者世界观的束缚，从而表现出创作方法的相对独立性及其对世界观的反作用。

这种矛盾的批判性，在巴尔扎克的创作中得到了充分表现。基督教和君主制是巴尔扎克世界观的两大支柱，在他看来，基督教尤其是天主教是遏制人类邪恶和稳定社会秩序的最大因素。君主政体，则是现代各民族赖以生存的基本原则。因之，他在《人间喜剧·前言》中说：“我在两种永恒真理的照耀之下写作，那是宗教和君主政体……凡是有良知的作家都应该把我们的国家引导到这两条大道上去。”③ 不过，对现实关系具有深刻理解的巴尔扎克，却以忠实于现实生活的真实性原则，违背或突破了自己的阶级同情和政治偏见，从而成就了现实主义的伟大胜利。恩格斯说：“不错，巴尔扎克在政治上是一个正统派；他的伟大作品是对上流社会无可阻挡的衰落的一曲无尽的挽歌；他对注定要灭亡的那个阶级寄予了全部的同情。但是，尽管如此，当他让他所深切同情的那些贵族男女行动起来的时候，他的嘲笑空前尖刻，他的讽刺空前辛辣。而他经常毫不掩饰地赞赏的唯一的一批人，却正是他政治上的死对头，圣玛丽修道院

① 恩格斯：《共产主义在德国的迅速进展》，《马克思恩格斯全集》第二卷，人民出版社 1957 年版，第 589 页。

② 恩格斯：《致玛格丽特·哈克奈斯》，《马克思恩格斯文集》第十卷，人民出版社 2009 年版，第 570 页。

③ [法] 巴尔扎克：《人间喜剧·前言》，伍蠡甫等编：《西方文论选》下卷，上海译文出版社 1979 年版，第 170 页。

的共和党英雄们，这些人在那时（1830—1836 年）的确是人民群众的代表。这样，巴尔扎克就不得不违背自己的阶级同情和政治偏见；他看到了他心爱的贵族们灭亡的必然性，把他们描写成不配有更好命运的人；他在当时唯一能找到未来的真正的人的地方看到了这样的人，——这一切我认为是现实主义的最伟大的胜利之一，是老巴尔扎克最大的特点之一。”①

恩格斯在《致劳拉·拉法格》中曾说过：“在我卧床这段时间里，除了巴尔扎克的作品外，别的我几乎什么也没有读，我从这个卓越的老头子那里得到了极大的满足。”② 这种满足，可以说正是现实主义批判精神的胜利。

第二节　现实主义的重要特征

马克思主义现实主义理论，注重概括并揭示现实主义文艺的特征。这些特征，除真实性外，大体可以概括为文艺的“典型化”和“莎士比亚化”。

一、现实主义典型化

拓展资源

恩格斯致玛格丽特·哈克奈斯（节选）

典型化，是现实主义真实性问题的升华。典型化是为了文艺创作更强烈、更集中、更理想、更带普遍性地反映和表现生活，或者说更具本质真实性地反映和表现生活。马克思主义文艺理论是把典型化作为现实主义理论的重要组成部分的。恩格斯在《致玛格丽特·哈克奈斯》中，一方面肯定了她的中篇小说《城市姑娘》具有“现实主义的真实性”，另一方面又指出她的“小说也许还不够现实主义”。这是为什么呢？恩格斯说：

> 据我看来，现实主义的意思是，除细节的真实外，还要真实地再现典型环境中的典型人物。您的人物，就他们本身而言，是够典型的；但是环

---

① 恩格斯：《致玛格丽特·哈克奈斯》，《马克思恩格斯文集》第十卷，人民出版社 2009 年版，第 571 页。

② 恩格斯：《致劳拉·拉法格》，《马克思恩格斯全集》第三十六卷，人民出版社 1975 年版，第 77 页。

绕着这些人物并促使他们行动的环境，也许就不是那样典型了。[1]

小说《城市姑娘》既具有“现实主义的真实性”，又“还不够现实主义”；既“够典型的”，又“不是那样典型”。恩格斯的这一评价，凸显了马克思主义现实主义与传统现实主义之间的联系和区别及对其的传承和超越。

真实性和典型性是一对既密切关联又相互区别的范畴，主要表现在切近生活真实和真理的程度上有差异。真实性是典型性的基础，典型性是真实性的深化和提升。典型性是个性化和概括化程度更高的真实性，是能揭示生活某些本质方面的真实性。不能脱离真实性来谈典型性，也不能脱离典型性来谈真实性。脱离典型性来谈真实性，容易流于自然主义；脱离真实性来谈典型性，可能陷入非现实主义。从真实性进入典型性，将真实性提升为典型性，成为马克思主义现实主义理论的内在要求和重要原则。

在马克思主义的典型化理论中，包含有典型、典型性、典型化以及典型人物、典型环境等一系列概念。典型是个名词，是指既具有鲜明独特的个性特征，又能深刻反映社会生活的某些本质方面的艺术形象。典型性是形容词，是指文艺通过典型形象真实地反映社会生活所达到的深广程度。典型化是动词，是指文艺家在艺术创作过程中塑造典型形象所使用的方法。在叙事类文艺作品中，典型化主要表现为“真实地再现典型环境中的典型人物”。

（一）关于典型人物

典型人物，是指在独特环境中形成的既具有鲜明独特的个性特征，又能够深刻反映社会生活某些本质方面的人物形象。恩格斯在《致明娜·考茨基》中，提出了典型人物及典型人物塑造问题。他说：“对于这两种环境里的人物，我认为您都用您平素的鲜明的个性描写手法刻画出来了；每个人都是典型，但同时又是一定的单个人，正如老黑格尔所说的，是一个‘这个’，而且应当是如此。”[2] 这里的所谓“这个”，即指典型。在黑格尔的美学概念中，“完整的性格”、“理想”的“性格”或“性格的理想”，即相当于“典型”。

黑格尔指出：“所含的普遍性必须在具体的个人身上融会为整体和个体。

① 恩格斯：《致玛格丽特·哈克奈斯》，《马克思恩格斯文集》第十卷，人民出版社 2009 年版，第 570 页。

② 恩格斯：《致明娜·考茨基》，《马克思恩格斯文集》第十卷，人民出版社 2009 年版，第 544 页。

这种整体就是具有具体的心灵性及其主体性的人，就是人的完整的个性，也就是性格。”① “真正的自由的个性，如理想所要求的，却不仅要显现为普遍性，而且还要显现为具体的特殊性，显现为原来各自独立的这两方面的完整的调解和互相渗透，这就形成完整的性格，这种性格的理想在于自身融贯一致的主体性所含的丰富的力量。”② 也就是说，“性格的理想”即典型，是普遍性和特殊性这两方面完整调解和互相渗透所形成的具有具体的心灵性及其主体性的“完整的性格”。基于这一典型观，黑格尔对荷马史诗中的人物极为赞赏，认为：“每一个英雄都是许多性格特征的充满生气的总和。”“每个人都是一个整体，本身就是一个世界，每个人都是一个完满的有生气的人，而不是某种孤立的性格特征的寓言式的抽象品。”③ 比如阿喀琉斯，我们就可以说这是一个完满的人，人格的多面性在这个人身上显出了全部的丰富性。

在此基础上，将典型性视为作者“纹章印记”的俄国文艺评论家别林斯基，提出了著名的“熟悉的陌生人”说，亦即“似曾相识的不相识者”。别林斯基指出：“在一位具有真正才能的人写来，每一个人物都是典型，每一个典型对于读者都是似曾相识的不相识者。”④ 这一理论非常鲜明而精当地揭示了典型的特殊性与普遍性两方面完整调解、互相渗透的性质和特点。因此，在典型人物塑造中，经典作家首先强调的是个性化，即“人物个性的描写”必须要有特色，人物要有突出的个性。换言之，即必须具备鲜明的个性描写和卓越的个性刻画。

马克思在对拉萨尔《济金根》人物刻画问题的批评中，认为剧本“在人物个性的描写方面看不到什么特色”，实际生活中的人物本是具有“突出的个性”的，而剧本中的“人物个性”描写却毫无“特色”。剧本个性描写的失败，不但表现为剧中的人物胡登只会一味地“兴高采烈”，而且表现为悲剧主人公济金根“被描写得太抽象了”，这是由作者对席勒的偏爱造成的。⑤ 恩格斯在与拉萨尔的通信中，则对典型人物塑造所应具有的“卓越的个性刻画”问题，进

---

① ［德］黑格尔：《美学》第一卷，朱光潜译，商务印书馆 1979 年版，第 300 页。
② ［德］黑格尔：《美学》第一卷，朱光潜译，商务印书馆 1979 年版，第 301 页。
③ ［德］黑格尔：《美学》第一卷，朱光潜译，商务印书馆 1979 年版，第 302—303 页。
④ ［俄］别林斯基：《论俄国中篇小说和果戈理君的中篇小说》，《别林斯基选集》第一卷，满涛译，上海译文出版社 1979 年版，第 191 页。
⑤ 马克思：《致斐迪南·拉萨尔》，《马克思恩格斯文集》第十卷，人民出版社 2009 年版，第 171 页。

行了准确的理论概括和表述。在恩格斯看来，“个性化”、“个性描绘”、对“有代表性的性格作出卓越的个性刻画”、对“惊人的独特的形象”的发现和创造等，应该是典型人物塑造的第一要着。据此，恩格斯在肯定济金根的性格描绘很动人、其他人物的个性描绘也很恰当的基础上，对如何个性化作出了具有建设性的理论概括：

> 我觉得刻画一个人物不仅应表现他做什么，而且应表现他怎样做；从这方面看来，我相信，如果把各个人物用更加对立的方式彼此区别得更加鲜明些，剧本的思想内容是不会受到损害的。古代人的性格描绘在今天已经不够用了，而在这里，我认为您原可以毫无害处地多注意一下莎士比亚在戏剧发展史上的意义。①

由此看出，文艺创作不但要表现人物“做什么”，而且要表现他“怎样做”，这的确是人物个性刻画的重要方法。恩格斯在对明娜·考茨基小说《旧和新》的批评中，再次重申了个性化的美学原则，批评了其中人物阿尔诺德的塑造，认为“这个人确实太完美无缺了”。如果说“爱莎尽管已经被理想化了，但还保有一定的个性描写”，那么“在阿尔诺德身上，个性就更多地消融到原则里去了”。②

列宁对创作中的人物个性和典型问题，也有精辟的见解。他说：“在小说里全部的关键在于描写个别的情况，在于分析特定典型的性格和心理。”③ 这些论述，同马克思反对席勒式地把人物变成单纯的时代精神传声筒的论述，是完全一致的。

在经典作家的典型化理论中，与个性化原则并行不悖、相辅相成的是概括化原则。他们在反对把人物变成时代精神单纯传声筒的同时，也反对“恶劣的个性化”，认为这种个性化不过是玩弄小聪明，并且是垂死的模仿文学的一个本质的标记。他们认为，典型人物不但要有鲜明的独特性，而且要有高度的概

---

① 恩格斯：《致斐迪南·拉萨尔》，《马克思恩格斯文集》第十卷，人民出版社 2009 年版，第 174—175 页。

② 恩格斯：《致明娜·考茨基》，《马克思恩格斯文集》第十卷，人民出版社 2009 年版，第 545 页。

③ 列宁：《致伊·费·阿尔曼德》，《列宁全集》第四十七卷，人民出版社 1990 年版，第 76 页。

括性，要具备丰富而深刻的社会历史内涵。关于这一点，列宁在《致伊·费·阿尔曼德》中有精彩论述。在列宁看来，作家温尼琴科的新小说真是荒谬绝伦，一派胡言，他不过是尽量凑集各种各样“骇人听闻的事”，把淫荡、梅毒、揭人隐私以敲诈钱财这种桃色秽行和对医生的控告拼凑在一起而已。对此，列宁进而指出：“当然，象温尼琴科所描绘的这些‘骇人听闻的事’，单个地看，在生活中都会发生。但是，把所有这些凑在一起，并且是这样地凑在一起，这就意味着是在把骇人听闻的事加以渲染，既吓唬自己又吓唬读者，使自己和读者‘神经错乱’。”① 这一论断，相当深刻地揭示了典型化过程中个别性和概括性、特殊性和普遍性的内在关系。

关于典型人物的创造，恩格斯强调：“主要的出场人物是一定的阶级和倾向的代表，因而也是他们时代的一定思想的代表，他们的动机不是来自琐碎的个人欲望，而正是来自他们所处的历史潮流。”② 列宁指出：“如果我们看到的是一位真正伟大的艺术家，那么他在自己的作品中至少会反映出革命的某些本质的方面。”“托尔斯泰富于独创性，因为他的全部观点，总的说来，恰恰表现了我国革命是农民资产阶级革命的特点。”③ 习近平则强调：“典型人物所达到的高度，就是文艺作品的高度，也是时代的艺术高度。只有创作出典型人物，文艺作品才能有吸引力、感染力、生命力。”④ 马克思主义文论家往往会指出某些文艺作品“还不够现实主义”，其根本原因就在于此。

综上所述，可以说典型人物既要有鲜明独特的个性特征，又要能够深刻揭示社会生活某些本质的方面或社会历史发展的某种趋势。这是马克思主义现实主义关于人物典型化理论的两个基本方面。

（二）关于典型环境

典型环境，是指形成典型人物性格并促使其行动的能够显现出时代性质和历史潮流的生活环境，它是社会历史语境和具体生活场所的统一体。典型人物

---

① 列宁：《致伊·费·阿尔曼德》，《列宁全集》第四十六卷，人民出版社 1990 年版，第 480 页。

② 恩格斯：《致斐迪南·拉萨尔》，《马克思恩格斯文集》第十卷，人民出版社 2009 年版，第 174 页。

③ 列宁：《列夫·托尔斯泰是俄国革命的镜子》，《列宁选集》第二卷，人民出版社 2012 年版，第 241、243 页。

④ 习近平：《在中国文联十大、中国作协九大开幕式上的讲话》，人民出版社 2016 年版，第 12 页。

和典型环境的关系，是一种相互依存的辩证关系。马克思和恩格斯在不少论述中，深刻阐述了人物与环境的关系问题。

首先，是“环境造就人”，“人的全部发展都取决于教育和外部环境”。“既然是环境造就人，那就必须以合乎人性的方式去造就环境。既然人天生就是社会的，那他就只能在社会中发展自己的真正的天性；不应当根据单个个人的力量，而应当根据社会的力量来衡量人的天性的力量。”① 也就是说，如果要“从人们意识中消除这些观念，就要靠改变了的环境而不是靠理论上的演绎来实现”②。

其次，是人也造就环境，也就是说，“环境是由人来改变的”③。环境创造人，是由社会存在决定社会意识这一基本原理决定的；人能改变环境、创造环境，则是由作为实践主体的人的主体性、能动性决定的。概而言之，就是“人创造环境，同样，环境也创造人”④。这是马克思主义文艺理论关于人物和环境关系的基本观点。

基于此，恩格斯在《诗歌和散文中的德国社会主义》中，反复论述了卡尔·倍克以及歌德早期的“鄙俗气”与德国社会环境的关系，认为倍克“他的唯一的不幸就是德国人的鄙俗气，他那装模作样的哭哭泣泣的社会主义和青年德意志派的影响，是这种鄙俗气在理论上的表现。在社会矛盾还没有因为阶级的明确分化和资产阶级迅速夺取政权而在德国采取较尖锐的形式以前，德国诗人在德国本部是根本没有出路的。一方面，他在德国社会中不可能以革命的姿态出现，因为革命分子本身还太微弱；另一方面，由四面八方包围着他的长期存在的鄙俗气起着使他衰弱无力的作用，他即使能够暂时超越它，摆脱它和嘲笑它，可是过一会却又重新跌进它的陷阱里面去了”⑤。正因为如此，所以“歌德有时非常伟大，有时极为渺小；有时是叛逆的、爱嘲笑的、鄙视世界的天才，有时则是谨小慎微、事事知足、胸襟狭隘的庸人。连歌德也无力战胜德

---

① 马克思、恩格斯：《神圣家族》，《马克思恩格斯文集》第一卷，人民出版社 2009 年版，第 335、333、335 页。

② 马克思、恩格斯：《德意志意识形态》，《马克思恩格斯文集》第一卷，人民出版社 2009 年版，第 547 页。

③ 马克思：《关于费尔巴哈的提纲》，《马克思恩格斯文集》第一卷，人民出版社 2009 年版，第 500 页。

④ 马克思、恩格斯：《德意志意识形态》，《马克思恩格斯文集》第一卷，人民出版社 2009 年版，第 545 页。

⑤ 恩格斯：《诗歌和散文中的德国社会主义》，《马克思恩格斯全集》第四卷，人民出版社 1958 年版，第 243 页。

国的鄙俗气；相反，倒是鄙俗气战胜了他；鄙俗气对最伟大的德国人所取得的这个胜利，充分地证明了‘从内部’战胜鄙俗气是根本不可能的。歌德过于博学，天性过于活跃，过于富有血肉，因此不能像席勒那样逃向康德的理想来摆脱鄙俗气；他过于敏锐，因此不能不看到这种逃跑归根到底不过是以夸张的庸俗气来代替平凡的鄙俗气。他的气质、他的精力、他的全部精神意向都把他推向实际生活，而他所接触的实际生活却是很可怜的。他的生活环境是他应该鄙视的，但是他又始终被困在这个他所能活动的唯一的生活环境里”①。

与此相映成趣的，是列宁对无产阶级作家高尔基的劝告。在列宁看来，高尔基之所以在俄国内战全面爆发时期“把自己的神经折磨到病态的地步”，根本原因就在于高尔基当时生活的彼得堡恰恰是俄国“最不健康的地方之一”，他得到的是“许多不健康的印象”，因而“得出了不健康的结论”。据此，列宁要求高尔基务必彻底改变自己的生活环境，离开彼得堡：“我不想强迫您接受我的劝告，但是我不能不说：您要彻底改换环境，改换接触的人，改换居住的地方，改换工作，否则生活会使您完全厌恶。”②

当然，如前所述，人对环境不只有受动性，还具有能动性。因为环境是由人来改变的，即人能创造环境。而“环境的改变和人的活动或自我改变的一致，只能被看做是并合理地理解为革命的实践”③。

把握了人物和环境的辩证关系，有助于我们更深刻地理解马克思主义的典型化理论。这其中，“环境”是否“典型”，是需要做历史唯物主义的理解的。恩格斯在评价哈克奈斯的小说《城市姑娘》时说：

> 在《城市姑娘》里，工人阶级是以消极群众的形象出现的，他们无力自助，甚至没有试图作出自助的努力。想使他们摆脱其贫困而麻木的处境的一切企图都来自外面，来自上面。如果说这种描写在1800年前后或1810年前后，即在圣西门和罗伯特·欧文时代是恰如其分的，那么，在1887年，在一个有幸参加了战斗无产阶级的大部分斗争差不多50年之久

---

① 恩格斯：《诗歌和散文中的德国社会主义》，《马克思恩格斯全集》第四卷，人民出版社1958年版，第256页。

② 列宁：《给阿·马·高尔基》，《列宁选集》第四卷，人民出版社2012年版，第41、44页。

③ 马克思：《关于费尔巴哈的提纲》，《马克思恩格斯文集》第一卷，人民出版社2009年版，第500页。

的人看来，就不可能是恰如其分的了。工人阶级对压迫他们的周围环境所进行的叛逆的反抗，他们为恢复自己做人的地位所作的令人震撼的努力，不管是半自觉的或是自觉的，都属于历史，因而也应当在现实主义领域内占有一席之地。①

恩格斯的这一论述，涉及一个生活真实、历史真实和艺术真实的关系问题。他要求文艺家注意从宏观的时代背景和大的历史趋势来把握作品中的环境塑造，注意人物环境的典型化程度，特别是要注意工人阶级的反抗和斗争，他们为恢复自己做人的地位所作的艰苦卓绝的努力，应当纳入现实主义的美学范畴。

早在英国宪章运动达到高潮后，恩格斯于1842年11月至1844年8月，对英国工人阶级的劳动和生活状况进行了深入的社会调查，并根据亲自调查和考证的翔实资料，撰写了《英国工人阶级状况》。恩格斯认为，英国1835年以来的宪章运动是反抗资产阶级的强有力的形式，1838年的人民宪章足以把英国的宪法连同女王和上院彻底毁掉。宪章派被恩格斯确认为近代第一个工人政党。宪章派号召人民武装起来，有时甚至号召他们起义。而人们也制造了长矛，就像过去的法国革命时代一样。对此，恩格斯曾写道：毫无疑问，“伦敦东头的觉醒仍然是本世纪末最伟大最有成果的事件之一，而我能活到现在，亲眼看到它，实在感到高兴和骄傲”。恩格斯进而作出了这样的论断：“英国的工人政党将会完善地组织起来，足以很快地结束那两个轮流执政并以这种方式使资产阶级统治永存的旧政党的跷跷板游戏。”②

显然，自宪章运动以来，英国工人阶级运动已经历了半个世纪之久，他们的斗争震惊世界，可歌可泣。但中篇小说《城市姑娘》中的工人阶级，纯粹是以消极群众的形象出现的，他们不但没有斗争，而且没有表现出任何进行斗争的愿望和企图。这对于以忠实于生活真实、历史真实为第一要务的现实主义文艺来说，无疑是不够真实的，更谈不上是典型的。对此，恩格斯在给哈克奈斯的信中委婉地批评道：“我怎么能知道：您是否有非常充分的理

---

① 恩格斯:《致玛格丽特·哈克奈斯》,《马克思恩格斯文集》第十卷，人民出版社2009年版，第570页。

② 恩格斯:《英国工人阶级状况》,《马克思恩格斯文集》第一卷，人民出版社2009年版，第379、381页。

由这一次先描写工人阶级生活的消极面，而在另一本书中再描写积极面呢？”[①] 文艺要与时代结合，要在刻画典型人物的同时，真实地再现典型环境，要让工人阶级和劳动群众对压迫他们的环境所进行的反抗，他们为恢复自己做人的地位所作的努力，在现实主义领域占有一席之地。这是马克思主义现实主义文艺观的核心与灵魂，是马克思主义文艺理论中最为独特也最有分量的内容。

二、“莎士比亚化”

“莎士比亚化”可以说是典型化理论的形象化、拟人化表述。在“莎士比亚化”这一命题中，真实地再现典型环境中的典型人物，便体现为“情节的生动性和丰富性”与“福斯泰夫[②]式的背景”的融合。

拉法格曾经指出：马克思“特别热爱莎士比亚，曾经专门研究过他的著作，连莎士比亚剧中最不惹人注意的人物他都很熟悉”[③]。早在 1842 年的一篇论文中，马克思就引用了《威尼斯商人》关于“一磅肉”和“一滴血”的辩论。《1844 年经济学哲学手稿》又引用了《雅典的泰门》关于黄金的赞美，并认为莎士比亚把货币的本质描绘得十分出色。《资本论》也引用了《威尼斯商人》中的语句。正是在喜欢并熟悉莎士比亚的基础上，马克思在与拉萨尔的通信中才断然指出“你就得更加莎士比亚化”[④]。

经典作家提倡“莎士比亚化”，包括如下内涵。

（一）“情节的生动性和丰富性”

情节是人物性格的历史。人物性格的生成与变化，只有通过情节才能表现出来。所谓“莎士比亚化”，主要就表现为“情节的生动性和丰富性”。因此，马克思在致拉萨尔谈《济金根》的信中，开篇便称：“首先，我应当称赞结构和情节，在这方面，它比任何现代德国剧本都高明。”“在我读第一遍的时候，

---

① 恩格斯：《致玛格丽特·哈克奈斯》，《马克思恩格斯文集》第十卷，人民出版社 2009 年版，第 571 页。

② 福斯泰夫是莎士比亚《温莎的风流娘儿们》和《亨利四世》两剧中的人物。——引者注

③ ［法］拉法格等：《回忆马克思恩格斯》，马集译，人民出版社 1973 年版，第 4 页。

④ 马克思：《致斐迪南·拉萨尔》，《马克思恩格斯文集》第十卷，人民出版社 2009 年版，第 171 页。

它就强烈地感动了我。"① 恩格斯在与拉萨尔谈《济金根》的通信中也强调："如果首先谈形式的话，那么，对情节的巧妙安排和剧本的从头到尾的戏剧性使我惊叹不已。" 正基于此，恩格斯进而明确地提出了一个经典性命题，即"较大的思想深度和自觉的历史内容，同莎士比亚剧作的情节的生动性和丰富性的完美的融合"，并且认为"这种融合正是戏剧的未来"。②

俄国思想家赫尔岑盛赞"莎士比亚像上帝一样在造物。……他的作品跟真的一样，他的作品具有无容置辩的现实性和真实性"。他认为莎士比亚"结束了艺术的浪漫主义时代，开辟了新时代。天才地揭示了人的主观因素的全部深度、全部丰富内容、全部热情及其无穷性；大胆地探索生活直至它最隐秘的禁区，并揭露业已发现的东西，这已经不是浪漫主义，而是超越了浪漫主义"。③这一超越了浪漫主义的"新时代"，正是现实主义的时代。

莎士比亚现实主义的艺术特点，在普希金的赞美中也得到了集中体现。普希金指出："莎士比亚创造的人物，不像莫里哀的那样，是某一种热情或某一种恶行的典型；而是活生生的、是有多种热情、多种恶行的人物；环境在观众面前把他们多方面的多种多样的性格发展了。莫里哀的悭吝人只是悭吝而已；莎士比亚的夏洛克却是悭吝、机灵、复仇心重、热爱子女、而且锐敏多智。莫里哀的伪善者追逐自己恩人的妻子，是口是心非的；接受财产的继承权，是口是心非的；讨一杯水，也是口是心非的。莎士比亚的伪善者怀着虚假的严厉宣读法庭判决词，然而是公正的；他煞费苦心地借对政府官员的判决来为自己的残酷辩白；他以有力而吸引人的诡辩，而不是以又因循又虔诚的可笑态度装饰成无罪的样子。安哲鲁是伪善者，因为他的公开的行动与他秘密的欲望相矛盾！这个性格是多么深刻啊！"④ 正是基于莎士比亚人物刻画的巨大成功，黑格尔才断言："就描绘直接生活的生动鲜明与伟大心灵的这种统一性来看，近代戏剧体诗人之中很难找到另一个人能和莎士比亚媲美。"⑤

"莎士比亚化"这种典型化，不是"莫里哀式"的类型化，也不是"席勒

① 马克思：《致斐迪南·拉萨尔》，《马克思恩格斯文集》第十卷，人民出版社 2009 年版，第 169 页。
② 恩格斯：《致斐迪南·拉萨尔》，《马克思恩格斯文集》第十卷，人民出版社 2009 年版，第 173、174 页。
③ 杨周翰编选：《莎士比亚评论汇编》上卷，中国社会科学出版社 1979 年版，第 459、460 页。
④ 杨周翰编选：《莎士比亚评论汇编》上卷，中国社会科学出版社 1979 年版，第 426 页。
⑤ ［德］黑格尔：《美学》第三卷下册，朱光潜译，商务印书馆 1981 年版，第 324 页。

式”或“拉斐尔式”的“理想化”的人物塑造方法，而是建立在“情节的生动性和丰富性”的基础之上的。比如，莎士比亚的《威尼斯商人》的情节设置，便悬念迭起、异彩纷呈，其中一个场景是法庭上的紧张冲突：夏洛克要求按照契约规定割安东尼奥的一磅肉，遵守契约精神的安东尼奥也认赌服输、视死如归，然后正当夏洛克准备动刀之际，鲍西亚的一声“且慢”使得情节陡转，她利用契约中的一个漏洞让安东尼奥起死回生。《罗密欧与朱丽叶》的爱情悲剧更是跌宕起伏、扣人心弦，令人扼腕长叹、唏嘘不已。罗密欧与朱丽叶“这两朵柔嫩的鲜花都种植在不相宜的土壤里，我们只有哀悼这样一场美好的爱情竟如此可悲地消逝了，就像一枝含葩的蔷薇生在这个偶然世界里还未破蕊，就被狂风暴雨在好心肠好心眼的无力的营救计谋中一扫而空了”①。

马克思曾经指出：“英国悲剧的特点之一就是崇高和卑贱、恐怖和滑稽、豪迈和诙谐离奇古怪地混合在一起，它使法国人的感情受到莫大的伤害，以致伏尔泰竟把莎士比亚称为喝醉了的野人。”② 可以说，这正是对莎士比亚剧作情节的生动性和丰富性的生动诠释和精辟概括。

恩格斯无情嘲笑过反莎士比亚的罗德里希·贝奈狄克斯，说道：“这个无赖出版了一部关于‘莎士比亚狂热病’的臭气熏天的厚书，书中极为详尽地证明，莎士比亚不能和我国的伟大诗人，甚至不能和现代的伟大诗人相提并论。看来简直应该把莎士比亚从他的台座上拉下来，而让大屁股罗·贝奈狄克斯坐上去。单是《风流娘儿们》的第一幕就比全部德国文学包含着更多的生活气息和现实性。单是那个兰斯和他的狗克莱勃就比全部德国喜剧加在一起更具有价值。”③ 这一批评，可谓是对“莎士比亚化”及其“情节的生动性和丰富性”命题的再一次确认。

（二）“福斯泰夫式的背景”

所谓的“福斯泰夫式的背景”，即马克思所说的“十分重要的积极的背

---

① ［德］黑格尔：《美学》第三卷下册，朱光潜译，商务印书馆1981年版，第329页。

② 马克思：《议会的战争辩论》，《马克思恩格斯全集》第十卷，人民出版社1962年版，第188页。

③ 恩格斯：《致马克思》，《马克思恩格斯全集》第三十三卷，人民出版社1973年版，第108页。《风流娘儿们》即莎士比亚的喜剧《温莎的风流娘儿们》。“兰斯”是莎士比亚喜剧《维洛那二绅士》中的人物。——引者注

景"①，主要指的是作品丰富多彩的典型环境问题。这一命题是恩格斯在给拉萨尔的信中提出来的，他说：

> 我认为，我们不应该为了观念的东西而忘掉现实主义的东西，为了席勒而忘掉莎士比亚，根据我对戏剧的这种看法，介绍那时的五光十色的平民社会，会提供完全不同的材料使剧本生动起来，会给在前台表演的贵族的国民运动提供一幅十分宝贵的背景，只有在这种情况下，才会使这个运动本身显出本来的面目。在这个封建关系解体的时期，我们从那些流浪的叫花子王、无衣无食的雇佣兵和形形色色的冒险家身上，什么惊人的独特的形象不能发现呢！这幅福斯泰夫式的背景在这种类型的历史剧中必然会比在莎士比亚那里产生更强烈的效果。②

"福斯泰夫"是莎士比亚剧作中的一个人物，在这个人物身上所反映出的莎士比亚多方面的创作才能，比在其他任何地方所反映的都要丰富多彩。这个人物的恶行，一个连着一个，构成一串十分滑稽的、畸形的图画，酷似古代的酒神祭时的景象。恩格斯这里提出具有标志性的"福斯泰夫式的背景"，显然是为了强调环境描写的重要意义。也就是说，环境描写必须具有广阔的社会性和深刻的历史性。只有在一个包含了现实关系的多维性、复杂性和深层次性的典型环境中，才能创造出性格独特和内涵丰富的典型人物形象；只有在这种"福斯泰夫式的背景"当中，才能深刻揭示作品人物命运的社会根源及其美学价值。

在马克思主义的文艺现实主义理论中，经典作家对于典型环境的重要性始终给予了高度关注。列夫·托尔斯泰被列宁赞誉为"最清醒的现实主义"③，就是建立在列宁对他的作品中的时代背景描写极其成功的评价上的。列宁说："列·托尔斯泰所处的时代，他的天才艺术作品和他的学说中非常突出地反映出来的时代，是 1861 年以后到 1905 年以前这个时代。诚然，托尔斯泰文学活

① 马克思：《致斐迪南·拉萨尔》，《马克思恩格斯文集》第十卷，人民出版社 2009 年版，第 171 页。

② 恩格斯：《致斐迪南·拉萨尔》，《马克思恩格斯文集》第十卷，人民出版社 2009 年版，第 176 页。

③ 列宁：《列夫·托尔斯泰是俄国革命的镜子》，《列宁选集》第二卷，人民出版社 2012 年版，第 242 页。

动开始得要比这个时期早，其结束则要比这个时期晚，但是列·托尔斯泰作为艺术家和思想家，正是在这个时期完全成熟的。这个时期的过渡性质，产生了托尔斯泰作品和‘托尔斯泰主义’的一切特点。”① “‘现在在我们这里，一切都颠倒过来，而且刚刚开始形成’，——很难想象还有比这更能恰当地说明1861—1905年这个时期特征的了。那‘颠倒过来’的东西，是每个俄国人都非常了解的，至少也是很熟悉的。这就是农奴制度以及与之相适应的整个‘旧秩序’。那‘刚刚开始形成’的东西，却是最广大的人民群众完全不熟悉的，陌生的，不了解的。托尔斯泰模模糊糊地看到的这个‘刚刚开始形成的’资产阶级制度是一个像英国那样的吓人的怪物。”②

列宁的这些论述，不但深刻揭示了作为“最清醒的现实主义”和时代变化、社会变动、历史变迁之间的关系，而且也充分彰显了现实主义不但包括批判精神，而且也包括变革精神。也就是说，批判是为了变革，变革必须基于批判。所谓不破不立，立在其中，便体现了批判和变革之间相辅相成的辩证关系。而批判和变革的统一，正是现实主义文艺的社会责任和历史使命的集中体现。

总之，“福斯泰夫式的背景”与“情节的生动性和丰富性”，构成了“莎士比亚化”命题的基本内涵。“莎士比亚化”作为马克思主义文艺理论所特有的一个概念，不但充分体现了现实主义的主要特征和固有天性，而且也为文艺批评从美学观点和史学观点来衡量作品提供了价值尺度和分析典范。

马克思主义的现实主义文艺理论，主要体现的是一种现实主义美学精神，它对其他艺术处理文艺和生活关系所遵循的手法和原则是不排斥的。在马克思主义文艺理论发展史上，现实主义文艺理论是在不断地丰富和发展过程中的。20世纪30年代，在斯大林的推动和首肯下，苏联作家协会提出“社会主义现实主义”创作方法，并把这一方法表述为“社会主义现实主义，作为苏联文学与苏联文学批评的基本方法，要求艺术家从现实的革命发展中真实地、历史地和具体地去描写现实。同时艺术描写的真实性和历史具体性必须与用社会主义精神从思想上改造和教育劳动人民的任务结合起来。社会主义现实主义保证艺

---

① 列宁：《列·尼·托尔斯泰和他的时代》，《列宁全集》第二十卷，人民出版社1989年版，第100页。

② 列宁：《列·尼·托尔斯泰和他的时代》，《列宁全集》第二十卷，人民出版社1989年版，第100—101页。

术创作有特殊的可能性去表现创造的主动性，选择各种各样的形式、风格和体裁”①。这是批评“拉普”（俄罗斯无产阶级作家联合会）“辩证唯物主义创作方法”，总结苏联文学创作经验之后，马克思主义现实主义理论取得的重要成果。20 世纪 50 年代，毛泽东在成都中央工作会议上提出新诗“形式是民族的，内容应该是现实主义与浪漫主义的对立统一”②。1958 年 5 月 8 日，他在中共八大二次会议上，又提出“在文学上，就是革命的浪漫主义和革命的现实主义的统一”③。2014 年，习近平在文艺工作座谈会上提出文艺创作“应该用现实主义精神和浪漫主义情怀观照现实生活”④。这些则是中国化马克思主义文艺理论对马克思主义的现实主义文艺理论的推进和发展。马克思主义的现实主义文艺理论具有旺盛长久的生命力。

思考题：

1. 现实主义的基本精神是什么？如何理解文艺现实主义的真实性、批判性及二者的统一？
2. 什么是典型？如何理解真实性和典型性的关系？
3. 如何理解文艺典型的个性化、概括化及其辩证统一？
4. 如何理解“莎士比亚化”和“席勒式”？
5. 如何理解“现实主义的意思是，除细节的真实外，还要真实地再现典型环境中的典型人物”？
6. 用马克思主义观点，具体分析一部文艺作品的现实主义成就和不足。
7. 简述马克思主义的现实主义理论的不断发展。

---

① 人民文学出版社编辑部编：《苏联文学艺术问题》，曹葆华等译，人民文学出版社 1959 年版，第 13 页。

② 《毛泽东年谱（一九四九—一九七六）》第三卷，中央文献出版社 2013 年版，第 322 页。

③ 《毛泽东年谱（一九四九—一九七六）》第三卷，中央文献出版社 2013 年版，第 346 页。

④ 习近平：《在文艺工作座谈会上的讲话》，人民出版社 2015 年版，第 20 页。

第五章　文艺批评的方式与标准

与传统的和同时代的各种文艺批评相比，从美学观点和史学观点出发的马克思主义文艺批评，作为一种崭新的批评思潮具有鲜明的特征，其批评观念和批评实践都更科学、更准确、更有效。马克思主义文艺批评的方法有其历史渊源，马克思主义文艺批评的方法和标准在历史上也是不断发展的，到了21世纪，马克思主义文艺批评思想呈现出新的面貌。我们要学习马克思主义的文艺批评方法，尤其要学习马克思主义辩证的文艺批评精神。

第一节　文艺批评的美学观点和史学观点

美学观点和史学观点是恩格斯明确提出的文艺批评主张。他在1847年发表的书评《诗歌和散文中的德国社会主义》中，针对卡尔·格律恩的《从人的观点论歌德》，首次提出要从“美学和历史的观点”来评价歌德，反对卡尔·格律恩从“道德的、党派的观点”，用“道德的、政治的、或‘人的’尺度”①来批评歌德。1859年，在给斐迪南·拉萨尔的信中，恩格斯强调自己是“从美学观点和史学观点，以非常高的亦即最高的标准”② 来衡量拉萨尔创作的剧本《济金根》的。从马克思和恩格斯的文艺批评实践来看，可以将美学观点和史学观点的统一概括为他们共同的批评观。

在马克思主义文艺理论研究史上，长期以来，国外对恩格斯的美学观点和史学观点命题鲜有关注和研究，直到20世纪后期，为了纠正对文艺批评政治标准的庸俗理解而导致的错误倾向，中国文艺界开始了对恩格斯美学观点和史学观点的探讨和倡导。40多年来，人们虽然认同它是马克思主义经典作家共同的批评主张，但对美学观点和史学观点的理论性质及其内涵存在多种不同的理解与阐释。这里，不能把恩格斯的美学观点和史学观点狭隘化为仅是批评原

---

① 恩格斯：《诗歌和散文中的德国社会主义》，《马克思恩格斯全集》第四卷，人民出版社1958年版，第257页。

② 恩格斯：《致斐迪南·拉萨尔》，《马克思恩格斯文集》第十卷，人民出版社2009年版，第177页。“历史的观点”又译为“史学观点”。——引者注

则，或等同于具体的批评方法，或固化为最高标准，而应从范式意义上的批评方式来加以认识。作为独特的文艺批评方式，美学观点和史学观点建立在辩证唯物主义和历史唯物主义的基础之上，其内涵包含着马克思主义的文学观和批评方法论，指导着具体方法的选择，制约着具体批评标准的设定，引领着文艺批评实践的发展。

要正确认识美学观点和史学观点的理论性质及其内涵，除了以马克思和恩格斯的批评文本作为依据外，还应该有纵横维度的参照比对。因此，这里有必要首先了解这一观点的理论来源。

一、美学观点和史学观点的渊源

19 世纪，在马克思、恩格斯之前已经出现了从历史的、美学的观点出发的文艺批评，与马克思、恩格斯同时代也有一些自觉地从历史的、美学的观点出发进行文艺批评的批评家。例如，俄国的别林斯基在 1841 年就曾明确地提出："在论断文学的时候，除了美学观点之外，还需要有历史观点。"① 丹麦评论家勃兰兑斯也有同样的主张。他说："一本书，如果单纯从美学的观点看，只看做是一件艺术品，那么它就是一个独自存在的完备的整体，和周围的世界没有任何联系。但是如果从历史的观点看，尽管一本书是一件完美、完整的艺术品，它却只是从无边无际的一张网上剪下来的一小块。从美学上考虑，它的内容，它创作的主导思想，本身就足以说明问题，无需把作者和创作环境当做一个组成部分来加以考察，而从历史的角度考虑，这本书却透露了作者的思想特点，就像'果'反映了'因'一样，这种特点在他所有作品中都会表现出来，自然也会体现在这一本书里，不对它有所了解，就不可能理解这一本书。"② 别林斯基和勃兰兑斯有如此认识，既说明当时的文艺批评存在着偏颇，或仅是美学观点的批评，或只是历史观点的评论，也说明将两者结合起来才能克服批评的片面性，这是当时的先进的批评观。无疑，恩格斯所提的美学观点和史学观点的批评主张，应有理论借鉴，其源头可追溯到更早一些时候的黑格尔那里。

针对艺术真实性问题，黑格尔提出了"从历史和美学的观点"开展文艺批

---

① ［俄］别林斯基：《文学一词的一般意义》，《别林斯基选集》第三卷，满涛译，上海译文出版社 1980 年版，第 158 页。

② ［丹麦］勃兰兑斯：《十九世纪文学主流》第一分册"引言"，张道真译，人民文学出版社 1997 年版，第 2 页。

评的主张。他写道："我们在这里应该从历史和美学的观点对法国人提出一点批评，他们把希腊和罗马的英雄们以及中国人和秘鲁人都描绘成为法国的王子和公主，把路易十四世和路易十五世时代的思想和情感转嫁给这些古代人和外国人。假如这些思想和情感本身比较深刻优美些，这种转古为今的办法对艺术倒还不致产生那样恶劣的影响。与此相反，一切材料，不管是从哪个民族和哪个时代来的，只有在成为活的现实中的组成部分，能深入人心，能使我们感觉到和认识到真理时，才有艺术的真实性。"① 由于黑格尔仅在此处提到从历史和美学的观点出发的批评，使人以为这是黑格尔偶尔一用的批评方式，因而不受重视。实际上并非如此，黑格尔在《美学》一书中艺术研究的具体实践可以提供证明。

黑格尔在讨论"理想的艺术作品的外在方面对听众的关系"② 时，同样批评了法国人的艺术作品在处理历史（或异域）题材时所采用的纯主观表现方式。例如，拉辛的悲剧《伊斐琪尼在奥理斯》中的古希腊英雄阿喀琉斯，就是一副彻头彻尾的法国亲王模样。拉辛的另一部悲剧《艾斯忒》，在路易十四时代之所以特别受欢迎，其原因也是"法国化"，即把古代波斯皇帝初上台的气派，处理成完全像路易十四出朝时一样。黑格尔批评这种纯主观表现方式，还举了 16 世纪德国纽伦堡的鞋匠汉斯·萨克斯取材于《圣经》的作品，把"上帝、亚当、夏娃以及希伯来族祖先们都真正地'纽伦堡化'"③，以及德国剧作家考茨布那种抽去题材中过去时代和现时代的真正艺术内容（意蕴），将作品处理成人们"平凡生活中的日常意识的表现方式"④。黑格尔认为，它们与"法国化"方式一样具有极端片面性，不能产生实在的客观形象，也就是没有了艺术真实性。

与纯主观方式相对的另一极端，即所谓纯客观地处理历史题材的方式，如谨守纯然客观的忠实，要求时代、场所、习俗、服装、武器，甚至在极不重要的外在细小事物上也要做到极端的精确。这种止于纯然形式的历史的精确和忠实，既不管内容及其实质性的意义，又不管现代文化和思想情感意蕴，同样也受到了黑格尔的批评。

---

① ［德］黑格尔：《美学》第二卷，朱光潜译，商务印书馆 1979 年版，第 381 页。
② ［德］黑格尔：《美学》第一卷，朱光潜译，商务印书馆 1979 年版，第 335 页。
③ ［德］黑格尔：《美学》第一卷，朱光潜译，商务印书馆 1979 年版，第 338 页。
④ ［德］黑格尔：《美学》第一卷，朱光潜译，商务印书馆 1979 年版，第 341 页。

在批评纯主观和纯客观两种片面方式的同时，黑格尔肯定和赞扬了歌德在《西东胡床集》里那种具有“真正的客观性”的处理历史（或异域）题材的方式。歌德所描写的东方人物和情境，既能保留东方的基本色调，又能完全满足近代意识和他自己的个性要求，以较深刻的精神把东方色彩放进德国现代诗里，把它移植到现时代的观点上。

黑格尔虽然没有明说自己的这些批评也是从历史和美学的观点出发的，但只要从观点、论据和论证的过程方面稍做对照，就能看到其惊人的相似，这很难使人否认它们都是从历史和美学的观点出发的批评。同样明显的例子，在《美学》中还可以举出很多。例如，黑格尔对17世纪荷兰绘画作了精细入微的分析，他从荷兰绘画产生的社会历史背景入手，找出了这种绘画何以取材于平凡事物并达到了高度完美艺术水平的客观原因，肯定表现心灵的自由活泼的爽朗气氛和喜剧因素就是荷兰绘画的价值所在。

从上述例子可以看出，黑格尔从历史和美学的观点出发的批评，总是把具体的文艺现象放在特定的社会历史关系中，从整体联系的角度，根据艺术品所表现的美的普遍性与特殊性统一的程度，来判定它的优劣，揭示美与艺术的规律。如果我们抓住从历史和美学的观点出发的这种特质来考察黑格尔对艺术现象的研究，就会发现从历史和美学的观点出发的批评贯彻于《美学》全书。由此可知，黑格尔的历史和美学的观点，就是他进行文艺批评的方式。对于恩格斯提出的美学观点和史学观点，我们也应当以一种批评方式或曰批评模式来看待它。

但是，怎样区分恩格斯从美学观点和史学观点出发的批评与黑格尔、别林斯基、勃兰兑斯从历史和美学观点出发的批评呢？这需要我们进一步从方法论的角度来进行探究。历史和美学的观点之所以会成为黑格尔《美学》中广泛运用的批评方式，是因为它与黑格尔的美学方法论具有紧密的联系。在《美学》序论中，黑格尔阐述了“美和艺术的科学研究方式”①。他首先对历史上存在过的两种相反的研究方式进行了探讨。一种是“经验作为研究的出发点”② 的方式。它是从现存的个别艺术作品出发进行的研究，这种研究“主要是历史的研究”③，其任务在于对个别艺术作品作审美的评价，以及认识对这些艺术作品

① ［德］黑格尔：《美学》第一卷，朱光潜译，商务印书馆1979年版，第18页。
② ［德］黑格尔：《美学》第一卷，朱光潜译，商务印书馆1979年版，第18页。
③ ［德］黑格尔：《美学》第一卷，朱光潜译，商务印书馆1979年版，第19页。

发生外在作用的历史环境。这种研究方式强调艺术品与它所产生和存在的历史环境的联系，重视历史对艺术品产生和存在的作用。但由于它只围绕着艺术作品的外在形式进行考察，其结果只能是把艺术作品造成目录，摆在艺术史里，即使对现存作品提出一些见解或理论，也不过是为艺术批评和艺术创作提供一些个别的观点。另一种是“理念作为研究的出发点”① 的方式。完全运用理论思考的方式来认识美的普遍性。因此，单就美进行思考，只谈些一般原则而不涉及艺术作品的特质，其结果就产生出一种抽象的美的哲学。

以经验作为研究出发点，认识到的主要是美和艺术作品的个性，即特殊性；以理念作为研究出发点，主要是认识美和艺术的普遍性。黑格尔则认为：“必须把美的哲学概念看成上述两个对立面的统一，即形而上学的普遍性和现实事物的特殊定性的统一。”② 美学研究应该把上述两种片面的方式统一起来，才是科学的研究。因此，他提出了一种新的研究方式，即“经验观点和理念观点的统一”③。这是对前述两种方式的批判继承并使之统一而成的一种新的研究方式。这种研究方式，所要求的是尽量从整体联系，从发展的观点，从感性与理性相统一、历史与逻辑相统一的方面，去认识和把握美和艺术。而这正是辩证法的主要精神的体现。

从黑格尔对美和艺术的研究方式的解释，以及对经验观点和理念观点的统一这一方法论的具体运用来看，这与他在《美学》第二卷提到的历史和美学的观点存在着内在一致性。因为经验观点即经验作为研究的出发点的研究方式，其主要特征就是一种历史的研究，从方法论意义上似可称之为历史的观点。而理念观点即理念作为研究的出发点的研究方式，着重从抽象的要领出发，以理论思考的方式，主要考察美的普遍性，这便是一种抽象的美的哲学。而且，在黑格尔之前，欧洲美学研究主要是经验派美学和理性派美学。从鲍姆嘉通以“美学”命名这一学科之后，一般明确地标以这名称的以及人们一般认为可称为美学的体系，都主要是理性派美学，即一种由哲学体系推演而来，运用形而上学“自上而下”思辨方式的美学。黑格尔正是在这种意义上将“理念观点”偶尔称为“美学观点”的。再者，“美学”（Ästhetik）一词自诞生以来就因时代和人的不同而存在着内涵上的差异。在鲍姆嘉通那里，美学是一种低等认识

---

① ［德］黑格尔：《美学》第一卷，朱光潜译，商务印书馆 1979 年版，第 27 页。
② ［德］黑格尔：《美学》第一卷，朱光潜译，商务印书馆 1979 年版，第 28 页。
③ ［德］黑格尔：《美学》第一卷，朱光潜译，商务印书馆 1979 年版，第 28 页。

论，所以，他才取希腊字根原意为“感觉学”的“Ästhetik”命名之。黑格尔则认为，美学的对象只是艺术的美，所以，鲍姆嘉通的命名是不适当的，而应称为“艺术哲学”或“美的艺术的哲学”。显然，我们对黑格尔在《美学》中以及恩格斯在特定场合中说的美学和历史两概念的理解，不能无视其历史的特殊性。

黑格尔经验观点和理念观点的统一的美学方法同他偶尔提到的历史和美学的观点具有内在的一致性，历史和美学的观点的完整表述方式应是历史观点和美学观点的统一。因此，从理论高度来看，历史和美学的观点无疑是黑格尔的文艺批评方法论。恩格斯的美学观点和史学观点对黑格尔的历史和美学的观点的批判继承，可从两者都对美学与历史方面的重视和文艺研究实践中体现的诸多相同特征找到有力的证据。

众所周知，青年时代的马克思、恩格斯都一度是青年黑格尔派，甚至在19世纪70年代德国知识界有人全盘否定黑格尔并把他当作一条“死狗”的时候，马克思还公开承认自己是“这位大思想家的学生”①。他们非常推崇黑格尔哲学中的辩证法，恩格斯称之为“最高的思维形式”②，认为黑格尔哲学的合理内核和革命方面就是自觉的辩证法。

1837年冬天，19岁的马克思在给父亲的信中说，自己患病期间，从头到尾读了黑格尔的著作，也读了他大部分弟子的著作。而在同年更早的春季，马克思在献给父亲的诗作中自称：“已把黑格尔的学说潜心钻研，却还无法领略他的美学观点。”③ 1891年，恩格斯在给康拉德·施米特的信中，曾劝说施米特不仅必须读黑格尔的著作，而且“还需要时间来消化”，并指导阅读顺序与研读方法：除了读《哲学全书》的《小逻辑》和《哲学史讲演录》等著作外，还建议他读一读《美学》：“只要您稍微读进去，您就会赞叹不已”，认为读黑格尔“更为重要的是：从不正确的形式和人为的联系中找出正确的和天才的东西”。④ 这无疑是恩格斯研读黑格尔的经验之谈，足知恩格斯对黑格尔及其

---

① 马克思：《〈资本论〉第二版跋》，《马克思恩格斯文集》第五卷，人民出版社2009年版，第22页。

② 恩格斯：《反杜林论》，《马克思恩格斯文集》第九卷，人民出版社2009年版，第22页。

③ 马克思：《献给亲爱的父亲的诗作·讽刺短诗集·二》，《马克思恩格斯全集》第一卷，人民出版社1995年版，第736页。

④ 恩格斯：《致康拉德·施米特》，《马克思恩格斯文集》第十卷，人民出版社2009年版，第622、623页。

《美学》的熟悉和重视。

1859年，恩格斯在为马克思的《政治经济学批判》第一分册写的一篇书评中说过，黑格尔的思维方式与别的哲学家不同之处，就在于其辩证法以巨大的历史感为基础。黑格尔的《美学》与他的那些主要哲学著作一样，书中"到处贯穿着这种宏伟的历史观，到处是历史地、在同历史的一定的（虽然是抽象地歪曲了的）联系中来处理材料的"[①]。因此，很难设想，对于贯彻于美学研究中的辩证法的具体形式——黑格尔本人在《美学》中详尽阐明、处处运用而且威力巨大的美学方法论，马克思和恩格斯会视若无睹。

先看恩格斯对"观点"的表述形式。他第一次说的是"美学和历史的观点"[②]，这显然是对黑格尔的"历史和美学的观点"的直接承用。恩格斯第二次提到此"观点"时，表述为"美学观点和史学观点"[③]。如果我们了解黑格尔美学方法与他偶尔所提的历史和美学的观点的一致性，也就不难看出恩格斯这一提法与黑格尔的经验观点和理念观点的统一是有着明显的相似性的。这也可以看作是恩格斯直接对"观点"的理论渊源所作的一点提示。而且，恩格斯两度都将美学观点置于史学观点之前，就清楚地显示了他对黑格尔的继承不是简单照搬，而是结合研究对象即艺术的特质的一种创新性继承。

当然，某些美学观点的承继关系或许更能说明问题。如我们熟知的马克思、恩格斯的典型理论，就与黑格尔的人物性格理论关系密切；恩格斯关于典型"是一个'这个'"[④]的论点，就包含着对黑格尔观点的直接引述。还有马克思关于"莎士比亚化"和"席勒式"的观点，恩格斯关于刻画人物性格"不仅应表现他做什么，而且应表现他怎样做"[⑤]的看法，马克思把济金根看

① 恩格斯：《卡尔·马克思〈政治经济学批判。第一分册〉》，《马克思恩格斯文集》第二卷，人民出版社2009年版，第602页。

② 恩格斯：《诗歌和散文中的德国社会主义》，《马克思恩格斯全集》第四卷，人民出版社1958年版，第257页。

③ 恩格斯：《致斐迪南·拉萨尔》，《马克思恩格斯文集》第十卷，人民出版社2009年版，第177页。

④ 恩格斯：《致明娜·考茨基》，《马克思恩格斯文集》第十卷，人民出版社2009年版，第544页。

⑤ 恩格斯：《致斐迪南·拉萨尔》，《马克思恩格斯文集》第十卷，人民出版社2009年版，第175页。

作是一个“被历史认可了的唐·吉诃德”[①] 的评价，马克思、恩格斯的悲剧理论等，都可以从黑格尔的《美学》中找到思想来源。

二、美学观点和史学观点的内涵

恩格斯的美学观点和史学观点对黑格尔的理论继承不是机械地照搬，而是积极地扬弃。在方法论意义上，美学观点和史学观点与黑格尔的历史和美学的观点（或经验观点和理念观点的统一）的主要区别，不在于表述形式和具体方法、研究手段，而在于方法论的核心即哲学原则和哲学基础的不同。黑格尔把历史看作是先于世界存在的绝对理念本身的具体化过程，认为美和艺术的本源在于绝对理念的运动，因而，客观唯心主义成了他的方法论的哲学原则。马克思、恩格斯清除了黑格尔观点中的唯心主义，把美学观点和史学观点安放在辩证唯物主义和历史唯物主义的基础上，使之成为科学的、有生命力的新的批评方法论。

作为马克思主义文艺批评方式，美学观点和史学观点的主要特质在于其方法论，亦即辩证唯物主义和历史唯物主义原理在文艺批评中的运用。当我们确定了美学观点和史学观点的理论性质后，就可以进一步厘清它与批评标准的关系。

在已有的一些认识中，美学观点和史学观点多被视为文艺批评最高的标准。这种观点的主要依据是恩格斯1859 年致斐迪南·拉萨尔信中的原话：

> 您看，我是从美学观点和史学观点，以非常高的亦即最高的标准来衡量您的作品的。[②]

其实，据此把美学观点和史学观点视为文艺批评最高的标准是不准确的。其一，恩格斯在之前的另一场合说过：“我们决不是从道德的、党派的观点来责备歌德，而只是从美学和历史的观点来责备他；我们并不是用道德的、政治的、或‘人的’尺度来衡量他。”[③] 显然，在这个复句中，前句“从道德的、

---

① 马克思：《致斐迪南·拉萨尔》，《马克思恩格斯文集》第十卷，人民出版社 2009 年版，第 170 页。

② 恩格斯：《致斐迪南·拉萨尔》，《马克思恩格斯文集》第十卷，人民出版社 2009 年版，第 177 页。

③ 恩格斯：《诗歌和散文中的德国社会主义》，《马克思恩格斯全集》第四卷，人民出版社 1958 年版，第 257 页。

党派的观点”与后句“用道德的、政治的、或‘人的’尺度”，显然有内在联系，但也有区别：“从道德的、党派的观点”也就是仅从“历史的观点”进行批评的片面方式，与恩格斯从美学观点和史学观点的批评方式形成对比；而“用道德的、政治的、或‘人的’尺度”中的“尺度”可以等同于“标准”，与前句的“观点”有联系，但更主要的是体现两者的区别。

其二，如果说美学观点和史学观点就是马克思主义文艺批评的最高标准的话，那么，马克思和恩格斯所进行的批评实践，是不是全都以最高的标准来衡量的呢？显然不是。从逻辑上来说，标准有“最高”，那就意味着还有“最低”，以及介于二者之间的多种级次。事实上，标准会随着时空、主体和对象的不同而发生变化，即使对同一标准也有高低宽严的差异运用。马克思和恩格斯对不同作家不同作品的批评标准，就是有高低差异的。因为拉萨尔是德国工人运动的领袖之一，所以，恩格斯“为了党本身的利益”，才“以非常高的亦即最高的标准”① 来对拉萨尔的《济金根》进行尽可能坦率的批评。马克思和恩格斯要求拉萨尔的创作，最好能用济金根领导的骑士暴动失败的悲剧来表现 1848—1849 年德国革命失败的悲剧性冲突，总结革命失败的教训，为未来的无产阶级革命寻找正确的路径。希望他能以“较大的思想深度和自觉的历史内容，同莎士比亚剧作的情节的生动性和丰富性的完美融合”② 的高标准来努力创作，能“在更高得多的程度上用最朴素的形式恰恰把最现代的思想表现出来”③。而对于德国社会民主主义女作家明娜·考茨基的小说创作，恩格斯的批评相对就客气得多。

可见，美学观点和史学观点中的“观点”，在这里并非指业已形成的对事物或问题的具体看法和具体的批评标准，明显是指人们观察事物时所处的立场或出发点。在文艺批评的场合，就是要求批评者从审美和历史的立场、角度或出发点来进行批评。

拓展资源

“观点”与“标准”

① 恩格斯：《致斐迪南·拉萨尔》，《马克思恩格斯文集》第十卷，人民出版社 2009 年版，第 177 页。

② 恩格斯：《致斐迪南·拉萨尔》，《马克思恩格斯文集》第十卷，人民出版社 2009 年版，第 174 页。

③ 马克思：《致斐迪南·拉萨尔》，《马克思恩格斯文集》第十卷，人民出版社 2009 年版，第 171 页。

为何要从美学观点和史学观点进行文艺批评？首先是因为美学观点和史学观点反映着马克思主义对文艺本质的深刻洞悉。在马克思、恩格斯看来，文艺的本质就是审美本质和社会历史本质的辩证统一，表现在作品中就是审美形式和社会历史内容的不可分离。因此，这决定了马克思主义文艺批评方法论的最高哲学原则以及批评的立场、角度或出发点。其次，美学观点和史学观点是对黑格尔艺术哲学方法论的批判继承和发展，其内涵包含着文艺批评必须坚持逻辑和历史相统一的思维方式。

作为文艺批评的立场、角度或出发点，美学观点和史学观点中的美学观点，主要针对文艺的审美要素，考察文艺的审美价值；史学观点主要针对文艺的社会历史要素，衡量其社会历史内容的真、善价值。美学观点主要对应于作品的形式，衡量其艺术性；史学观点主要对应于作品的内容及其与历史和现实的关系，重点在其思想性。仅有其一的批评，那是片面的批评；两者统一的批评，才是互相融合的批评。马克思和恩格斯批评剧本《济金根》，都不约而同地从作品的形式亦即从美学观点切入，而针对艺术形式的美学观点的批评又不是单一的片面的美学批评，而是紧扣内容的融入史学观点的美学批评。同样，即使明确地指向思想内容的史学观点的批评，也是紧密结合美学观点的批评，而不是离开文艺范畴的社会学的、历史的或狭隘的道德的、政治的观点的片面判断。别林斯基曾经深刻地指出："当一部作品经受不住美学的评论时，它就已经不值得加以历史的批评了。"① 概言之，美学观点和史学观点的文艺批评，就是始终贯穿着史学观点的美学批评。恩格斯评论阿恩特的《忆往事》，先是"暂且撇开阿恩特这本书的思想倾向不谈"，从美学上来看，认为"这本书当然也是最有趣的出版物之一。在我们的文学中，已经很久没有见到这样简练的、富有表现力的语言了。这种语言理应给我们年轻一代中的许多人留下难以忘怀的印象。宁可简洁有力，不要软弱无味"。他在赞扬其语言上体现出来的艺术性之后，又说"现在，让我们仔细看看这本书的内容"，进而展开思想性的探讨。② 赞扬语言简练、富有表现力，当然是美学观点的批评，但其中联系着历史和当下，强调语言"严密坚实"的这种艺术性的当代价值，体现出恩格斯的批评在美学

① ［俄］别林斯基：《关于批评的讲话》，《别林斯基选集》第三卷，满涛译，上海译文出版社1980年版，第595页。

② 恩格斯：《恩斯特·莫里茨·阿恩特》，《马克思恩格斯全集》第二卷，人民出版社2005年版，第266页。

观点中渗透着鲜明的史学观点。美学观点和史学观点的批评，意味着二者是一个整体，不可割裂或对立，而是互相包含、互有渗透、辩证统一的，二者都要贯穿唯物辩证法这一方法论的最高原则。正如别林斯基所说：“不涉及美学的历史的批评，以及反之，不涉及历史的美学的批评，都将是片面的，因而也是错误的。”①

艺术作品的形式与内容是一个整体，没有无内容的形式，反之，也没有无形式的内容。因此，主张美学观点和史学观点的马克思主义文艺批评，必然要求针对形式的美学观点的批评包含着史学观点，针对思想内容的史学观点的批评也渗透着美学观点。拉萨尔创作的剧本《济金根》的主要不足，马克思认为有三个方面：一是韵律处理得不好，二是戏剧冲突的安排错位，三是人物的个性描写缺乏特色。这些不足都属于艺术形式范畴，马克思的批评可以说都是美学观点的批评，但又是包含着史学观点的批评，尤其是关于戏剧冲突和人物个性描写，马克思都是紧密联系着一定历史时期革命的性质、任务和动力，联系着现实中人物的个性特征的规律来进行分析和评判的。拉萨尔把济金根的失败归之于济金根个性的狡诈，马克思联系济金根发动叛乱的时代——16 世纪初德国的社会历史状况——来分析拉萨尔戏剧冲突设计的谬误，指出拉萨尔既没有把握济金根必然覆灭的真正根源，又没有注意那个时代农民和城市革命分子，不能把他们作为“十分重要的积极的背景”来结构戏剧冲突，因而犯了“席勒式地把个人变成时代精神的单纯的传声筒”的错误。② 同样，恩格斯在艺术形式方面也指出了《济金根》的韵律处理得“比较随意”，人物性格的描绘个性化不够鲜明，他说：

> 古代人的性格描绘在今天已经不够用了，而在这里，我认为您原可以毫无害处地多注意一下莎士比亚在戏剧发展史上的意义。③

性格描绘的艺术手法不是一成不变的，它也要伴随着时代和社会的发展而

---

① ［俄］别林斯基：《关于批评的讲话》，《别林斯基选集》第三卷，满涛译，上海译文出版社 1980 年版，第 595 页。

② 马克思：《致斐迪南·拉萨尔》，《马克思恩格斯文集》第十卷，人民出版社 2009 年版，第 171 页。

③ 恩格斯：《致斐迪南·拉萨尔》，《马克思恩格斯文集》第十卷，人民出版社 2009 年版，第 175 页。

发展，莎士比亚结合自己时代和社会的现实，发展并丰富了性格描绘的艺术手法，拉萨尔却没有这样的艺术悟性和才华。显而易见，恩格斯在美学观点的批评中炉火纯青地贯穿了史学观点。而恩格斯明确地针对“历史内容”的史学观点的批评，同样结合着美学观点，他把《济金根》剧本中描写的内容与其发生的历史时代相联系，指出拉萨尔对非官方的平民分子和农民分子，以及他们的随之而来的理论上的代表人物没有给予应有的注意，把农民运动放到次要地位，没有在剧中介绍那个时代五光十色的平民社会，不能提供一幅生动丰富的背景，所以对贵族的国民运动作了不正确的描写，忽视了在济金根命运中的真正悲剧的因素，以致把悲剧冲突缩小到相当有限的范围之内。“为了观念的东西而忘掉现实主义的东西，为了席勒而忘掉莎士比亚。”① 这就是拉萨尔创作的最大问题：错误的史学观直接制约着他的艺术观和艺术创作。对拉萨尔《济金根》的批评，恩格斯和马克思的观点惊人一致。

第二节　美学观点和史学观点的发展

马克思、恩格斯从美学观点和史学观点进行的文艺批评实践，是马克思主义文艺批评的开端与典范，此后真正的马克思主义文论家在理论和实践方面都出色地继承和发展了美学观点和史学观点相统一的文艺批评方式。

一、唯物辩证的文艺批评

拓展资源

批评方式与批评标准

唯物的辩证思维方法是马克思主义在思维方式上的具体化。用马克思的话来说，这种思维方法的要义是“在对现存事物的肯定的理解中同时包含对现存事物的否定的理解，即对现存事物的必然灭亡的理解”；它“对每一种既成的形式都是从不断的运动中，因而也是从它的暂时性方面去理解”；它“不崇拜任何东西，按其本质来说，它是

① 恩格斯：《致斐迪南·拉萨尔》，《马克思恩格斯文集》第十卷，人民出版社 2009 年版，第 176 页。

批判的和革命的”。[①] 马克思主义文艺批评的革命性、科学性和超越性就在于它是一种运用了唯物辩证法这一最高的思维形式的文艺批评，它强调从整体、联系、动态、发展的维度把握批评对象，作出准确的价值判断，因之可以称之为辩证的文艺批评。

马克思、恩格斯的文艺批评实践就是彻底贯彻唯物辩证法的典范。前述他们对拉萨尔《济金根》的批评，即从美学的、史学的综合视野，在艺术与现实、历史与当代、人物与环境、作家与社会、内容与形式等方面，进行整体的、联系的、动态的、发展的辩证分析，作出了准确的价值判断，并不约而同地把现实主义文艺创作的高标准定在“莎士比亚化”上；而在对玛格丽特·哈克奈斯、明娜·考茨基等作家创作的批评中，恩格斯则提出了关于真实性、倾向性、典型性等现实主义文艺创作批评的基本准则。

马克思在1882年春季所写的一封信中，以最强烈的措辞，批评瓦格纳的《尼贝龙根》歌词中比比皆是的对原始时代的完全曲解。歌词中说：“谁曾听说哥哥抱着妹妹做新娘？”瓦格纳的这些“色情之神”，完全以现代方式，用一些血亲婚配的情节使自己的风流勾当更加耸人听闻。马克思对此回答道：“在原始时代，姊妹曾经是妻子，而这是合乎道德的。”[②] 马克思坚持了历史主义和唯物辩证的批评立场。

在对歌德的批评上，德国的小资产阶级政论家、“真正的社会主义”的代表人物卡尔·格律恩从道德的、党派的立场出发，用道德的、政治的或抽象的“人的”标准衡量歌德及其创作，即从脱离现实的、非史学的观点，主观曲解地把歌德虚构为超越民族的“人的诗人”，认为歌德的作品就是“人类社会的理想”“人类的法典”，歌德具有“完美的人性”，其实是要把歌德变成“费尔巴哈的弟子”和所谓的“真正的社会主义者”，而对歌德真正伟大、天才的一面丝毫未触及，却不遗余力地去“搜罗一切庸俗的、一切小市民的、一切琐屑的东西，把所有这些收集在一起，用真正文学家的笔法加以夸张”，兴高采烈地利用被他歪曲了的歌德的权威来支持自己的狭隘性。[③]

---

① 马克思：《〈资本论〉第二版跋》，《马克思恩格斯文集》第五卷，人民出版社2009年版，第22页。

② 恩格斯：《家庭、私有制和国家的起源》，《马克思恩格斯选集》第四卷，人民出版社2012年版，第45页。恩格斯在1884年版上加的一个注。

③ 恩格斯：《诗歌和散文中的德国社会主义》，《马克思恩格斯全集》第四卷，人民出版社1958年版，第275页。

与卡尔·格律恩形成鲜明对照，恩格斯则说，他虽然在文章中不能详谈，不可能结合着歌德的整个时代、他的文学前辈和同代人来描写他，也不能从他的发展上和结合着他的社会地位来描写他，只能从仅限于纯粹叙述事实的角度，指出歌德创作中体现出的对德国社会的态度带有二重性——有时敌视、讨厌、企图逃避它；有时又亲近它，迁就它，甚至保护它，这不过是歌德各种情绪的表现而已。因为歌德既是天才诗人又是法兰克福市议员的谨慎的儿子和魏玛的枢密顾问，身份的复杂性导致内心常常发生冲突和斗争：作为天才诗人，他厌恶周围环境的鄙俗气；而作为议员的儿子和魏玛的官员，却不得不对这种鄙俗气妥协、迁就。因此，歌德既伟大，又渺小；是天才，也是庸人。

在这里，恩格斯虽然是仅限于纯粹叙述事实的批评，但也明显地贯彻了深刻的辩证法精神，说明恩格斯事前已对歌德的创作作了相当深入的美学观点和史学观点的研究，对批评对象已全面掌握，因此才能如此高度地概括歌德及其创作的矛盾性和复杂性。

列宁创造性地继承和发展了马克思和恩格斯辩证的文艺批评艺术，他的一些有名的作家评论，集中体现了他的文艺观和方法论，显示了辩证的文艺批评的主要特征和思想力量。列宁总是从时代矛盾斗争的历史内容出发，运用历史科学方法对作家及其创作的倾向和价值进行综合辩证的分析和评价，既重视作家在创作中反映和回应当时社会最重要和关键问题的才能，肯定其优点，赞扬其积极价值和贡献，也正视他们创作中存在的矛盾，指出其历史的局限性和弱点。其中，列宁论托尔斯泰的一组文章，被认为是辩证的文艺批评的杰出成就，是运用马克思主义阐述艺术同现实关系的典范。

1908 年托尔斯泰 80 寿辰，俄国的合法报刊都登满了祝寿的文章、书信和简讯。“所有这些报刊都充满了伪善，简直令人作呕。有官方的和自由派的两种伪善。前一种是卖身投靠的无耻文人露骨的伪善，他们昨天还奉命攻击列·托尔斯泰，今天却奉命在托尔斯泰身上寻找爱国主义，力求在欧洲面前遵守礼节。……自由派的伪善则巧妙得多，因而也有害得多、危险得多。”① 他们不会从俄国革命的性质、革命的动力这个角度去分析托尔斯泰的作品，却极力用装腔作势的言论和冠冕堂皇的空谈来回避人们关心的重要问题，例如造成托

① 列宁：《列夫·托尔斯泰是俄国革命的镜子》，《列宁选集》第二卷，人民出版社 2012 年版，第 241 页。

尔斯泰主义的显著矛盾的原因何在？这些矛盾表现了俄国革命中的哪些缺陷和弱点？两年后，托尔斯泰去世，俄国报刊又纷纷发表评价文章，官方的评价依然伪善，“它们流着鳄鱼的眼泪，硬说自己尊崇这位‘伟大的作家’，同时又维护‘最神圣的’正教院”①。自由派则继续空话连篇，支吾搪塞。他们强调托尔斯泰是“伟大的良心”②，列宁一针见血地指出，这不过是自由派用重复过千百遍的废话，来回避托尔斯泰所提出的那些民主主义和社会主义的具体问题，强调那种表现托尔斯泰的偏见而不表现他的理智的东西，强调他的属于过去而不属于未来的东西，强调他对政治的否定和关于道德上的自我修身的说教而忽略他对一切阶级统治的激烈抗议。总之，官方报刊的宣传致力于抹掉托尔斯泰创作和观点中深刻的革命内容，自由派则通过拔高和美化的伎俩企图抹杀托尔斯泰“学说”与革命的社会主义的根本区别。

早在托尔斯泰 80 寿辰之际，列宁就发表了评价托尔斯泰的论文，与官方和自由派的观点针锋相对，并提出“列夫·托尔斯泰是俄国革命的镜子”的著名论断。托尔斯泰逝世后，列宁又连续发表了多篇文章，对托尔斯泰进行了更深入的评价。列宁把托尔斯泰的创作及学说同俄国现实生活紧密联系，从俄国革命的性质、革命的动力这个角度去对照和分析，准确地揭示出托尔斯泰的作品、观点、学说及学派中显著的矛盾性。

> 一方面，是一个天才的艺术家，不仅创作了无与伦比的俄国生活的图画，而且创作了世界文学中第一流的作品；另一方面，是一个发狂地信仰基督的地主。一方面，他对社会上的撒谎和虚伪提出了非常有力的、直率的、真诚的抗议；另一方面，是一个“托尔斯泰主义者”，即一个颓唐的、歇斯底里的可怜虫，所谓俄国的知识分子，……一方面，无情地批判了资本主义的剥削，揭露了政府的暴虐以及法庭和国家管理机关的滑稽剧，暴露了财富的增加和文明的成就同工人群众的穷困、野蛮和痛苦的加剧之间极其深刻的矛盾；另一方面，疯狂地鼓吹“不”用暴力“抵抗邪恶”。一方面，是最清醒的现实主义，撕下了一切假面具；另一方面，鼓吹世界上最卑鄙龌龊的东西之一，即宗教，力求让有道德信念的神父代替有官职的

---

① 列宁：《列·尼·托尔斯泰》，《列宁全集》第二十卷，人民出版社 1989 年版，第 24 页。
② 列宁：《列·尼·托尔斯泰》，《列宁全集》第二十卷，人民出版社 1989 年版，第 25 页。

神父，这就是说，培养一种最精巧的因而是特别恶劣的僧侣主义。①

托尔斯泰的矛盾性源于他与本阶级的意识形态作了决裂，转到宗法制农民阶级的立场上，成为俄国千百万农民在俄国革命前夕的思想和情绪的表现者。他的作品反映了俄国19世纪最后30多年间的整个时代，从总体上表现了俄国革命是农民资产阶级革命的特点，“反映了直到最底层都在掀起汹涌波涛的伟大的人民海洋，既反映了它的一切弱点，也反映了它的一切长处”②。

列宁立足于美学观点和史学观点的基础，根据当前历史斗争所提出的任务，把优秀作家作品与俄国社会的现实情况紧密联系起来进行分析，最早发现托尔斯泰与俄国人民革命运动的关联，发掘出其创作中蕴藏的深刻的革命内容和巨大的精神力量，同时也指出托尔斯泰主义与历史变革之间存在的鸿沟。托尔斯泰的创作和学说是一份宝贵的遗产，列宁要求俄国无产阶级在接受和研究这份遗产的时候，要向被剥削的劳动群众阐明托尔斯泰对国家、教会、土地私有制和资本主义的批判的意义，也要经常系统地说明托尔斯泰主义的弱点及其反动性，以便让人民振奋并团结起来彻底消灭沙皇君主制和地主土地占有制，推翻资本主义，“创造一个人民不再贫困、人不再剥削人的新社会”③。

列宁的文艺批评是运用辩证法的典范，一切都是从整体、联系、运动以及矛盾的发展中去分析和把握的。他不仅对托尔斯泰、赫尔岑等优秀作家是这样，甚至对站在反对十月革命和苏维埃政权立场上的作家的作品，也能公正地进行深刻的分析和鲜明的褒贬。例如，1921年愤恨欲狂的白卫分子阿尔卡季·阿韦尔琴科在巴黎出版小说集《插到革命背上的十二把刀子》，列宁立即写了一篇评论发表在当年的《真理报》上。列宁以艺术真实性的标准分析这部作品，阐明艺术与生活的关系。他认为作者对十月革命和苏维埃政权的刻骨仇恨“使这本极有才气的书有些地方写得非常好，有些地方写得非常糟”。“当作者写的是他所不熟悉的题材时，就没有艺术性。例如描写列宁和托洛茨基家庭生活的那个短篇就是这样。”这是因为作者并不了解列宁和托洛茨基及其家庭生活，所以无论作者愤恨的感情

① 列宁：《列夫·托尔斯泰是俄国革命的镜子》，《列宁选集》第二卷，人民出版社2012年版，第242页。

② 列宁：《托尔斯泰和无产阶级斗争》，《列宁全集》第二十卷，人民出版社1989年版，第71页。

③ 列宁：《列·尼·托尔斯泰》，《列宁全集》第二十卷，人民出版社1989年版，第26页。

有多强烈、多真挚，他就是“写得不像”。但是，这本书的大部分作品是作者“非常熟悉、亲身体验过、反复思考过和感受很深的题材。他以惊人的才华刻划了地主和工厂主那个生活富裕、饱食终日的旧俄罗斯的代表人物的印象和情绪。……烈火般的仇恨有时候——甚至往往——使阿韦尔琴科的小说精彩到惊人的程度。……情况之熟悉和感情之真挚是无与伦比的”。因此，列宁称之为“一本有才气的书”，并建议“有几篇小说值得转载。应该鼓励有才气的人”。①

在列宁的文艺批评中，美学观点和史学观点发展为从俄国革命的性质、革命的动力这个观点出发来对俄国当时的文学作品进行评价，以党性、人民性、真实性、艺术性的统一作为文艺价值评估的基本标准。

二、政治标准与艺术标准的统一

马克思主义文艺批评标准的设定，遵从美学观点和史学观点视界范围和方法论原则，强调批评标准必然要随着时间、空间和现实社会斗争的实际需要而在美学和史学的范畴内发生某些变化。马克思和恩格斯生活的时代是无产阶级斗争的时代，其斗争的焦点在于揭露资本的秘密和资产阶级与无产阶级的阶级矛盾，唤醒无产阶级的革命意识，投身无产阶级的革命事业。其倡导的现实主义真实性、典型性、倾向性相统一的批评，也是同当时的时代要求相一致的。

列宁生活的时代已经是俄国的无产阶级革命斗争走向成功并进入社会主义革命的时期，因而列宁为继承马克思主义的美学观点和史学观点而对文艺批评提出了与自己的时代和现实斗争相适应的一系列评价标准，尤其是其中的党性、人民性、艺术性相统一的标准，为俄苏文艺批评和文艺事业的发展奠定了正确方向。

20世纪以来，马克思主义美学观点和史学观点文艺批评方式在中国的接受与发展，可以说主要围绕着文艺批评标准的设定和变化。通过从左翼文艺理论，鲁迅、瞿秋白等在文艺批评中对文艺与现实、文艺与阶级和阶级斗争、文艺与人民的关系的论述，再到毛泽东、邓小平、江泽民、胡锦涛、习近平等中国共产党领导人不同时期文艺批评标准的设定和变化，可以清晰地看到马克思主义美学观点和史学观点文艺批评方式在中国继承与发展的历史轨迹，其中尤以毛泽东和习近平的论述和主张最有代表性。

1942年，在中国的抗日战争处于最艰难的战略相持阶段时，中国共产党在

---

① 列宁：《一本有才气的书》，《列宁全集》第四十二卷，人民出版社1987年版，第274、275页。

延安开展了整风运动。由于抗战期间从敌占区、国统区城市来到延安的文化人较多，思想比较复杂混乱，文艺界在马克思主义与文艺创作、文艺与生活、文艺与人民大众的关系等问题上，存在一些不良倾向。党中央和毛泽东同志为了解决这些问题，决定在延安召开文艺座谈会。毛泽东发表的《在延安文艺座谈会上的讲话》，深入分析了当时延安文艺界出现的问题，阐述了马克思主义的文艺思想，批评了种种不良倾向，澄清了文艺界思想上的模糊和混乱，指明了文艺发展的方向，规定了党对于中国文艺运动领导的基本方针，是党的文艺工作的根本性的指导文件，成为马克思主义文艺理论中国化的重要标志。

《在延安文艺座谈会上的讲话》中，毛泽东列专节提出和阐述了文艺批评的标准问题。他指出："文艺批评有两个标准，一个是政治标准，一个是艺术标准。"① 在阶级社会中，不同的阶级有不同的政治标准和不同的艺术标准。对于这两个标准，阶级社会中的任何阶级都"总是以政治标准放在第一位，以艺术标准放在第二位的"②。资产阶级总是排斥无产阶级的文学艺术作品，不管其艺术成就有多高；同样，无产阶级对于过去时代的文学艺术作品，"也必须首先检查它们对待人民的态度如何，在历史上有无进步意义，而分别采取不同态度"③。马克思主义文艺批评如何对待这两个标准？毛泽东做了非常明确的"三统一"表述："我们的要求则是政治和艺术的统一，内容和形式的统一，革命的政治内容和尽可能完美的艺术形式的统一。缺乏艺术性的艺术品，无论政治上怎样进步，也是没有力量的。因此，我们既反对政治观点错误的艺术品，也反对只有正确的政治观点而没有艺术力量的所谓'标语口号式'的倾向。"④ "政治并不等于艺术，一般的宇宙观也并不等于艺术创作和艺术批评的方法。我们不但否认抽象的绝对不变的政治标准，也否认抽象的绝对不变的艺术标准。"⑤ 很明显，这两个标准"第一"与"第二"的排序，既是对历史事实的

① 毛泽东：《在延安文艺座谈会上的讲话》，《毛泽东选集》第三卷，人民出版社 1991 年版，第 868 页。

② 毛泽东：《在延安文艺座谈会上的讲话》，《毛泽东选集》第三卷，人民出版社 1991 年版，第 869 页。

③ 毛泽东：《在延安文艺座谈会上的讲话》，《毛泽东选集》第三卷，人民出版社 1991 年版，第 869 页。

④ 毛泽东：《在延安文艺座谈会上的讲话》，《毛泽东选集》第三卷，人民出版社 1991 年版，第 869—870 页。

⑤ 毛泽东：《在延安文艺座谈会上的讲话》，《毛泽东选集》第三卷，人民出版社 1991 年版，第 869 页。

真实描述，指出其在批评史中有主次之别的对待，又是一种整体认识的方式。正如毛泽东阐述的革命文艺与革命事业的辩证统一的关系："革命文艺是整个革命事业的一部分，是齿轮和螺丝钉，和别的更重要的部分比较起来，自然有轻重缓急第一第二之分，但它是对于整个机器不可缺少的齿轮和螺丝钉，对于整个革命事业不可缺少的一部分。如果连最广义最普通的文学艺术也没有，那革命运动就不能进行，就不能胜利。"① 所以，毛泽东真正的批评主张是政治标准和艺术标准的辩证统一，两者比较起来自然有轻重缓急第一第二之分，但不可割裂，缺一不可。

毛泽东《在延安文艺座谈会上的讲话》阐明的文艺思想及其提出的文艺批评标准，为中国革命时期和社会主义时期的文艺批评与文艺繁荣发展奠定了正确的理论方向。然而，在具体的文艺实践中，也出现了程度不同的曲解和误读。比如，把政治标准第一、艺术标准第二，甚或把政治标准视为毛泽东的唯一核心主张，而无视毛泽东关于"三统一"的明确表述；或将政治标准涉及的文艺与政治的关系，歪曲为要求文艺不为人民而仅仅为政党权力服务，割裂党性和人民性；或把"政治"理解为党和政府在日常管理事务中提出的临时的直接的任务、个别的具体政策，将文艺视为政治的宣传工具。

关于政治标准的"政治"内涵，毛泽东《在延安文艺座谈会上的讲话》其实已经讲得很清楚。他说："这政治是指阶级的政治、群众的政治，不是所谓少数政治家的政治。""今天中国政治的第一个根本问题是抗日。"因而，文艺批评的政治标准就是："一切利于抗日和团结的，鼓励群众同心同德的，反对倒退、促成进步的东西，便都是好的；而一切不利于抗日和团结的，鼓动群众离心离德的，反对进步、拉着人们倒退的东西，便都是坏的。"而且，我们的文艺批评也不是宗派主义的，"在团结抗日的大原则下，我们应该容许包含各种各色政治态度的文艺作品的存在"。② 在抗日的大原则下，根据政治标准，要严格地批判和驳斥一切包含反民族、反科学、反大众和反共的观点的文艺作品，因为这些所谓文艺的动机和效果都是破坏团结抗日的。按照艺术标准并参照社会效果，肯定一切艺术性较高的作品是好的或较好的，艺术性较低的则是

---

① 毛泽东：《在延安文艺座谈会上的讲话》，《毛泽东选集》第三卷，人民出版社 1991 年版，第 866 页。

② 毛泽东：《在延安文艺座谈会上的讲话》，《毛泽东选集》第三卷，人民出版社 1991 年版，第 866—868 页。

坏的或较坏的。

毛泽东《在延安文艺座谈会上的讲话》通篇要阐明的核心内容是文艺“为什么人”与“如何为”的问题。在抗战时期的中国，史学观点的具体内涵不能不主要是抗日的观点。抗日的问题也就是当时“为人民群众”的问题。政治标准和艺术标准的统一，作为特定历史阶段的批评标准，充分体现了马克思主义“美学观点和史学观点”的主要精神，与马克思、恩格斯、列宁关于文艺服务于无产阶级革命、社会主义事业和千千万万劳动人民的思想是一脉相承的。

坚持唯物辩证法的原则是马克思主义美学观点和史学观点文艺批评方法的灵魂。毛泽东主张的政治标准和艺术标准相统一的批评，鲜明地体现了这一辩证法的精髓。毛泽东在讲话中对具体的文艺现象的批评，都是从美学观点和史学观点相统一角度上进行分析和判断的。例如，对于文艺与社会生活的关系问题，毛泽东认为，人类的社会生活是文学艺术的唯一源泉，但他同时强调“文艺作品中反映出来的生活却可以而且应该比普通的实际生活更高，更强烈，更有集中性，更典型，更理想，因此就更带普遍性。革命的文艺，应当根据实际生活创造出各种各样的人物来，帮助群众推动历史的前进”①。这也是从美学观点和史学观点相统一的立场上对革命文艺提出的“政治和艺术的统一，内容和形式的统一，革命的政治内容和尽可能完美的艺术形式的统一”② 的批评标准。又如，什么是文艺的大众化？毛泽东指出，由于革命文艺的主要描写对象和接受对象都是工农兵大众，那么文艺的大众化“就是我们的文艺工作者的思想感情和工农兵大众的思想感情打成一片。而要打成一片，就应当认真学习群众的语言。如果连群众的语言都有许多不懂，还讲什么文艺创造呢?”③ 还有，毛泽东在讲话中重点澄清的普及和提高、歌颂与暴露、是否还需要“鲁迅笔法”等问题，也都可以说是美学观点和史学观点相统一的批评。

进入改革开放新时期，党对文艺与政治关系的提法有了新的调整，如把“文艺为政治服务”的提法改为“文艺为人民服务，为社会主义服务”。这是对毛泽东《在延安文艺座谈会上的讲话》中阐明的“我们的文学艺术都是为人民

---

① 毛泽东：《在延安文艺座谈会上的讲话》，《毛泽东选集》第三卷，人民出版社 1991 年版，第 861 页。

② 毛泽东：《在延安文艺座谈会上的讲话》，《毛泽东选集》第三卷，人民出版社 1991 年版，第 869—870 页。

③ 毛泽东：《在延安文艺座谈会上的讲话》，《毛泽东选集》第三卷，人民出版社 1991 年版，第 851 页。

大众的，首先是为工农兵的，为工农兵而创作，为工农兵所利用的”① 观点在新的历史条件下的发展。正如邓小平所指出的，所谓“文艺从属于政治”并不是要求文艺“从属于临时的、具体的、直接的政治任务”②；我们不继续提“文艺从属于政治”的口号，当然也并不意味着文艺与政治无关，“文艺是不可能脱离政治的。任何进步的、革命的文艺工作者都不能不考虑作品的社会影响，不能不考虑人民的利益、国家的利益、党的利益”③。包括文艺批评在内的文艺工作“要继续坚持毛泽东同志提出的文艺为最广大的人民群众、首先为工农兵服务的方向”④。江泽民和胡锦涛在文艺问题上也继续强调文艺为人民的这一方向。习近平则更是直接提出了“社会主义文艺，从本质上讲，就是人民的文艺”⑤ 的观点，在文艺批评问题上，进一步深化了马克思主义的美学观点和史学观点。

2014 年 10 月 15 日，习近平在北京主持召开的文艺工作座谈会上发表的重要讲话中，引述了毛泽东《在延安文艺座谈会上的讲话》中的意见：“为什么人的问题，是一个根本的问题，原则的问题。”引述了邓小平的意见：“我们的文艺属于人民。”“人民是文艺工作者的母亲。”引述了江泽民要求广大文艺工作者“在人民的历史创造中进行艺术的创造，在人民的进步中造就艺术的进步”，以及胡锦涛强调的“只有把人民放在心中最高位置，永远同人民在一起，坚持以人民为中心的创作导向，艺术之树才能常青”等有关文艺与人民的关系的言论，明确地把社会主义文艺的本质概括为“人民的文艺”，彰显了马克思主义文艺观念的血脉相连。正因为社会主义文艺的本质是“人民的文艺”，所以习近平号召要继续“坚持以人民为中心的创作导向”。他说：“只有牢固树立马克思主义文艺观，真正做到了以人民为中心，文艺才能发挥最大正能量。”怎样才是以人民为中心？“就是要把满足人民精神文化需求作为文艺和文艺工作的出发点和落脚点，把人民作为文艺表现的主体，把人民作为文艺审美的鉴

① 毛泽东：《在延安文艺座谈会上的讲话》，《毛泽东选集》第三卷，人民出版社 1991 年版，第 863 页。

② 邓小平：《在中国文学艺术工作者第四次代表大会上的祝词》，《邓小平文选》第二卷，人民出版社 1994 年版，第 213 页。

③ 邓小平：《目前的形势和任务》，《邓小平文选》第二卷，人民出版社 1994 年版，第 256 页。

④ 邓小平：《在中国文学艺术工作者第四次代表大会上的祝词》，《邓小平文选》第二卷，人民出版社 1994 年版，第 210 页。

⑤ 习近平：《在文艺工作座谈会上的讲话》，人民出版社 2015 年版，第 13 页。

赏家和评判者，把为人民服务作为文艺工作者的天职。”①

在谈到文艺批评时，习近平强调“要高度重视和切实加强文艺评论工作。文艺批评是文艺创作的一面镜子、一剂良药，是引导创作、多出精品、提高审美、引领风尚的重要力量”，“要以马克思主义文艺理论为指导，继承创新中国古代文艺批评理论优秀遗产，批判借鉴现代西方文艺理论，打磨好批评这把‘利器’，把好文艺批评的方向盘，运用历史的、人民的、艺术的、美学的观点评判和鉴赏作品，在艺术质量和水平上敢于实事求是，对各种不良文艺作品、现象、思潮敢于表明态度，在大是大非问题上敢于表明立场，倡导说真话、讲道理，营造开展文艺批评的良好氛围”。② 这一主张，不仅是对文艺批评功能和标准的精准定位，而且明显也是对恩格斯“美学观点和史学观点”批评标准和范式的继承与发展，是新时代中国化马克思主义文艺批评观的新表述，是密切结合并针对了中国当代社会现实和文艺现状而作出的理论创新。恩格斯的“美学观点和史学观点”，使马克思主义文艺批评稳实地扎根在唯物史观的基础上。习近平的“历史的、人民的、艺术的、美学的观点”，则使马克思主义文艺批评方法更具有了中国特色社会主义新时代的特征。这是因为，社会主义文艺的本质是人民的文艺，文艺批评必然要将“人民的”观点作为坚持史学观点的中心；而在社会主义市场经济条件下，文艺面临深陷商品化的危机，强调“艺术的”观点则是防止文艺的经济效益和社会效益失衡导致非艺术化弊端的必要措施，同时也是坚持文艺批评美学观点的聚焦之处。

习近平在讲话中提出一个重要观点：“文艺批评要的就是批评，不能都是表扬甚至庸俗吹捧、阿谀奉承，不能套用西方理论来剪裁中国人的审美，更不能用简单的商业标准取代艺术标准，把文艺作品完全等同于普通商品，信奉‘红包厚度等于评论高度’。文艺批评褒贬甄别功能弱化，缺少战斗力、说服力，不利于文艺健康发展。”③ 这是对马克思主义文艺批判精神的光大发扬。

习近平在讲话中运用“历史的、人民的、艺术的、美学的观点”对改革开放以来我国的文艺创作作出了高屋建瓴的评价，具有示范的意义。他认为，新时期中国文艺迎来了新的春天，产生了大量脍炙人口的优秀作品。同时，也不能否认文艺创作存在着有数量缺质量、有“高原”缺“高峰”的现象，存在着抄袭模

① 习近平：《在文艺工作座谈会上的讲话》，人民出版社 2015 年版，第 13—14 页。
② 习近平：《在文艺工作座谈会上的讲话》，人民出版社 2015 年版，第 29、30 页。
③ 习近平：《在文艺工作座谈会上的讲话》，人民出版社 2015 年版，第 29 页。

仿、千篇一律以及机械化生产、快餐式消费等问题。在一些作品中，有的调侃崇高、扭曲经典、颠覆历史，丑化人民群众和英雄人物；有的是非不分、善恶不辨、以丑为美，过度渲染社会阴暗面；有的则搜奇猎艳、一味媚俗、低级趣味，把作品当作追逐利益的“摇钱树”，当作感官刺激的“摇头丸”；有的胡编乱写、粗制滥造、牵强附会，制造了不少文化“垃圾”；有的追求奢华、过度包装、炫富摆阔，形式大于内容；还有的热衷于所谓“为艺术而艺术”，只写一己悲欢、杯水风波，脱离大众、脱离现实。更有人在西方后现代非理性主义思潮的蛊惑下，丧失民族文化主体意识，盲目地“‘以洋为尊’、‘以洋为美’、‘唯洋是从’”，以在国外获奖作为文艺创作的最高追求和价值评判标准，跟在洋人后面亦步亦趋、东施效颦，热衷于“‘去思想化’、‘去价值化’、‘去历史化’、‘去中国化’、‘去主流化’”。①“凡此种种都警示我们，文艺不能在市场经济大潮中迷失方向，不能在为什么人的问题上发生偏差，否则文艺就没有生命力。”②

而当前我国文艺最突出的“浮躁”问题，主要是由市场经济大潮泛滥的情况下部分创作者急功近利的追求和创作态度造成的。习近平一针见血地揭示了其巨大的危害性，认为“这样的态度，不仅会误导创作，而且会使低俗作品大行其道，造成劣币驱逐良币现象。人类文艺发展史表明，急功近利，竭泽而渔，粗制滥造，不仅是对文艺的一种伤害，也是对社会精神生活的一种伤害”。他告诫文艺工作者：“低俗不是通俗，欲望不代表希望，单纯感官娱乐不等于精神快乐。文艺要赢得人民认可，花拳绣腿不行，投机取巧不行，沽名钓誉不行，自我炒作不行，‘大花轿，人抬人’也不行。”③

习近平主张，必须把创作生产优秀作品和精品作为文艺工作的中心环节。什么是优秀作品？什么是精品？习近平在讲话中从“历史的、人民的、艺术的、美学的观点”提出了崭新的批评标准：“传播当代中国价值观念、体现中华文化精神、反映中国人审美追求”，且“不拘于一格、不形于一态、不定于一尊，既要有阳春白雪、也要有下里巴人，既要顶天立地、也要铺天盖地。只要有正能量、有感染力，能够温润心灵、启迪心智，传得开、留得下，为人民群众所喜爱”的作品，就是我们时代的优秀作品。④ 而精品就是“思想精深、

---

① 习近平：《在文艺工作座谈会上的讲话》，人民出版社 2015 年版，第 25 页。
② 习近平：《在文艺工作座谈会上的讲话》，人民出版社 2015 年版，第 9 页。
③ 习近平：《在文艺工作座谈会上的讲话》，人民出版社 2015 年版，第 9—10 页。
④ 习近平：《在文艺工作座谈会上的讲话》，人民出版社 2015 年版，第 7—8 页。

艺术精湛、制作精良”的作品。因为，“‘充实之谓美，充实而有光辉之谓大。’古往今来，文艺巨制无不是厚积薄发的结晶，文艺魅力无不是内在充实的显现。凡是传世之作、千古名篇，必然是笃定恒心、倾注心血的作品”①。

在习近平看来，“对文艺来讲，思想和价值观念是灵魂，一切表现形式都是表达一定思想和价值观念的载体。离开了一定思想和价值观念，再丰富多样的表现形式也是苍白无力的”②。在党的二十大报告中，习近平又把“增强人民精神力量”③ 作为文艺评价的硬指标。这些深邃思考，进一步将马克思主义的美学观点和史学观点高度地统一了起来。

从毛泽东提出的政治标准和艺术标准的统一，到习近平主张运用历史的、人民的、艺术的、美学的观点评判和鉴赏作品的文艺批评观点，成为马克思主义美学观点和史学观点文艺批评方式在中国的承续和不断深化发展的里程碑。习近平新时代中国特色社会主义思想关于文艺的重要论述，是新时代坚持和发展马克思主义文艺批评理论的经验总结，是马克思主义文艺批评理论中国化时代化的最新成果，是中国共产党人对当代中国马克思主义、21 世纪马克思主义文艺批评理论的突出贡献。

思考题：

1. 什么是文艺批评的美学观点和史学观点？
2. 试谈美学观点和史学观点批评的理论渊源。
3. 以对托尔斯泰的评论为例，谈谈列宁唯物辩证的文艺批评观。
4. 怎样正确理解毛泽东提出的文艺批评的政治标准和艺术标准的统一？
5. 为什么说习近平关于历史的、人民的、艺术的、美学的文艺批评观点是对美学观点和史学观点的继承与发展？
6. 依据当前某一具体文艺批评的案例，来说明运用马克思主义文艺批评方法的重要性。

---

① 习近平：《在文艺工作座谈会上的讲话》，人民出版社 2015 年版，第 10 页。

② 习近平：《在中国文联十大、中国作协九大开幕式上的讲话》，人民出版社 2016 年版，第 8 页。

③ 习近平：《高举中国特色社会主义伟大旗帜 为全面建设社会主义现代化国家而团结奋斗——在中国共产党第二十次全国代表大会上的报告》，人民出版社 2022 年版，第 45 页。

第六章　文艺的时代精神和民族精神

文艺具有鲜明的时代性和民族性。文艺的时代性，表现在它以特有的艺术方式，反映时代生活和表现时代精神，能够成为一个时代的精神标志，并引领一个时代的风气。文艺的民族性，则表现在它能够反映民族生活的风貌和民族精神的特质，具有独特的民族形式和民族风格，能够成为民族精神的火炬和人民奋进的号角。文艺表现时代精神和民族精神，既是历来优秀文艺不断承续的历史传统，也是当今时代文艺创新发展的现实要求。

第一节　文艺的时代精神

文艺与时代的关系，是马克思主义文艺理论的一个重要命题，具有丰富的理论内涵和实践意义。马克思早年在谈到哲学与时代的关系时曾说："任何真正的哲学都是自己时代的精神上的精华。"① 这一论断也完全适用于文艺与时代的关系，同样可以说任何真正的文学艺术都是自己时代精神的精华。一个时代的优秀文艺，最能代表一个时代的风貌，最能引领一个时代的风气，因而也能够成为时代前进的号角。

一、文艺反映时代风貌

马克思主义文艺理论的一个基本观点，就是认为文艺在根本上是社会生活的审美反映。从文艺与时代生活的关系来看，可以说文艺是时代的产物。每个时代有每个时代的文艺，每个时代的优秀文艺作品，都以特有的方式反映时代生活，不仅反映一定时代生活的风貌，而且表现特有的时代精神，因而具有鲜明的时代特点。文艺的时代性特征，表现在能够适应时代的发展要求，引领时代的风气，并在时代变革和进步中起到应有的作用。

首先，从文艺的根本特性来看，文艺作为时代生活的反映，必定会打上时代

---

① 马克思：《〈科隆日报〉第 179 号的社论》，《马克思恩格斯全集》第一卷，人民出版社 1995 年版，第 220 页。

的烙印，表现出时代的特点和精神，从而具有独特的意义和价值。马克思在《〈政治经济学批判〉导言》中，论到艺术生产与社会发展的关系时，以希腊艺术和莎士比亚的创作为例，深刻阐明了艺术与时代的关系以及艺术的时代意义。显而易见，那些在世界史上划时代的、典范的艺术，无论是其艺术的素材和内容，还是某些特殊的艺术形式，都是与那个时代的特定社会发展形式结合在一起的，也是与那个时代特定的社会条件相适应的。这些经典的文艺作品作为人类社会某些永不复返的发展阶段的产物，反映了那个时代的特点，从而显示出永久的魅力，乃至在现代的人们看来，"就某方面说还是一种规范和高不可及的范本"①。

其实，并不只是那些古典的艺术作品如此，其他时代的文艺作品也同样如此。马克思在评论拉萨尔的历史悲剧《济金根》时，一方面赞成作者把济金根反对现存制度的悲剧性冲突作为这部现代悲剧的中心点来写，另一方面则又批评他对人物、情节的描写过于简单化，没有真正写出这一悲剧性冲突的根源，并且在艺术上也存在抽象化和概念化倾向。在马克思看来，文艺作品要表现时代精神是毫无疑问的，问题只在于对时代精神要有正确的理解和把握，而且应当通过生动的情节和人物个性描写来表现，而不能把作品和人物变成时代精神的单纯的传声筒。实际上，马克思、恩格斯多次谈到一些优秀作家和作品，也都注意到这些作家作品的时代性特点和独特的意义价值。

其次，从文艺的实践品格与功能来看，马克思、恩格斯还提出了文艺应当"适应自己的时代"的要求。19 世纪 30 年代末，恩格斯曾经以极大的热情谈到德国的民间故事书。一方面，他看到了这类民间故事书的特点和使命，正在于满足农民繁重劳动之余的欣赏要求，使他们消遣解闷，恢复精神，得到欢娱，忘却劳累，并且"使他们有明确的道德感，使他们意识到自己的力量、自己的权利和自己的自由，激发他们的勇气并唤起他们对祖国的热爱"，因而这类民间故事书理应得到高度的赞扬。另一方面，他又指出："正因为如此，我们就有权对这类书寄予更大的希望。"具体而言，"如果我们可以正当地要求民间故事书内容应富有诗意、饶有谐趣和道德的纯洁，要求德国民间故事书具有健康的、正直的德意志精神，即具有一切时代所共有的特点，那么，除此之外，我们还有权要求民间故事书适应自己的时代，否则就不要称其为民间故事书"。② 之所以要寄予这样的

① 马克思：《〈政治经济学批判〉导言》，《马克思恩格斯选集》第二卷，人民出版社 2012 年版，第 711 页。

② 恩格斯：《德国民间故事书》，《马克思恩格斯全集》第二卷，人民出版社 2005 年版，第84 页。

“更大的希望”，正是根源于当时的状况和时代的需要，要求民间故事书发挥更加积极的作用，能够更多帮助那些没有受过多少教育的人，使他们振奋精神，走向反抗贵族压迫和争取自由的斗争。恩格斯在这里虽然是针对德国的民间故事书而言，然而对于其他类型的文艺作品，无疑也是同样适用的。

再次，从文艺发展的历史事实来看，历来进步的文学艺术，不仅能够反映时代生活，而且能够反映时代的发展要求，从而引领时代的风气，促进社会的变革进步，成为时代的标志和旗帜。例如，恩格斯在《〈共产党宣言〉1893 年意大利文版序言》中，就把伟大的意大利诗人但丁看作是一个时代的标志。他说：“封建的中世纪的终结和现代资本主义纪元的开端，是以一位大人物为标志的。这位人物就是意大利人但丁，他是中世纪的最后一位诗人，同时又是新时代的最初一位诗人。”恩格斯之所以如此高度地评价但丁，就是因为但丁用他具有鲜明时代特点的艺术创作，表现了对中世纪的强烈批判和对新时代的响亮呼唤。特别是他的代表作《神曲》，采用中世纪流行的梦幻文学的艺术形式，以主人公幻游三界的精巧艺术构思，以及大量运用象征、隐喻、讽刺等艺术手法，巧妙地反映了意大利的现实生活，尖锐地揭露和讽刺了封建社会、罗马教皇及僧侣阶级，以及新兴资产阶级的种种专横贪婪、欺压人民的罪恶，具有强烈的现实批判性和鲜明的政治倾向性，反映了变革进步的时代要求和新兴的人文主义精神。正因为如此，但丁才成为划时代的伟大诗人，以其强有力的人文主义呼唤，标志着一个新时代的到来。尽管时隔几个世纪，在一场新的社会变革到来之际，恩格斯仍然满怀热情地期待着出现一个“新的但丁来宣告这个无产阶级新纪元的诞生”，这无疑是伟大文艺对于时代进步的强烈呼唤。①

又如，恩格斯早年在考察欧洲大陆的革命运动时，就十分重视当时的刊物所表现的舆论倾向对社会的影响作用，其中也包括小说等文学作品的影响作用。恩格斯以欧仁·苏的小说《巴黎的秘密》为例，肯定“这本书以令人信服的笔触描写了大城市的‘下层等级’所承受的困苦窘迫和道德破坏，这样的笔触不能不使社会关注所有穷人的状况”。他进而指出：

德国人开始发现，近十年来，小说写作的风格发生了一场彻底的革

① 恩格斯：《〈共产党宣言〉1893 年意大利文版序言》，《马克思恩格斯文集》第二卷，人民出版社 2009 年版，第 26—27 页。

命；先前这类故事的主人公都是国王和王子，现在却是穷人、被歧视的阶级，而构成小说主题的，则是这些人的遭遇和命运、欢乐和痛苦；最后，他们发现，这一类新的小说著作家，如乔治·桑、欧仁·苏和博兹①，确实是时代的标志。②

恩格斯所说的“这一类新的小说著作家”，所指正是当时已崭露头角的批判现实主义小说流派；所谓“小说写作的风格发生了一场彻底的革命”，也正在于把小说反映生活的重心，转移到了社会下层人的生活和命运方面，由此而引起社会的关注。这样的文学性质的转变，无疑具有时代的进步意义，有助于推动社会革命运动前进。正因为如此，这样的文学才称得上是“时代的标志”。我们知道，马克思、恩格斯在不同的历史时期，曾多次盛赞以巴尔扎克等为代表的现实主义文学，因之通过对现实关系的真实描写和有力批判，推动社会的变革进步，从而成为这个时代进步文学的一面旗帜。

同马克思、恩格斯的思想一脉相承，列宁文艺思想的一个重要方面，也是从文艺与时代的关系着眼，来认识和阐发文学的时代特点，以及评价作家和作品的时代意义。其中最突出的例子，无疑是对托尔斯泰、赫尔岑等作家的分析评论。

拓展资源

列·尼·托尔斯泰和他的时代

从《列·尼·托尔斯泰和他的时代》《列夫·托尔斯泰是俄国革命的镜子》等著名篇章可以看出，列宁评论托尔斯泰的一个重要观点，就是认为托尔斯泰是属于他那个时代的，他的创作反映了他所处的那个时代生活的特点，特别是当时俄国革命的某些本质的方面。列宁一再强调说：“托尔斯泰主要是属于1861—1904年这个时代的；他作为艺术家，同时也作为思想家和说教者，在自己的作品里异常突出地体现了整个第一次俄国革命的历史特点，这场革命的力量和弱点。”③ 又说：“列·托尔斯泰所处的时代，他的天才艺术作品和他的学说中非常突出地反映出来的时代，是1861年以后到1905年以前这个时代。……列·托尔斯泰作为艺术家和

① 博兹：英国批判现实主义代表作家查尔斯·狄更斯（1812—1870）早期在报刊上发表短篇故事和随笔时所用的名字。——引者注

② 恩格斯：《大陆上的运动》，《马克思恩格斯全集》第三卷，人民出版社2002年版，第556页。

③ 列宁：《列·尼·托尔斯泰》，《列宁全集》第二十卷，人民出版社1989年版，第20页。

思想家，正是在这个时期完全成熟的。这个时期的过渡性质，产生了托尔斯泰作品和‘托尔斯泰主义’的一切特点。”① 托尔斯泰作为现实主义艺术家的伟大之处，正在于他用自己的作品，真实地反映了俄国农奴制改革时代的生活现实和时代特点，反映了这个时代农民阶级的思想和情绪。“托尔斯泰的学说反映了直到最底层都在掀起汹涌波涛的伟大的人民海洋，既反映了它的一切弱点，也反映了它的一切长处。”②

具体而言就是：“托尔斯泰反映了强烈的仇恨、已经成熟的对美好生活的向往和摆脱过去的愿望，同时也反映了耽于幻想、缺乏政治素养、革命意志不坚定这种不成熟性。”③ 从长处方面而言，无疑是作家敏锐地感受到了社会变革的脉动，也受到了农民阶级思想和情绪的影响和感召，应当说是当时的现实生活和时代精神在作家头脑中反映的产物。从弱点方面而言，同样也是作家受时代环境条件作用的结果。列宁深刻地分析道：“悲观主义、不抵抗主义、向‘精神’呼吁，是这样一个时代必然要出现的思想体系，在这个时代，整个旧制度已经‘颠倒过来’，而群众是在这个旧制度下教养出来的，他们从吃母亲奶的时候起就接受了这个制度的原则、习惯、传统和信仰，他们看不出也不可能看出‘开始形成’的新制度是什么样子，是哪些社会力量在‘形成’这种新制度以及怎样‘形成’这种新制度，哪些社会力量能够消除‘变革’时代所特有的无数特别深重的灾难。”④ 正是在这种深刻认识的基础上，列宁把托尔斯泰作品所反映出来的一切特点，包括它的长处和弱点，都并不仅仅看成是属于托尔斯泰个人的，而是属于他所处的那个时代的。因此，它既是俄国革命的“镜子”，反映了那个时代的生活现实，尤其是其中的某些本质的方面；与此同时，也由于它表现了当时的时代精神，呼应了社会变革的时代要求，因而具有俄国革命“启示录”的意义。

列宁对革命民主主义作家赫尔岑的评论，同样体现了这种基本思想。在《纪念赫尔岑》一文中，列宁一方面驳斥了当时俄国自由派对赫尔岑的歪曲评

---

① 列宁：《列·尼·托尔斯泰和他的时代》，《列宁全集》第二十卷，人民出版社 1989 年版，第 100 页。

② 列宁：《托尔斯泰和无产阶级斗争》，《列宁全集》第二十卷，人民出版社 1989 年版，第71 页。

③ 列宁：《列夫·托尔斯泰是俄国革命的镜子》，《列宁全集》第十七卷，人民出版社 1988 年版，第 187 页。

④ 列宁：《列·尼·托尔斯泰和他的时代》，《列宁全集》第二十卷，人民出版社 1989 年版，第 102 页。

价，另一方面“为了阐明自己的任务，为了阐明这位在为俄国革命作准备方面起了伟大作用的作家的真正历史地位”，提出应当从工人政党的立场来纪念他。在列宁看来，赫尔岑是属于19世纪上半叶贵族地主革命家那一代的人物。在他的身上，同样存在着像托尔斯泰这样的二重性，具体而言，就是存在着自由主义倾向与民主主义倾向的思想矛盾。一方面，赫尔岑是贵族地主，他有自己的阶级局限性；他于1848年离开俄国到了国外，他没有看见革命的人民，也就不可能相信革命的人民，由此就产生了他对“上层”发出的自由主义的呼吁；他无法理解俄国革命的性质，因此也就表现出十足的怀疑论和悲观论等。而另一方面，赫尔岑又是具有民主主义倾向的知识分子，他积极顺应时代变革进步的要求，在国外创办了自由的俄文刊物，极力鼓吹农民的解放，打破了奴隶般的沉默；“当他在60年代看见了革命的人民时，他就无畏地站到革命民主派方面来反对自由派了。他进行斗争是为了使人民战胜沙皇制度，而不是为了使自由派资产阶级去勾结地主沙皇。他举起了革命的旗帜”。把赫尔岑这样一位具有矛盾二重性的作家放到当时的时代条件下来分析，列宁认为：“赫尔岑的精神悲剧，是资产阶级民主派的革命性已在消亡（在欧洲）而社会主义无产阶级的革命性尚未成熟这样一个具有世界历史意义的时代的产物和反映。”赫尔岑身上所存在着的那些消极的方面，是他所生活的环境造成的，这不是他的过错，而是他的不幸。从公道和辩证的观点来看，“尽管赫尔岑在民主主义和自由主义之间动摇不定，民主主义毕竟还是在他身上占了上风”。而且，跟与他同时代的一些知识分子相比，“他在19世纪40年代农奴制的俄国，竟能达到当时最伟大的思想家的水平。他领会了黑格尔的辩证法。他懂得辩证法是‘革命的代数学’。他超过黑格尔，跟着费尔巴哈走向了唯物主义。1844年写的《自然研究书简》（第一封信。——《经验和唯心主义》），向我们表明，这位思想家甚至在今天也比无数现代经验论的自然科学家和一大群现时的哲学家即唯心主义者和半唯心主义者高出一头。赫尔岑已经走到辩证唯物主义跟前，可是在历史唯物主义前面停住了”。[①] 列宁对赫尔岑的这种分析和评价，显然并不只是着眼于作家本身的艺术成就，而是着眼于作家的思想倾向与时代生活的关系，看到了作家的进步思想在时代变革中的进步性作用。

在马克思主义文艺理论中国化的历史进程中，这种从文艺与时代生活的关

---

① 列宁：《纪念赫尔岑》，《列宁选集》第二卷，人民出版社2012年版，第284—289页。

系以及文艺适应时代要求和引领时代风气的作用方面，来看待文艺的价值功能和评判作家的历史地位的思想传统，也得到了很好的传承和发展。其中最为典型的例子，莫过于毛泽东在《新民主主义论》中对鲁迅的高度评价。很显然，毛泽东并不只是把鲁迅作为一个创作了许多优秀作品的作家来认识和评价，而是把他放在“五四”以后的时代条件下，从中国社会的现代变革转型和中国文化革命的时代要求出发来认识和评价。在毛泽东看来，“五四”以后中国产生了完全崭新的文化生力军，这支生力军以新的装束和新的武器，向着帝国主义文化和封建文化展开了英勇的进攻，在社会科学领域和文化艺术领域，无不起了极大的革命作用。

> 其声势之浩大，威力之猛烈，简直是所向无敌的。其动员之广大，超过中国任何历史时代。而鲁迅，就是这个文化新军的最伟大和最英勇的旗手。鲁迅是中国文化革命的主将，他不但是伟大的文学家，而且是伟大的思想家和伟大的革命家。鲁迅的骨头是最硬的，他没有丝毫的奴颜和媚骨，这是殖民地半殖民地人民最可宝贵的性格。鲁迅是在文化战线上，代表全民族的大多数，向着敌人冲锋陷阵的最正确、最勇敢、最坚决、最忠实、最热忱的空前的民族英雄。鲁迅的方向，就是中华民族新文化的方向。①

由此可见，鲁迅的意义价值，绝不只在于他自身的艺术创造及其文学成就，更重要的是他的创作所表现的思想和精神，在“五四”前后的中国文化革命浪潮中，起到了呼应时代要求和引领时代风气的巨大作用，从而成为中华民族新文化的方向和旗帜。后来毛泽东《在延安文艺座谈会上的讲话》围绕文艺“为人民群众”和“如何为人民群众”的问题所进行的理论阐述，以及对作家艺术家们所提出的希望，也是从新民主主义革命需要一支文化的军队，革命文艺要适应时代要求和推动时代进步的基本立场出发的，其中蕴含的思想逻辑也是一以贯之的。

恩格斯在谈到对作家的文学价值的评判原则时曾说过：

> 任何一个人在文学上的价值都不是由他自己决定的，而只是取决于他

① 毛泽东：《新民主主义论》，《毛泽东选集》第二卷，人民出版社 1991 年版，第 698 页。

对整体的态度。①

这里所说的“他对整体的态度”，其基本前提和主要内涵就在于，把某个作家或某种文学，放到特定的时代条件及其整体关系中进行比较，看这种文学在多大程度上反映了时代生活的特点和表现了当时的时代精神，以及在多大程度上能够适应自己时代的要求，能否引领时代风气和推动社会的变革进步，这正是历史唯物主义文学价值观的具体体现。从上面所论述的这些实例可以看出，马克思主义经典作家都是从这样的文艺观和基本原则出发，来分析和评判一些作家和作品的文学价值和历史地位的。

改革开放以来，中国化马克思主义文艺理论对文艺反映新的时代生活提出了更高要求，总体而言就是要求展现新的时代风貌和改革创新的时代精神。尤其是在中国式现代化建设发展的征程中，文艺反映时代生活显然会有新的特点和新的要求。党的二十大报告提出了开辟马克思主义中国化时代化新境界的重要命题，要求把马克思主义基本原理同中国具体实际相结合、同中华优秀传统文化相结合，正确回答时代和实践提出的重大问题。报告指出：“我们必须坚持解放思想、实事求是、与时俱进、求真务实，一切从实际出发，着眼解决新时代改革开放和社会主义现代化建设的实际问题，不断回答中国之问、世界之问、人民之问、时代之问，作出符合中国实际和时代要求的正确回答，得出符合客观规律的科学认识，形成与时俱进的理论成果，更好指导中国实践。”② 将这个精神贯彻到文艺事业中来，就必然要对文艺反映时代生活和表现时代精神提出新的要求。习近平《在中国文联十一大、中国作协十大开幕式上的讲话》就明确要求新时代文艺工作“要树立大历史观、大时代观”，希望“广大文艺工作者要紧跟时代步伐，从时代的脉搏中感悟艺术的脉动，把艺术创造向着亿万人民的伟大奋斗敞开，向着丰富多彩的社会生活敞开，从时代之变、中国之进、人民之呼中提炼主题、萃取题材，展现中华历史之美、山河之美、文化之美，抒写中国人民奋斗之志、创造之力、发展之果，全方位全景式展现新时代

---

① 恩格斯：《评亚历山大·荣克的〈德国现代文学讲义〉》，《马克思恩格斯全集》第二卷，人民出版社 2005 年版，第 449 页。

② 习近平：《高举中国特色社会主义伟大旗帜　为全面建设社会主义现代化国家而团结奋斗——在中国共产党第二十次全国代表大会上的报告》，人民出版社 2022 年版，第 17—18 页。

的精神气象”。[①] 这里把文艺反映时代风貌和时代精神的要求提到了一个新的高度。要达到这样的新高度，并不是仅凭创作热情就可以做到，而是需要有新的视野和新的作为才可能实现。一方面，文艺家需要树立大历史观和大时代观，才能真正跟上时代步伐，提高认识新时代生活特点、思考和回答新时代重大问题的能力，达到对当今社会生活的深刻感悟和准确把握的水平；另一方面，还需要不断提高从新时代生活中萃取题材和提炼主题的能力，以及通过艺术创造全面展现新时代精神气象的能力，达到文艺创作的新境界。这就为新时代文艺反映时代风貌和时代精神提出了具体要求，指明了新的方向。

二、文艺引领时代风气

如前所说，文艺是时代的产物。从历史的观点来看，历来的进步文艺都能够反映时代生活的特点，表现时代进步的要求，成为引领时代风气的旗帜。而从当今的现实要求来说，则无疑要求当代文艺表现当今的时代精神，成为时代前进的号角。因为文艺反映时代生活和表现时代精神总是与时俱进的，在不同的时代或历史时期，必然会有不同的时代要求和时代精神的具体内涵。在我国新的时代条件下，在几代领导人对于文艺问题的论述中，都深刻阐明了文艺应当表现时代精神的思想，并且提出了文艺应当成为时代号角的新要求。作为一个新时代的理论命题，可以从以下一些方面来加以理解。

第一，当今时代的文艺家应当正确认识文艺与时代的关系，继承和发扬文艺表现时代精神的优良传统。“通观我国和世界的文明发展史，可以清楚地看到，每一个时代都会产生出本时代的文学家、艺术家，他们的优秀作品往往成为时代进步和社会发展的重要标志，成为人民奋斗的号角。古今中外的文艺巨匠，他们的传世名作都反映了那个时代的呼唤和要求，或者为社会变革而呐喊，为时代进步而欢呼，或者为敢于取胜的英雄人民而赞美，为知难而进的顽强勇士而颂扬，或者对先进事物加以热忱的支持，对腐朽事物进行无情的鞭挞，或者给人们以美好的愉悦，给人们以理性的启示，等等。总之，历史上的一切优秀文艺作品，都是反映人民最深刻的心灵呼唤和时代最迫切的前进要求的作品，都是隽永艺术魅力与现实社会进步相结合的结晶，都是文学艺术家们的思想感情与创作灵感为时代和生活深刻感召的产物。”“通观我国和世界的文

① 习近平：《在中国文联十一大、中国作协十大开幕式上的讲话》，人民出版社 2021 年版，第 7 页。

学艺术发展史，还可以清楚地看到，历代文学艺术家们之所以能够创作出传世之作，一个重要原因就是他们具有踏着时代前进的鼓点不断探索、勇于创新的精神。从我国秦汉以前的诗经、楚辞到汉赋、唐诗、宋词、元曲以及明清小说，从古希腊神话、史诗到欧洲中世纪的十四行诗、文艺复兴时期的名作以及十八世纪、十九世纪浪漫主义和现实主义的作品，不仅内容丰富多彩，而且艺术形式也不断创新，争奇斗艳，形成了每个时代文艺作品的特色和优势。这种中外历史上的文艺创新精神，是很值得认真思考、学习、借鉴的。”① 习近平《在文艺工作座谈会上的讲话》也再次强调和阐述了这种伟大的历史传统。他说：“文艺是时代前进的号角，最能代表一个时代的风貌，最能引领一个时代的风气。‘文变染乎世情，兴废系乎时序。’在欧洲文艺复兴运动中，但丁、彼特拉克、薄伽丘、达·芬奇、拉斐尔、米开朗琪罗、蒙田、塞万提斯、莎士比亚等文艺巨人，发出了新时代的啼声，开启了人们的心灵。在谈到文艺复兴运动时，恩格斯说，这‘是一个需要巨人而且产生了巨人——在思维能力、热情和性格方面，在多才多艺和学识渊博方面的巨人的时代’。在我国发展史上，包括文艺在内的文化发展同样与中华民族发展紧紧联系在一起。先秦时期，我国出现了百家争鸣的兴盛局面，开创了我国古代文化的一个鼎盛期。20 世纪初，在五四新文化运动中，发端于文艺领域的创新风潮对社会变革产生了重大影响，成为全民族思想解放运动的重要引擎。”②

从以上论述可以看出，历代的优秀文艺家及其文艺作品之所以能够代代相传，并不只在于他们表现出了多么出色的个人才能，更重要的还在于他们用自己杰出的艺术才能，书写了波澜壮阔的时代生活，反映了一个时代的风貌和历史进步的要求；而他们的艺术创新精神，也并不只是表现在艺术形式方面，更重要的还在于他们能够敏锐地把握新时代的发展要求，发出时代变革的呼唤，表现新的时代精神，开一代风气之先。正因为如此，这样的文艺才能够成为时代进步的号角，具有推动时代进步发展的巨大力量。这种优良的传统，无疑是需要当代文艺家们努力继承和大力发扬的。

第二，当今时代的文艺家应当清醒地意识到自己的历史使命，自觉承担起文艺表现时代精神的责任。继承优良文艺传统，是为了更好地服务现实，更好

---

① 江泽民：《文艺是民族精神的火炬》，《江泽民文选》第三卷，人民出版社 2006 年版，第 401—402 页。

② 习近平：《在文艺工作座谈会上的讲话》，人民出版社 2015 年版，第 5—6 页。

地适应当今时代的发展要求。对于当代文艺家们来说，显然需要找到自己在时代发展中的位置，从而承担应有的责任和发挥应有的作用。邓小平《在中国文学艺术工作者第四次代表大会上的祝词》就提出了这样的要求。他说，我们的国家已经进入社会主义现代化建设的新时期，要在建设高度物质文明的同时，建设高度的社会主义精神文明。

> 在这个崇高的事业中，文艺发展的天地十分广阔。不论是对于满足人民精神生活多方面的需要，对于培养社会主义新人，对于提高整个社会的思想、文化、道德水平，文艺工作都负有其他部门所不能代替的重要责任。①

随着时代的发展，文艺表现时代精神又有了新的要求。江泽民指出，一个新的时代，即实现中华民族伟大复兴的时代，是一个需要伟大文艺作品的时代，也是一个能够产生伟大文艺作品的时代。广大文艺工作者要牢记自己的历史使命，努力把握时代的脉搏，充分认识建设有中国特色社会主义的时代意义，“创作出更多反映时代精神和具有中国风格、中国气派的优秀作品，努力为建设有中国特色社会主义文化、实现中华民族的伟大复兴贡献力量”②。胡锦涛在关于文艺工作的讲话中要求：“一切有理想有抱负的文艺工作者，都要担当起时代赋予的神圣使命，积极投身讴歌时代的文艺创造活动。进步文艺，刻写着一个民族的希望，昭示着一个国家的未来，深深影响着一个民族的精神和一个时代的风尚。这是古往今来人们赞扬进步文艺、呼唤进步文艺的根本原因。一切有成就的文艺家，都注重在时代进步的伟大实践中汲取创作灵感，都注重反映和引导人民创造历史的壮阔活动。只有与时代同步伐，踏准时代前进的鼓点，回应时代风云的激荡，领会时代精神的本质，文艺才能具有蓬勃的生命力，才能产生巨大的感召力。积极投身先进文化的创造活动，是时代和人民对文艺工作者的殷切期望，也是文艺工作者真正能够施展才华、作出无愧于时代的业绩的必然要求。”③ 习近平从新时代的要求出发，对文艺工作提出

---

① 邓小平：《在中国文学艺术工作者第四次代表大会上的祝词》，《邓小平文选》第二卷，人民出版社 1994 年版，第 209 页。

② 江泽民：《文艺是民族精神的火炬》，《江泽民文选》第三卷，人民出版社 2006 年版，第 405—406 页。

③ 胡锦涛：《在中国文联第八次全国代表大会　中国作协第七次全国代表大会上的讲话》，人民出版社 2006 年版，第 7 页。

了更高的要求。他说：

> 一个时代有一个时代的文艺，一个时代有一个时代的精神。任何一个时代的经典文艺作品，都是那个时代社会生活和精神的写照，都具有那个时代的烙印和特征。任何一个时代的文艺，只有同国家和民族紧紧维系、休戚与共，才能发出振聋发聩的声音。反映时代是文艺工作者的使命。广大文艺工作者要把握时代脉搏，承担时代使命，聆听时代声音，勇于回答时代课题。……文艺的性质决定了它必须以反映时代精神为神圣使命。①

以上论述的基本精神集中到一点，就是时代的变革发展需要文艺弘扬时代精神，引领时代风气。当今时代的文艺家应当自觉呼应这样的时代要求，承担起这样的责任和使命。

第三，当今时代的文艺家应当与时俱进，从一定时期的社会实践出发，深刻领会时代精神的本质内涵，从而更好地表现时代精神。习近平指出："每个时代都有每个时代的精神。"② 这就意味着，一方面，时代精神具有其基本的特质，它表现为一个时代所特有的普遍性精神追求，体现于社会精神生活的各个方面，是一个时代的人们在社会实践活动中表现出来的精神风貌和优良品格，反映出一个时代的发展趋势和人民的共同愿望、意志和要求，是激励人民奋发图强的强大精神动力。另一方面，不同时代的时代精神，其本质内涵是有所不同的，因而文艺表现时代精神也有不同的具体要求。总体而言，在我国新时期改革开放的实践发展进程中，逐渐凝聚形成了关于当今时代精神的普遍性共识，这就是"以改革创新为核心的时代精神"，这也成为文艺表现时代精神的基本要求。

正如习近平所说："实现中国梦必须弘扬中国精神。这就是以爱国主义为核心的民族精神，以改革创新为核心的时代精神。"③ 毫无疑问，改革创新已经成为当代中国的时代大潮和时代主旋律，反映了我国新时期社会发展的基本趋势，并且成为全国人民共同的心愿、意志和精神追求。

---

① 习近平：《在中国文联十大、中国作协九大开幕式上的讲话》，人民出版社 2016 年版，第 7—8 页。

② 习近平：《在文艺工作座谈会上的讲话》，人民出版社 2015 年版，第 22 页。

③ 习近平：《在第十二届全国人民代表大会第一次会议上的讲话》，人民出版社 2013 年版，第 4 页。

第四，当今时代的文艺家要努力创新探索，找到文艺表现时代精神的独特方式和方法，更好地发挥文艺作为时代号角讴歌时代精神和推动时代进步的重要作用。应当说，各种文化形态都有表现时代精神的责任和要求，但文艺不同于其他文化形态的独特之处，就在于它要用艺术的方式，通过对社会生活的真实而审美的反映，把时代精神寓于生动的艺术形象创造之中。那么，这里就有两个方面的要求：一方面，文艺家要有深刻的认识现实生活的能力，能够把握时代前进的要求和历史发展的趋势，从而对时代精神有真正的理解感悟；另一方面，则要有深厚的艺术功力，能够按照艺术规律创造生动感人的艺术形象。这样的文艺才能具有蓬勃的生命力，才能产生巨大的感召力和影响力。邓小平《在中国文学艺术工作者第四次代表大会上的祝词》就是从这两者的结合上，对文艺表现时代生活和时代精神提出明确要求的。他说："我们的社会主义文艺，要通过有血有肉、生动感人的艺术形象，真实地反映丰富的社会生活，反映人们在各种社会关系中的本质，表现时代前进的要求和历史发展的趋势，并且努力用社会主义思想教育人民，给他们以积极进取、奋发图强的精神。"他还特别对新人形象的描写和创造提出要求：

> 我们的文艺，应当在描写和培养社会主义新人方面付出更大的努力，取得更丰硕的成果。要塑造四个现代化建设的创业者，表现他们那种有革命理想和科学态度、有高尚情操和创造能力、有宽阔眼界和求实精神的崭新面貌。要通过这些新人的形象，来激发广大群众的社会主义积极性，推动他们从事四个现代化建设的历史性创造活动。①

当然，要达到这样的要求，有一个基本前提，就是文艺家要能够自觉融入时代生活的潮流之中，处理好艺术创造与时代进步之间的关系，努力将个人的艺术追求与时代的发展要求有机地统一起来。文艺工作者要正确认识和把握社会发展的方向，深刻捕捉人民前进的准确信号，敏锐发现时代变革的风气之先，自觉响应社会发展的客观要求，坚持把个人的艺术追求融入社会发展的洪流之中，把文艺的生动创造寓于时代进步的运动之中，以充沛的激情、生动的

---

① 邓小平：《在中国文学艺术工作者第四次代表大会上的祝词》，《邓小平文选》第二卷，人民出版社 1994 年版，第 210、209—210 页。

笔触、优美的旋律、感人的形象，升起更加昂扬的理想风帆，描绘更加美好的生活蓝图，激励更加坚定的奋进信心，满腔热情地讴歌时代主旋律，努力为发展社会主义文艺建功立业。

习近平在文艺工作座谈会上的讲话中明确提出“以人民为中心的创作导向”，也就是要求文艺家摆正个人艺术创造与人民生活、时代潮流之间的关系。他说：“文艺只有植根现实生活、紧跟时代潮流，才能发展繁荣；只有顺应人民意愿、反映人民关切，才能充满活力。”① 与此同时，文艺还要注重艺术创造，用艺术形象吸引和感染人，才能真正影响人的心灵。习近平指出：“文学艺术以形象取胜，经典文艺形象会成为一个时代文艺的重要标识。一切有追求、有本领的文艺工作者要提高阅读生活的能力，不断发掘更多代表时代精神的新现象新人物，以源于生活又高于生活的艺术创造，以现实主义和浪漫主义相结合的美学风格，塑造更多吸引人、感染人、打动人的艺术形象，为时代留下令人难忘的艺术经典。”② 其中包含了两个方面的具体要求：一方面，文艺工作者要努力提高阅读生活的能力，才能不断发掘出那些代表时代精神的新现象和新人物；另一方面，要把生活中的发现转化为典型化的艺术创造，通过塑造生动感人的艺术形象来反映时代生活和表现时代精神。只有这样，才能充分发挥文学艺术的力量，起到文艺引领时代风气的特殊作用。

以上这些论述的基本精神聚集到一点，就是要求文艺家既要深刻理解和准确把握时代精神的本质内涵，又要不断进行艺术创新，把表现时代精神贯穿于新鲜活泼、生动感人的艺术创造之中。文艺应当成为时代前进的号角，但又不能脱离艺术规律，成为时代精神的单纯的传声筒。这样的要求本身，也正是创新的时代精神在文艺方面的具体体现。

第二节 文艺的民族精神

民族精神是一个民族在长期的历史发展中孕育而成的精神样态，它凝聚着一个民族共同的历史观、民族观、国家观、文化观，凝聚着本民族人民共同的

---

① 习近平：《在文艺工作座谈会上的讲话》，人民出版社 2015 年版，第 17 页。

② 习近平：《在中国文联十一大、中国作协十大开幕式上的讲话》，人民出版社 2021 年版，第 9 页。

情感和价值、共同的理想和追求。因此，民族精神也就成了一个民族的灵魂所在，成了增强民族自信心和凝聚力的最深厚的思想情感根源。文艺的重要特性之一是民族性。历来优秀文艺的民族性，既表现为具有鲜明的民族形式和民族风格，更表现为蕴含着博大深厚的民族精神和民族文化。如今，文艺的民族性同经济全球化趋势，同多民族国家中多民族文艺并存状况，同国外现代、后现代主义文艺在思想和技巧上也都有密切的关系。因之文艺才能够成为民族的新鲜血脉和人民的精神家园。马克思主义文艺学说包含着弘扬文艺民族精神的根本要求。

一、文艺的民族形式和民族风格

文艺的民族性，首先表现为具有鲜明的民族形式和民族风格。一则，文艺是社会生活的反映，任何民族的优秀文艺作品，必然立足于反映本民族多样化、复杂化的生活内容，包括历史传统、风土人情、民族性格、民族情感、文化精神等，在文艺的表现内容上具有鲜明的民族特点；再则，无论是从文艺家的主体条件还是大众的文化接受和审美欣赏的习惯来说，也都必然要求运用民族的语言媒介、思维方式和表现形式来加以表达，从而打下独特的民族艺术的烙印。因此，文艺的民族形式和民族风格，就不仅仅体现在文艺的外在艺术形式方面，同时也体现在文艺的内在思想情感方面，从而在整体上显现一个民族文化的精神气质，成为本民族最好的精神标识和食粮。

毛泽东历来十分重视文化以及文艺的民族性，特别强调要坚持民族形式和民族风格。他在《新民主主义论》中就提出了建设新民主主义文化的目标，这就是民族的、科学的、大众的文化，并且全面论述了这种新文化的基本性质和特点。在论述新民主主义文化的三个基本性质和特点时，毛泽东把“民族的”摆在第一位来加以强调，指出：

> 这种新民主主义的文化是民族的。它是反对帝国主义压迫，主张中华民族的尊严和独立的。它是我们这个民族的，带有我们民族的特性。①

他还特别强调：

---

① 毛泽东：《新民主主义论》，《毛泽东选集》第二卷，人民出版社 1991 年版，第 706 页。

> 中国文化应有自己的形式，这就是民族形式。民族的形式，新民主主义的内容——这就是我们今天的新文化。①

从当时的历史背景来看，毛泽东特别强调新文化的民族性，显然是有其现实针对性的。“五四”以来的新文化运动，一方面激烈批判了历史上的封建专制主义文化，另一方面也引入了国外的各种各样异质性的文化，带来了前所未有的深刻的文化变革。这种文化大变革的历史进程，又伴随着两种偏向：一种是保守主义偏向，即仍然抱着过去传统的旧东西不放，反对文化的革新和进步；另一种是教条主义偏向，即盲目崇拜和追逐国外的东西，甚至主张“全盘西化”。毛泽东提出建设新民主主义文化的基本方针，其中“科学的”“大众的”是针对文化保守主义偏向，要求用科学、民主的新文化代替过去的封建、专制的旧文化；而“民族的”则是针对教条主义偏向，强调新文化的民族性，反对走“全盘西化”的道路。他明确指出：“所谓‘全盘西化’的主张，乃是一种错误的观点。”② 对于一切外国的东西，都要有选择地借鉴吸收，并且要与民族的特点相结合，即使是对于马克思主义理论也同样如此。他说：“必须将马克思主义的普遍真理和中国革命的具体实践完全地恰当地统一起来，就是说，和民族的特点相结合，经过一定的民族形式，才有用处，决不能主观地公式地应用它。”③ 他又说：“使马克思主义在中国具体化，使之在其每一表现中带着必须有的中国的特性，即是说，按照中国的特点去应用它，成为全党亟待了解并亟须解决的问题。洋八股必须废止，空洞抽象的调头必须少唱，教条主义必须休息，而代之以新鲜活泼的、为中国老百姓所喜闻乐见的中国作风和中国气派。”④ 在毛泽东的文化建设理论和文艺思想中，这一指向是贯穿始终的。

新中国成立以后，在领导我国社会主义建设的过程中，毛泽东仍然把文化和艺术的民族性放在突出的地位加以强调，其中对于文艺的民族形式和民族风格问题尤为重视，在《同音乐工作者的谈话》等著述中，对此进行了专门的、

① 毛泽东：《新民主主义论》，《毛泽东选集》第二卷，人民出版社1991年版，第707页。
② 毛泽东：《新民主主义论》，《毛泽东选集》第二卷，人民出版社1991年版，第707页。
③ 毛泽东：《新民主主义论》，《毛泽东选集》第二卷，人民出版社1991年版，第707页。
④ 毛泽东：《中国共产党在民族战争中的地位》，《毛泽东选集》第二卷，人民出版社1991年版，第534页。

生动而深刻的阐述。概括而言，他集中阐述了以下一些方面的基本观点。

其一，艺术的规律既有共同性，也有民族差异性，应当充分认识和尊重这种艺术规律。毛泽东指出："艺术的基本原理有其共同性，但表现形式要多样化，要有民族形式和民族风格。"世界上的事物都是既有共同性也有差异性：一棵树的叶子看上去大体相同，但仔细一看每片叶子都有不同；打仗的原理是一样的，但是在打法上各有区别；革命的基本原则各个国家都是相同的，但是在小的原则和基本原则的表现形式方面又是不同的；马列主义的基本原理具有普遍性，但在实践中的表现形式各国应有所差异；音乐的基本原理各国是一样的，但运用起来不同，表现形式应该是各种各样的；等等。毛泽东在谈话中信手拈来地举出这些例子，就是要说明，任何事物都既"有共性，也有个性，有相同的方面，也有相异的方面。这是自然法则，也是马克思主义的法则"①。具体到作曲、唱歌、舞蹈等各种艺术形式，都应该是这样一种规律。既然如此，我们的文艺实践就要尊重这样的艺术规律，对于一个民族的艺术而言，总是要有自己的民族特色，要有自己的特殊风格。在毛泽东看来，这是讨论艺术问题的根本出发点，如果没有对于艺术规律的这种基本认识，那就一切都无从谈起了。

其二，要把我国民族艺术自己的特点和规律研究透，创造出有独特民族风格的东西，才不会丧失民族艺术的自信心。既然艺术是有民族特色的，而中国的文学艺术已有数千年的发展历史，必然具有本民族艺术自己的特点和规律。然而问题在于，由于缺乏对于本民族艺术特点和规律的自觉认识，因此，我们在对外开放中学习外国的艺术时，就容易迷信外国的东西而看不起自己的东西，从而失去对本民族艺术的自信心。针对这种状况，毛泽东指出："说中国民族的东西没有规律，这是否定中国的东西，是不对的。中国的语言、音乐、绘画，都有它自己的规律。过去说中国画不好的，无非是没有把自己的东西研究透，以为必须用西洋的画法。当然也可以先学外国的东西再来搞中国的东西，但是中国的东西有它自己的规律。音乐可以采取外国的合理原则，也可以用外国乐器，但是总要有民族特色，要有自己的特殊风格，独树一帜。"他还说："学了外国的，就对中国的没有信心，那不好。""应该学习外国的长处，来整理中国的，创造出中国自己的、有独特的民族风格的东西。这样道理才能

---

① 毛泽东：《同音乐工作者的谈话》，《毛泽东文集》第七卷，人民出版社1999年版，第76页。

讲通，也才不会丧失民族信心。”① 这就是说，要建立我们民族艺术的自信心，要从研究本民族艺术的特点和规律入手，进而创造出独具民族特色和风格的新东西。如果没有这个前提，那所谓民族艺术自信心就只是一句空话。

其三，要从民族的历史发展和人民的习惯出发，来认识理解艺术的民族形式和民族风格问题，并且致力于本民族艺术的独特创新。既然要研究本民族艺术的特点和规律，那么随之而来就有一个如何研究，即以什么为着眼点进行研究的问题。从毛泽东的论述来看，这里有两个基本的着眼点，一是人民的习惯，二是民族的历史发展。作为民族的文学艺术，在根本上是反映本民族的人民生活和满足人民精神生活需要的，因此，文艺的民族特性，必然取决于人民的生活和审美习惯，以及他们的感情和语言表达特点等，艺术的形式和风格都必定要受到这个根本条件的制约；作为民族的文学艺术，还必然依存于本民族的历史文化传统，既从这种历史文化传统中汲取营养，同时自身也作为其中的一部分，融入这种民族的历史文化传统之中。所谓文化艺术的民族保守性，其实就是由民族的人民生活和历史文化传统所决定的。只有从这样的根本点着眼，才能真正把自己民族艺术的规律研究透，真正深刻认识和理解艺术的民族形式和民族风格问题。

当然，这种研究和认识本身也还不是目的，最终的目的在于如何把这种艺术规律落实到艺术实践上，推进本民族艺术的独特创新。毛泽东指出：“表现形式应该有所不同，政治上如此，艺术上也如此。特别像中国这样大的国家，应该‘标新立异’，但是，应该是为群众所欢迎的标新立异。为群众所欢迎的标新立异，越多越好，不要雷同。雷同就成为八股。”② 这里所谓“标新立异”，指的就是具有民族形式和风格的艺术创新，而这种艺术创新的根本出发点，仍然在于尊重历史传统和为人民群众所喜欢。

其四，中西文化和艺术各有所长，要学习外国的好东西来发展自己民族的东西，但要以自己的东西为主，不能照抄照搬，要反对艺术上的教条主义和“全盘西化”。强调本民族文化艺术的特点和规律，显然回避不了一个问题，那就是如何对待外国的文化艺术。毛泽东虽然极为重视文化艺术的民族形式和民族风格，但并不反对学习外国的东西。早在民主革命时期，他在《新民主主义

---

① 毛泽东：《同音乐工作者的谈话》，《毛泽东文集》第七卷，人民出版社 1999 年版，第 76—77、81、83 页。

② 毛泽东：《同音乐工作者的谈话》，《毛泽东文集》第七卷，人民出版社 1999 年版，第 80 页。

论》等著作中阐述文化的民族特性时，就同时强调应当对别的民族的文化加以吸收。他说：“中国应该大量吸收外国的进步文化，作为自己文化食粮的原料，这种工作过去还做得很不够……凡属我们今天用得着的东西，都应该吸收。”①他还指出：

> 对于外国文化，排外主义的方针是错误的，应当尽量吸收进步的外国文化，以为发展中国新文化的借镜；盲目搬用的方针也是错误的，应当以中国人民的实际需要为基础，批判地吸收外国文化。②

新中国成立以后，在谈到艺术的民族形式和风格问题时，他又一再强调这一点。

首先，学习外国的东西，是因为外国文化艺术也有长处，的确有值得我们学习借鉴的地方，比如西医就有许多长处，还有“近代文化，外国比我们高，要承认这一点。艺术是不是这样呢？中国某一点上有独特之处，在另一点上外国比我们高明。小说，外国是后起之秀，我们落后了”。因此，就可以相互学习借鉴。其次，学习外国的东西，目的是用来研究和创造中国的东西。“我们接受外国的长处，会使我们自己的东西有一个跃进。……外国有用的东西，都要学到，用来改进和发扬中国的东西，创造中国独特的新东西。”最后，在学习借鉴外国文化艺术的过程中，要坚持以我为主，而不能一切照搬。用毛泽东的话来说，就是“应该越搞越中国化，而不是越搞越洋化”。在他看来，“艺术上‘全盘西化’被接受的可能性很少，还是以中国艺术为基础，吸收一些外国的东西进行自己的创造为好”。他把鲁迅看成是这方面的成功范例，以此分析说：“吸收外国的东西，要把它改变，变成中国的。鲁迅的小说，既不同于外国的，也不同于中国古代的，它是中国现代的。”③ 鲁迅作为中国现代文学的先驱，正在于吸收了外国的东西来进行自己的创造，因而他的作品既充满了现代精神，同时又具有鲜明的民族形式和民族风格，成为文学表现时代精神和民族精神的典范。毛泽东在不同的历史时期曾多次给予鲁迅高度评价，将他视为中

① 毛泽东：《新民主主义论》，《毛泽东选集》第二卷，人民出版社 1991 年版，第 706—707 页。
② 毛泽东：《论联合政府》，《毛泽东选集》第三卷，人民出版社 1991 年版，第 1083 页。
③ 毛泽东：《同音乐工作者的谈话》，《毛泽东文集》第七卷，人民出版社 1999 年版，第 81、82、77、83 页。

国新文化的代表和方向，其原因也正在于此。

综上所述，毛泽东从民主革命时期到新中国成立以后，关于我国文化艺术发展要坚持民族形式和民族风格的思想是一以贯之的，而且这种思想理论实际上也成为那个历史时期我国文化艺术发展的指导方针，规定和影响着我国文化艺术的实践发展进程。

随着进入改革开放的历史时期，在新的时代条件下，文艺的开放性创新发展成为必然趋势。在这种新形势下，文艺的民族特性问题也就面临着新的挑战，需要面对这种现实问题作出新的回答。

邓小平《在中国文学艺术工作者第四次代表大会上的祝词》继承毛泽东文艺思想，要求文艺家“都应当认真钻研、吸收、融化和发展古今中外艺术技巧中一切好的东西，创造出具有民族风格和时代特色的完美的艺术形式”①。这里实际上是从改革开放初期的现实出发，针对当时条件下文艺应当如何在继承传统中创新发展而言的，具有明显的现实针对性。

随着我国改革开放和现代化建设不断推进，江泽民在关于文艺工作的讲话中，明确提出了文艺要“弘扬民族精神”的理论命题，并且对此作出了深刻的理论阐发。

首先，为什么当今时代要强调“弘扬民族精神”？这是因为，当今的世界格局已经发生了很大的变化，世界各国都面临着激烈的综合国力竞争，其中也包括文化方面的竞争。世界多极化、经济全球化的深入发展，引起世界各种思想文化，包括历史的和现实的、外来的和本土的、进步的和落后的、积极的和颓废的文化展开了相互激荡，其中既有吸纳又有排斥，既有融合又有斗争，既有渗透又有抵御。“总体上处于弱势地位的广大发展中国家，不仅在经济发展上面临严峻挑战，在文化发展上也面临严峻挑战。保持和发展本民族文化的优秀传统，大力弘扬民族精神，积极吸取世界其他民族的优秀文化成果，实现文化的与时俱进，是关系广大发展中国家前途命运的重大问题。”②

其次，要求文艺“弘扬民族精神”的意义何在？总体而言，文艺是反映人民生活和表现民族精神的独特方式，因此可以说，文艺是民族精神的火炬，是

---

① 邓小平：《在中国文学艺术工作者第四次代表大会上的祝词》，《邓小平文选》第二卷，人民出版社 1994 年版，第 212 页。

② 江泽民：《文艺是民族精神的火炬》，《江泽民文选》第三卷，人民出版社 2006 年版，第 399—400 页。

人民奋进的号角。在培育和弘扬民族精神方面，文艺可以发挥独特的重要作用。从历史事实来看，古往今来世界各民族的发展，都无不受到文艺所表现的民族精神的深刻影响。同样，中华民族的精神，不仅体现在中国人民的奋斗历程和奋斗业绩中，体现在中国人民的精神生活和精神世界里，也反映在几千年来我们民族产生的一切优秀文艺作品中，反映在我国一切杰出文学家、艺术家的精神创造活动中。如果说历代优秀文艺作品表现中华民族精神极大地影响和推动了国家民族的文明进步，那么，当代文艺同样可以而且应当发挥这样的独特作用。

最后，对于中华民族的“民族精神”应当如何理解？毫无疑问，这种民族精神是在中华民族漫长的历史发展和不懈奋斗中不断培育和发展起来的，同时也是需要我们努力加以继承和发扬的。这种民族精神，是中华民族五千多年来生生不息、发展壮大的强大精神动力，也是中国人民在未来的岁月里薪火相传、继往开来的强大力量源泉。这个民族精神，是我们非常宝贵的精神财富。我们世世代代都要加以继承和发扬，并结合时代和社会的发展要求，不断地为之增添新的内容。

在上述基础上，胡锦涛对于文艺表现民族精神作了进一步的阐述，丰富了它的理论内涵。一是更加明确地提出“弘扬以爱国主义为核心的民族精神”，从而使“民族精神”的理论概括更加明晰，更加容易理解和把握。他说：“要加强社会主义思想道德建设，弘扬以爱国主义为核心的民族精神和以改革创新为核心的时代精神，形成符合传统美德和时代精神的道德规范和行为规范，……促进全社会形成积极向上的共同精神追求。”① 毫无疑问，中华民族的民族精神内涵是极为丰富的，蕴含着中华民族在几千年的发展历程中所培育和发展起来的各种精神品质，包括团结统一、爱好和平、独立自主、自强不息、勤劳勇敢、乐于奉献等。而其中最重要、最核心的无疑是爱国主义精神，它是中华民族共同的思想基础和理想信念，形成了几千年来代代相传的优良传统，当然也是当今时代需要大力弘扬的精神品格。二是把文艺表现民族精神与文艺的民族特色、风格、气派统一起来，使之成为文艺民族性理论的有机整体。如果说表现和弘扬民族精神主要是对文艺的思想内容方面提出的要求，那么，这

① 胡锦涛：《在中国文联第八次全国代表大会　中国作协第七次全国代表大会上的讲话》，人民出版社 2006 年版，第 6 页。

种思想内容就还需要通过具有民族特色的艺术形式表现出来，从而在文艺作品的整体上显示出鲜明的中国特色、中国风格、中国气派。

在全面推进中国式现代化建设、实现中华民族伟大复兴的新时代，习近平更加重视弘扬文艺的民族精神，对进一步发展民族化文艺提出了新的要求。他指出："文艺的民族特性体现了一个民族的文化辨识度。广大文艺工作者要坚守中华文化立场，同世界各国文学家、艺术家开展交流。要重视发展民族化的艺术内容和形式，继承发扬民族民间文学艺术传统，拓展风格流派、形式样式，在世界文学艺术领域鲜明确立中国气派、中国风范。"① 他始终主张文艺创作要体现出继承性和民族性，强调文艺创作不仅要有当代生活的底蕴，而且要有民族文化的传承。在他看来，强调本民族的民族性，并不是要排斥其他国家的民族特性，"而是要在比较、对照、批判、吸收、升华的基础上，使民族性更加符合当代中国和当今世界的发展要求，越是民族的越是世界的。解决好民族性问题，就有更强能力去解决世界性问题；把中国实践总结好，就有更强能力为解决世界性问题提供思路和办法"②。

习近平认为，伟大的民族精神是中国人民在长期奋斗中培育、继承和发展起来的，它为中国发展和人类文明进步提供了强大精神动力。中国人民是具有伟大创造精神、伟大奋斗精神、伟大团结精神、伟大梦想精神的人民。"有这样伟大的人民，有这样伟大的民族，有这样的伟大民族精神，是我们的骄傲，是我们坚定中国特色社会主义道路自信、理论自信、制度自信、文化自信的底气，也是我们风雨无阻、高歌行进的根本力量！"③ 在2023年6月召开的文化传承发展座谈会上，习近平还概括了中华文明的五个"突出特性"，即中华文明具有突出的连续性、具有突出的创新性、具有突出的统一性、具有突出的包容性、具有突出的和平性。我们认识这种文明，"只有立足波澜壮阔的中华五千多年文明史，才能真正理解中国道路的历史必然、文化内涵与独特优势"，才能理解"中国式现代化是赓续古老文明的现代化，而不是消灭古老文明的现代化；是从中华大地长出来的现代化，不是照搬照抄其他国家的现代化；是文

---

① 习近平：《在中国文联十一大、中国作协十大开幕式上的讲话》，人民出版社2021年版，第13—14页。

② 习近平：《在哲学社会科学工作座谈会上的讲话》，人民出版社2016年版，第18页。

③ 习近平：《在第十三届全国人民代表大会第一次会议上的讲话》，人民出版社2018年版，第6页。

明更新的结果，不是文明断裂的产物。中国式现代化是中华民族的旧邦新命，必将推动中华文明重焕荣光”。① 这些论述把文艺的民族性问题提升到了新高度。

如果说过去我们倡导文艺的民族形式和民族风格，主要是在对外开放以及大量引进外国文艺的情况下，针对“全盘西化”倾向而提出来的，那么，对于当今新时代的文艺发展来说，它主要体现为如何以足够的文化自信和文艺创造实力，主动面向外部世界和融入世界文学艺术发展，并在其中凸显出中国风范和中国气派，为创造人类文明新形态发挥更大作用。因之，这具有更加重大而深远的意义。

如此看来，文艺的民族特色、民族风格和民族气派，就不仅仅与民族的艺术形式、表现方法等相关，而且也包含着文艺反映民族生活的特点以及所表现的民族精神，是一种内容和形式统一的整体性呈现。因此，无论是对于毛泽东关于文艺的民族形式与民族风格的理论，还是新时期以来直至新时代习近平关于文艺表现民族精神的理论，都应当把这两个方面统一起来理解，才能真正领会这一理论命题的整体精神，才能看清这一理论对马克思主义文艺理论中国化的推进。

二、弘扬中华美学精神

“中国精神是社会主义文艺的灵魂”②。“中华美学精神”是“中国精神”的一个组成部分。文艺要努力“传承和弘扬中华美学精神”，这是习近平《在文艺工作座谈会上的讲话》提出并重点阐述的理论命题。一方面，这个理论命题与前面所说文艺表现民族精神的思想是一脉相承的，或者说中华美学精神本身就是中华民族精神的一部分。文艺传承和弘扬中华美学精神，可以理解为文艺表现和弘扬中华民族精神和中国精神的具体要求。另一方面，在中国特色社会主义进入新时代的条件下提出这一理论命题，显然又有很强的现实针对性和理论指导意义。具体而言，我们可以从以下几个方面来理解。

第一，传承中华美学精神是培育中华民族精神的需要，要深刻领会弘扬中华美学精神与实现中华民族伟大复兴之间的关系。习近平在讲话中首先把文艺

---

① 习近平：《在文化传承发展座谈会上的讲话》，人民出版社 2023 年版，第 5、7 页。

② 习近平：《在文艺工作座谈会上的讲话》，人民出版社 2015 年版，第 21 页。

工作放在实现中华民族伟大复兴的时代背景之下，在宏阔的视野中审视和阐述文艺的重要作用。他说："为什么要高度重视文艺和文艺工作？这个问题，首先要放在我国和世界发展大势中来审视。我说过，实现中华民族伟大复兴，是近代以来中国人民最伟大的梦想。今天，我们比历史上任何时期都更接近中华民族伟大复兴的目标，比历史上任何时期都更有信心、有能力实现这个目标。而实现这个目标，必须高度重视和充分发挥文艺和文艺工作者的重要作用。"① 只有站在这样的历史高度，才能真正认识文艺传承中华美学精神的现实意义。

那么，在实现中华民族伟大复兴的事业中，文艺具有什么样的地位，能够发挥什么样的作用呢？从根本上说，当今时代我国文艺的灵魂就在于表现和培育中国精神。这种中国精神，在当代主要表现为以爱国主义为核心的民族精神和以改革创新为核心的时代精神，其中社会主义核心价值观是最为根本的东西。习近平《在中国文联十大、中国作协九大开幕式上的讲话》清楚地谈到："社会主义核心价值观是当代中国精神的集中体现，是凝聚中国力量的思想道德基础。广大文艺工作者要把培育和弘扬社会主义核心价值观作为根本任务，坚定不移用中国人独特的思想、情感、审美去创作属于这个时代、又有鲜明中国风格的优秀作品。"② 对于文艺表现和弘扬时代精神问题，前一节已作了比较集中的阐述。而对于文艺传承和弘扬中华民族精神、作用于中华民族伟大复兴的神圣事业方面，习近平的重要论述则具有更加博大丰富的内涵，包含着多方面、多层次的关系。

首先，中华民族伟大复兴是全面的复兴，其中也包含着中华文化的繁荣兴盛。习近平指出："没有中华文化繁荣兴盛，就没有中华民族伟大复兴。一个民族的复兴需要强大的物质力量，也需要强大的精神力量。没有先进文化的积极引领，没有人民精神世界的极大丰富，没有民族精神力量的不断增强，一个国家、一个民族不可能屹立于世界民族之林。"③ 因为文化是民族生存和发展的重要力量，是民族的血脉和人民的精神家园。历史悠久的中华民族文化，蕴含着深厚的中华文化精神。这种中华文化精神，既是中华民族精神力量的一种体现，同时又具有引领和增强民族精神力量的积极作用。因此，中华文化的繁荣

① 习近平：《在文艺工作座谈会上的讲话》，人民出版社 2015 年版，第 2 页。

② 习近平：《在中国文联十大、中国作协九大开幕式上的讲话》，人民出版社 2016 年版，第 8 页。

③ 习近平：《在文艺工作座谈会上的讲话》，人民出版社 2015 年版，第 5 页。

兴盛，传承和弘扬中华文化精神是实现中华民族伟大复兴的必然要求。

其次，在中华文化的繁荣兴盛当中，当然也包含着文艺事业的繁荣兴盛。传承和弘扬中华文化精神，当然也包含着传承和弘扬中华美学精神。习近平在讲话中特别强调："我们要结合新的时代条件传承和弘扬中华优秀传统文化，传承和弘扬中华美学精神。"① 这是因为，文艺是文化的有机组成部分，它作为文化形态的一种，以其特有的艺术审美方式反映人民生活和表现民族精神。在我国文学艺术的漫长历史发展中，也同样形成了自身特有的精神传统，这就是中华美学精神传统。这种中华美学精神，既是整个中华文化精神的一部分，同时又对我国文学艺术的发展具有积极的引领和促进作用。因之，要传承和弘扬中华文化精神，实现中华文化及其文艺事业的繁荣兴盛，也必然要求传承和弘扬中华美学精神。

最后，在当今时代，无论是强调弘扬中华美学精神以促进文艺事业的繁荣发展，还是强调弘扬中华文化精神以促进中华文化的繁荣兴盛，其根本目的都在于通过繁荣当今的文化艺术事业，来积极培育实现中华民族伟大复兴所需要的中国精神。如上所说，这种中国精神就包括而且高于时代精神和民族精神。由此不难理解，习近平所阐述的中国精神、中华民族精神、中华文化精神、中华美学精神等，虽然各有不同的概念内涵，但其内在精神则是彼此贯通的。文化艺术的特性和功能，正在于它所显现的强大精神力量，能够为人民提供不竭的精神动力，这无疑是实现中华民族伟大复兴所特别需要的。

第二，中华美学精神植根于深厚的民族文化传统之中，要从两者之间的内在联系着眼，深刻领会中华美学精神的内涵和实质。在我国文学艺术漫长发展进程中形成的中华美学精神，既有其自身不断传承发展的历史传统，同时又扎根于深厚的民族文化传统之中。因此，要真正领会中华美学精神的内涵和实质，就需要把它放到中华文化传统中来认识和把握。

首先，习近平《在文艺工作座谈会上的讲话》充分阐述了中华传统文化本身的精神价值，以及它对于弘扬中国精神和凝聚中国力量的意义。他指出：

> 历史和现实都证明，中华民族有着强大的文化创造力。每到重大历史关头，文化都能感国运之变化、立时代之潮头、发时代之先声，为亿万人

① 习近平：《在文艺工作座谈会上的讲话》，人民出版社 2015 年版，第 26 页。

民、为伟大祖国鼓与呼。中华文化既坚守本根又不断与时俱进，使中华民族保持了坚定的民族自信和强大的修复能力，培育了共同的情感和价值、共同的理想和精神。①

这种独具特色、博大精深的中华文化，始终是中华民族生存和发展的重要力量，不仅在我国几千年的历史流变中为中华民族克服困难、生生不息提供了强大的精神支撑，而且在当今时代也仍然具有强大的感召力和吸引力，是实现中华民族伟大复兴的精神力量的源泉。

其次，则是把这种中华文化传统，看成是文学艺术及中华美学精神生长的土壤，从而将中华文化精神与中华美学精神联系起来，在新时代的条件下给予深刻的理论阐释。习近平指出："中华民族在长期实践中培育和形成了独特的思想理念和道德规范，有崇仁爱、重民本、守诚信、讲辩证、尚和合、求大同等思想，有自强不息、敬业乐群、扶正扬善、扶危济困、见义勇为、孝老爱亲等传统美德。中华优秀传统文化中很多思想理念和道德规范，不论过去还是现在，都有其永不褪色的价值。我们要结合新的时代条件传承和弘扬中华优秀传统文化，传承和弘扬中华美学精神。"② 在习近平看来，中华美学精神第一是讲求托物言志、寓理于情；第二是讲求言简意赅、凝练节制；第三是讲求形神兼备、意境深远；第四是强调知、情、意、行相统一。这四点之间又是相互关联的。我们要坚守中华文化立场，传承中华文化基因，展现中华审美风范。

这里，一方面是对于中华文化精神的集中概括。这种中华文化精神，不仅体现在不同历史时期的民族文化生活实践中，体现在历代积累传承下来的各种文化典籍中，同时也蕴含在古往今来无数优秀的文艺作品中，成为历代文艺作品不断书写的丰富题材和永恒主题。另一方面，则是对于中华美学精神的概括阐释。这种中华美学精神，既体现在历代文艺家的审美态度与旨趣、艺术思维与想象、艺术观念与审美追求之中，也体现在历代优秀文艺作品的艺术形象与意境、艺术方法与技巧、艺术形式与风格等方面，形成独具一格的中华审美风范，成为我国传统文学艺术区别于其他民族文学艺术的独特标识。

中华美学精神无疑是在长期的艺术实践中生长和凝聚而成的，已经成为我

① 习近平：《在文艺工作座谈会上的讲话》，人民出版社 2015 年版，第 5 页。
② 习近平：《在文艺工作座谈会上的讲话》，人民出版社 2015 年版，第 25—26 页。

国文学艺术的传统精神，对于当代文艺繁荣发展的意义不言而喻。然而从根本上来说，中华美学精神及其文艺实践，又是植根于深厚的民族文化传统和中国精神之中的，正是由于有民族文化土壤的深厚滋养，有中华文化精神血脉的灌注，才使中华文学艺术之树生长得如此枝叶繁茂、生机勃勃。因此，只有把中华文化精神和中华美学精神统一起来理解，才能使中华美学精神得到更好的传承和弘扬。

第三，中华优秀传统文化及中华美学精神，是涵养社会主义核心价值观的重要源泉，要深刻领会中华美学精神与核心价值观之间的紧密关系。习近平在阐述“中国精神是社会主义文艺的灵魂”这一重要命题时，深刻阐明了培育社会主义核心价值观的重要意义，并且将这一现实要求与文艺的价值功能联系起来，强调文艺在培育和弘扬社会主义核心价值观方面具有独特作用。实际上，倡导富强、民主、文明、和谐，倡导自由、平等、公正、法治，倡导爱国、敬业、诚信、友善，重视核心价值观的引领作用，并不只是当今时代才提出的现实要求，同时也是我们中华民族久远的文化传统。习近平说：“核心价值观是一个民族赖以维系的精神纽带，是一个国家共同的思想道德基础。如果没有共同的核心价值观，一个民族、一个国家就会魂无定所、行无依归。为什么中华民族能够在几千年的历史长河中生生不息、薪火相传、顽强发展呢？很重要的一个原因就是中华民族有一脉相承的精神追求、精神特质、精神脉络。”① 然而问题在于，随着时代的发展变化，这种文化传统面临着新的挑战。如今我国社会正处在思想大活跃、观念大碰撞、文化大交融的时代，难免出现各种各样的社会问题。其中比较突出的一个问题就是一些人价值观的缺失，观念没有善恶，行为没有底线，没有国家观念、集体观念、家庭观念，不讲对错，不问是非，不知美丑，不辨香臭，浑浑噩噩，穷奢极欲。现在社会上出现的种种问题，病根都在这里。而要有效解决这些问题，既需要全面深化各方面的社会改革，同时也需要充分重视核心价值观的建设。只有把文艺放到这样的历史背景和现实要求当中，才能深刻认识它的历史使命和重要作用。

既然在中华优秀传统文化和中国精神中蕴含着重视培育核心价值观的历史传统，那么，当代文艺就应当努力传承和弘扬这种优秀传统，并把这种传统作为自己的精神血脉和思想源泉。习近平指出：“文艺创作不仅要有当代生活的

---

① 习近平：《在文艺工作座谈会上的讲话》，人民出版社2015年版，第22页。

底蕴，而且要有文化传统的血脉。……中华优秀传统文化是中华民族的精神命脉，是涵养社会主义核心价值观的重要源泉，也是我们在世界文化激荡中站稳脚跟的坚实根基。”① 从他对这个问题的具体阐述来看，当代文艺要努力传承和弘扬核心价值观的优秀传统，总体上说包括以下两个方面。

一方面，要深入发掘中华优秀传统文化和中国精神中的核心价值观，把这些思想传统转化纳入当代的社会主义核心价值观中来，以此作为当代文艺创作的正能量。而在中华民族博大丰富的价值观念系统中，最为深层、根本和永恒的无疑是爱国主义，因此也应当成为当今社会主义核心价值观中最重要的内容。爱国主义的价值观不仅体现在历史传承的各种文化典籍中，同时也表现在古今无数的优秀文艺作品中，成为历代文艺家常写常新的主题。那些拥有家国情怀的作品，最能感召中华儿女团结奋斗的精神，因而也总是在漫长的历史发展中被传唱不衰。在这种伟大传统的感召下，“我们当代文艺更要把爱国主义作为文艺创作的主旋律，引导人民树立和坚持正确的历史观、民族观、国家观、文化观，增强做中国人的骨气和底气”②。

另一方面，则要深入发掘中国精神和中华美学精神中的优良传统和价值观念，通过历史传承和现代转换，使之成为当代文艺创作的价值理念和审美追求。习近平在文艺工作座谈会上的讲话中特别强调和阐述了两点：一是“文以载道”的传统，二是真善美的价值追求。他认为可以把“文以载道”作为一种优秀的文艺传统加以传承和弘扬，使之成为当代文艺应有的价值理念。他认为：“追求真善美是文艺的永恒价值。艺术的最高境界就是让人动心，让人们的灵魂经受洗礼，让人们发现自然的美、生活的美、心灵的美。”③ “我们要通过文艺作品传递真善美，传递向上向善的价值观，引导人们增强道德判断力和道德荣誉感，向往和追求讲道德、尊道德、守道德的生活。只要中华民族一代接着一代追求真善美的道德境界，我们的民族就永远健康向上、永远充满希望。”④

第四，传承和弘扬中华美学精神，还要通过当代文艺的创新实践，实现中华文化的“创造性转化和创新性发展”。习近平提出传承和弘扬中华优秀传统

---

① 习近平：《在文艺工作座谈会上的讲话》，人民出版社 2015 年版，第 25 页。
② 习近平：《在文艺工作座谈会上的讲话》，人民出版社 2015 年版，第 24 页。
③ 习近平：《在文艺工作座谈会上的讲话》，人民出版社 2015 年版，第 24 页。
④ 习近平：《在文艺工作座谈会上的讲话》，人民出版社 2015 年版，第 25 页。

文化及中华美学精神的命题，绝不意味着只是面向过去的传统，仅仅以我们伟大祖先的辉煌创造为荣耀，更重要的还在于当今时代的新发展和新创造。他说：

> 传承中华文化，绝不是简单复古，也不是盲目排外，而是古为今用、洋为中用，辩证取舍、推陈出新，摒弃消极因素，继承积极思想，“以古人之规矩，开自己之生面”，实现中华文化的创造性转化和创新性发展。①

从习近平重要论述的基本精神来看，他之所以要强调“创造性转化”，是因为过去时代的一些传统思想观念和价值理念，作为一定历史时期的产物，必然具有那个时代的特定内涵，因而既有一定的历史进步意义，同时也难免存在一定的历史局限性。只有经过我们今天的“创造性转化”，才能成为适应当今时代要求的思想价值资源。例如，无论是在屈原、范仲淹、陆游、岳飞、文天祥、林则徐等仁人志士的作品中所表现的爱国主义思想情感，还是在历代层出不穷的诗文、小说、戏剧等作品中所表现出的忠孝、仁爱、信义等价值追求，都与当今的时代生活和人们的思想观念有不小的历史距离。同样，从中华美学精神而言，无论是上面所说的传之久远的“文以载道”思想观念，还是历来文艺家所追求的以艺术的方式言志与抒情、达意与明理等，也都有古代文人雅士独特的生活体验和情感意趣在其中。这与当今时代人们要表现的思想情感和审美追求，显然是不能同日而语的。从基本原则的层面而言，上述传统的思想观念和价值理念，是经过长期的历史积淀传承下来的，理应作为一种民族精神得到弘扬；而从具体的文艺实践来说，则是需要为这些传统的思想观念和价值理念赋予新的时代内涵，按照“古为今用”的要求，对其重新加以阐释和运用。这可以说是“创造性转化”的含义与目的所在。

从“创新性发展”方面来看，这里的基本含义和要求是说当代文艺应当在传统文化精神和中华美学精神的感召下，面对当今的生活现实和适应当今的时代要求，把传统的文化和美学精神融入新的艺术创造活动中去。比如，这里的一个基本问题，是如何把文艺家个人的生活体验和情感，与人民意愿和时代潮流关联起来，创造出表现新的时代精神和民族精神的创新性作品。我国古代不

---

① 习近平：《在文艺工作座谈会上的讲话》，人民出版社2015年版，第26页。

少文艺家在其特定的生活处境中，比较注重表现个人的生命感受和审美情感，并且艺术上比较独特，这自有其艺术意义和审美价值，但其艺术的境界和感召力则可能比较有限。而像屈原、李白、杜甫、陆游、范仲淹、汤显祖、关汉卿、曹雪芹等文艺家，则能够感受到生活的底蕴和时代脉动，反映出生活的广度和深度，表现超出个人情感的社会心理和时代情绪，显示出艺术的大格局、大境界、大情怀，因而也具有更强的艺术吸引力和感召力。这种现象无疑能够给当代文艺家以许多启迪。当代文艺的创新性发展，可能并不仅仅在于艺术形式和方法上的翻新，也不在于个人生活感受和情感表达的新变，而是在于能否反映时代变革发展的潮流和人民的意愿。习近平指出："文艺的一切创新，归根到底都直接或间接来源于人民。……文艺创作方法有一百条、一千条，但最根本、最关键、最牢靠的办法是扎根人民、扎根生活。"① "文艺只有植根现实生活、紧跟时代潮流，才能发展繁荣；只有顺应人民意愿、反映人民关切，才能充满活力。"② 传承和弘扬中华美学精神，最终还是要落实到当代文艺的这种"创造性转化和创新性发展"上来。

第五，传承和弘扬民族优秀传统文化和中华美学精神，并不排斥学习借鉴世界优秀文化成果，要辩证理解这两者之间的关系。我们既要坚持文化艺术的民族形式和民族风格，同时也要学习外国的好东西来发展自己民族的东西；既要反对自我封闭，也要反对"全盘西化"。当今，在实现中华民族伟大复兴的新形势下，倡导弘扬民族优秀传统文化和中华美学精神，显然又面临着如何对待外国文化艺术的新课题。习近平对此也作了新的阐述。他一方面明确指出："我们强调弘扬社会主义核心价值观，继承和发扬中华民族优秀传统文化，坚持和弘扬中国精神，并不排斥学习借鉴世界优秀文化成果。我们社会主义文艺要繁荣发展起来，必须认真学习借鉴世界各国人民创造的优秀文艺。只有坚持洋为中用、开拓创新，做到中西合璧、融会贯通，我国文艺才能更好发展繁荣起来。"③ 从近一个世纪我国文化艺术创新发展的历史事实来看，也的确如此。无论是"五四"时期以鲁迅为代表的新文化的变革发展，还是新中国成立以后和改革开放时期文化艺术的改革创新，都在很大程度上得益于对外国先进文化艺术经验的吸纳与融合。如果没有这种开放的学习借鉴，就不可能形成中国文

---

① 习近平：《在文艺工作座谈会上的讲话》，人民出版社2015年版，第19页。
② 习近平：《在文艺工作座谈会上的讲话》，人民出版社2015年版，第17页。
③ 习近平：《在文艺工作座谈会上的讲话》，人民出版社2015年版，第26页。

化艺术的现代新传统，也不可能有其后的文化艺术发展的新局面。从这个意义上说，善于学习外国和别民族好的东西来发展我们民族自己的东西，这本身就是一种宝贵的中华文化精神，也是我们理应加以传承和弘扬的优良传统。

另一方面，习近平又深刻指出，向外国学习借鉴切忌盲目跟着别人走，防止导致不辨方向、迷失自我、丧失民族文化主体性的倾向。习近平在谈到学习外国文化要做到“洋为中用”时，特别强调要坚守民族文化立场，增强文化自觉和文化自信，不能丢弃根本盲目追逐。他说：“如果‘以洋为尊’、‘以洋为美’、‘唯洋是从’，把作品在国外获奖作为最高追求，跟在别人后面亦步亦趋、东施效颦，热衷于‘去思想化’、‘去价值化’、‘去历史化’、‘去中国化’、‘去主流化’那一套，绝对是没有前途的！”① 这里所指出的五个“去”的偏向，正是当今国外某些流行文化艺术所热衷鼓噪的，并且对我国当代文化艺术也产生了一定程度的消极影响。从根本的文化精神来说，这些偏向与前面所说“文以载道”等所体现的中华美学精神是完全背离的。而其中所谓“去中国化”，其实质也就在于完全抛弃民族文化立场和中华文化传统，当然也就更谈不上表现中华民族精神和中国精神了。这种偏向无疑是与实现中华民族伟大复兴的时代要求完全背道而驰的。

第六，传承和弘扬中华美学精神，还要把它放到马克思主义同中华优秀传统文化相结合的新要求中来理解，深化对其精神内涵的认识，进一步推进新时代文艺守正创新。习近平在党的二十大报告中深刻阐述了马克思主义同中华优秀传统文化相结合的思想，明确指出：“中华优秀传统文化源远流长、博大精深，是中华文明的智慧结晶，其中蕴含的天下为公、民为邦本、为政以德、革故鼎新、任人唯贤、天人合一、自强不息、厚德载物、讲信修睦、亲仁善邻等，是中国人民在长期生产生活中积累的宇宙观、天下观、社会观、道德观的重要体现，同科学社会主义价值观主张具有高度契合性。我们必须坚定历史自信、文化自信，坚持古为今用、推陈出新，把马克思主义思想精髓同中华优秀传统文化精华贯通起来、同人民群众日用而不觉的共同价值观念融通起来，不断赋予科学理论鲜明的中国特色，不断夯实马克思主义中国化时代化的历史基础和群众基础，让马克思主义在中国牢牢扎根。”② 中华美学精神是中华优秀传

① 习近平：《在文艺工作座谈会上的讲话》，人民出版社 2015 年版，第 25 页。

② 习近平：《高举中国特色社会主义伟大旗帜　为全面建设社会主义现代化国家而团结奋斗——在中国共产党第二十次全国代表大会上的报告》，人民出版社 2022 年版，第 18 页。

统文化的有机组成部分，它既同中华传统文化价值观一脉相承，又同马克思主义美学思想和文艺观念相通，应当彼此融会贯通，进一步丰富当代文艺的美学精神内涵，不断推进新时代文艺的守正创新。这就要求一方面继续深化研究马克思主义美学和文艺思想，另一方面继续深化研究中华文化和美学精神，从而将马克思主义思想精髓同中华优秀传统文化精华贯通起来。前一个方面应当不言而喻，而后一个方面仍然需要加深认识。习近平阐述新时代文艺坚持守正创新时指出："博大精深的中华文明是中华民族独特的精神标识，是当代中国文艺的根基，也是文艺创新的宝藏。……要挖掘中华优秀传统文化的思想观念、人文精神、道德规范，把艺术创造力和中华文化价值融合起来，把中华美学精神和当代审美追求结合起来，激活中华文化生命力。故步自封、陈陈相因谈不上传承，割断血脉、凭空虚造不能算创新。要把握传承和创新的关系，学古不泥古、破法不悖法，让中华优秀传统文化成为文艺创新的重要源泉。"① 在文化传承发展座谈会上，习近平指出："只有全面深入了解中华文明的历史，才能更有效地推动中华优秀传统文化创造性转化、创新性发展，更有力地推进中国特色社会主义文化建设，建设中华民族现代文明。"② 在这次讲话中，习近平总结了中华文明的突出特点，阐述了"两个结合"的重大意义，深化了对文化建设的规律性认识，提出了"对历史最好的继承就是创造新的历史，对人类文明最大的礼敬就是创造人类文明新形态"③ 的见解。这些重要观点，成为我们激活中华文化和中华美学精神，发展 21 世纪马克思主义美学、文艺学的思想源泉和根本遵循。

总之，提出传承和弘扬民族文化传统和中华美学精神这一命题，不仅具有很强的现实针对性，而且创造性地发展了马克思主义文艺理论学说。这一理论推进了马克思主义文论中国化的进程，对促进文化自信、促进我国当代文艺更好地表现时代精神和民族精神，更好地举精神旗帜、立精神支柱、建精神家园，在开拓创新中健康发展具有重要的实践指导意义。

---

① 习近平：《在中国文联十一大、中国作协十大开幕式上的讲话》，人民出版社 2021 年版，第 11 页。

② 习近平：《在文化传承发展座谈会上的讲话》，人民出版社 2023 年版，第 1 页。

③ 习近平：《在文化传承发展座谈会上的讲话》，人民出版社 2023 年版，第 12 页。

思考题：

1. 如何理解文艺的时代精神？为什么说文艺是时代的号角？
2. 应当如何认识文艺与时代生活之间的关系？
3. 如何理解“每个时代都有每个时代的精神”这一命题？当今时代的文艺应当表现什么样的时代精神？
4. 如何理解文艺的民族精神？弘扬文艺民族精神的意义何在？
5. 中华美学精神的内涵和特质是什么？当今时代的文艺应当如何传承和弘扬中华美学精神？
6. 以具体作品为例，说明它怎样体现了时代精神和民族精神，或者说明它为什么没能体现出时代精神和民族精神。

第七章　新文艺的建设

随着无产阶级革命的深入和马克思主义文艺理论的发展，文艺的创作自由问题和新文艺的建设问题，越来越凸显。在马克思主义文艺理论发展史上，比较圆满解决这些问题的首先是列宁，其后是毛泽东。当然，在列宁之前，拉法格、梅林、普列汉诺夫、蔡特金等马克思主义者，都对这些问题发表了一些有价值的意见，但列宁的见解无疑是最全面、最深刻的。列宁文艺思想继承、捍卫和发展了马克思主义的文艺学说，在世界无产阶级文艺运动和社会主义文艺的历史进程中产生了深远的影响。列宁是世界上第一个社会主义国家的创建者。他使马克思主义文艺观第一次成为一个国家占指导地位的文艺思想，并第一次直接把马克思主义文艺观应用于无产阶级的新文艺实践和社会主义的文化建设。毛泽东文艺思想则在同中国革命和建设实践的结合中实现了马克思主义文艺理论中国化的历史性飞跃。学习和研究列宁文艺思想、毛泽东文艺思想，对系统完整地掌握马克思主义文艺思想体系，准确理解马克思主义文艺理论与本国新文艺实践结合的途径，对新时代中国特色社会主义文艺理论建设，都具有重要的现实意义和理论价值。

第一节　文艺领导权与尊重艺术规律

列宁的文学党性原则是对马克思、恩格斯文艺思想的继承和发展，是马克思主义文艺理论在列宁主义阶段的一个重要标志。这个文学党性原则的基本目标，就是要解决文学事业与无产阶级总的事业、与整个无产阶级政党的工作的关系问题。列宁关于文艺的论著，包括他有关文艺问题的指示、命令、决定、电报、批示以及文章和信件，极大地丰富和发展了马克思主义文艺理论体系。

列宁文艺思想的本质特征主要表现为以辩证唯物主义和历史唯物主义为指导，坚持马克思主义文艺理论的基本原理；他的文艺理论建构的主旨在于尊重艺术规律，满足广大人民群众的审美需求，为建设社会主义新文艺服务。列宁的文学党性原则不仅要求作家在文艺创作中自觉坚持社会主义的政治立场和世界观，而且还要求作家自觉遵循艺术规律去进行审美创造。艺术规律本身虽不是党性问题，但尊重艺术规律则是文艺党性原则的题中应有之义。

一、文艺的党性原则和创作自由

马克思主义文艺理论发展到列宁主义的阶段，形成了许多新的特点和新的内容。这些新特点和新内容，不仅大大丰富和拓展了马克思主义文艺理论，而且成为无产阶级领导文艺运动和建设社会主义文艺事业的宝贵财富。这里，在介绍列宁的文学党性原则思想之前，我们先介绍一下列宁文艺思想的形成过程。

马克思逝世 12 年后的 1895 年，面对第二国际机会主义思潮的泛起，马克思的女婿拉法格曾经这样对到访的 25 岁的列宁说："不可能有俄国人懂得马克思，因为当时的西欧已经没有人真正了解马克思了。"① 在马克思主义陷入低潮期时走进马克思主义的列宁，是带着历史责任和使命担当，带着俄国革命的现实召唤，完成了一个马克思主义者的锤炼进程。

列宁十分忠于马克思、恩格斯的学说，在同自己各种政治敌手的激烈论战中，无畏地捍卫了马克思主义的纯洁性。列宁坚决反对将马克思主义经典著作加以歪曲、篡改和修正，这是他毫不含糊、绝不妥协、无比集中的理论任务之一。正是这一点，为他创造性地发展马克思主义创造了条件。

苏联解体、东欧剧变之后，世界形势发生了很大变化。在这个背景下，一些人对列宁的哲学思想和文艺思想的科学性产生了怀疑，进而对其进行挑战、驳难和攻击，有的人甚至执意要把列宁主义从马克思主义中驱除出去，这在国际和国内的某些理论阐述里并不罕见。所以说，认识和理解列宁文艺思想的价值，认识和理解列宁文艺思想的强大生命力，对坚持和发展马克思主义文艺理论具有现实的针对性。

作为思想家，列宁的许多著作如《唯物主义和经验批判主义》《哲学笔记》等，在马克思主义思想史上的位置是公认的。这里之所以强调这一点，是因为列宁对唯物论、反映论、辩证法和对立统一规律的认识，直接关系着他对诸多文艺理论和文艺批评问题的阐释。特别是列宁对主客体关系及主体能动性的认识，对马赫主义和"经验一元论"的批判，所谈论的每一个问题都充满了辩证法的色彩，对马克思主义文艺理论有极大的丰富作用。譬如，列宁评论赫尔岑

---

① ［美］威尔逊：《到芬兰车站：历史写作及行动研究》，刘森尧译，广西师范大学出版社 2014 年版，第 337 页。

时说道："他在 19 世纪 40 年代农奴制的俄国，竟能达到当时最伟大的思想家的水平。他领会了黑格尔的辩证法。他懂得辩证法是'革命的代数学'。他超过黑格尔，跟着费尔巴哈走向了唯物主义。……赫尔岑已经走到辩证唯物主义跟前，可是在历史唯物主义前面停住了。"① 这样的分析，让人们进一步体会到了唯物辩证法的魅力。

列宁继承、捍卫和发展了马克思主义的认识论，创造性地阐释了辩证唯物主义的能动的反映论。他提出人的意识是外部世界在人的头脑中的反映这一"唯物主义的一般原理"，坚持"生活、实践的观点，应该是认识论的首要的和基本的观点"的同时，阐述了认识过程是一个主客体辩证的发展过程，强调主体的能动作用。列宁对哲学认识论—反映论的阐发，直接给文艺学奠定了理论基石，这在文艺反映论的形成和发展中得到了充分的体现。根据列宁的观点，文艺是社会生活的反映，社会生活是文艺唯一的源泉。而由于这种反映是能动的反映，是一个文艺主客体之间的复杂、曲折、不断深化的双向逆反的过程，在其中文艺主体的思想和情感起着重要作用，所以，文艺只能是生活的"近似正确的复写"，而不能要求它等同于现实生活。列宁的文艺反映论，一方面为批判包括"纯文学论""自我表现论"等唯心主义文艺观提供了强大的思想武器，另一方面也为反对机械反映论和庸俗社会学提供了有力的理论支撑。

从 1908 年托尔斯泰 80 寿辰到 1910 年托尔斯泰逝世，列宁先后为他写了 7 篇研究和评论的文章。当时俄国资产阶级唯心主义哲学和不可知论泛滥，否定不依赖于我们的意识的客观实在的存在成为"一种国际性思潮"，一些"跪着造反"的思想家，集中攻击辩证唯物主义。列宁为了揭露和清算这股哲学潮流，写了《唯物主义和经验批判主义》这部论战性的著作，粉碎了他们的进攻，捍卫了唯物辩证法和唯物史观，对马克思主义哲学特别是认识论的发展作出了突出贡献。《唯物主义和经验批判主义》虽然不是文艺学或美学著作，但其中关于主体与客体、艺术与现实关系，本体论、实践观的论述以及彻底的唯物主义反映论思想，对科学的文艺学和美学的指导作用极其明显。文艺理论研究在学理和哲学根基上出问题，很多是出在这些方面的。了解这个大的理论环境，就会更加清楚地认识列宁评价分析托尔斯泰的一组文章的价值。

列宁评价托尔斯泰的这组文章，是他的马克思主义哲学思想在文艺理论和

---

① 列宁：《纪念赫尔岑》，《列宁选集》第二卷，人民出版社 2012 年版，第 284 页。

文艺批评上的具体运用。列宁是在同资产阶级自由派比如立宪民主党人、孟什维克取消派、庸俗的俄国知识界以及俄共内部的“左”的和右的意见唱对台戏。他反对将托尔斯泰说成是“公众的良心”、“生活的导师”、知识分子的“良心”、“文明人类的呼声”等，反对将托尔斯泰说成是与无产阶级革命运动势不两立的贵族和大地主思想家。他用辩证批判的、唯物反映的、阶级与社会情绪的、心理分析的以及前瞻性的观点，回答了很多事关托尔斯泰的思想、学说、创作和价值的问题。列宁始终是把托尔斯泰“作为俄国千百万农民在俄国资产阶级革命快要到来的时候的思想和情绪的表现者”[1] 来认识的。托尔斯泰的渺小与伟大、软弱与有力、伪善与真诚、肤浅与深刻，都是由于他作为这种“表现者”引发出来的。列宁说：

> 他作为艺术家，同时也作为思想家和说教者，在自己的作品里异常突出地体现了整个第一次俄国革命的历史特点，这场革命的力量和弱点。[2]

列宁还对托尔斯泰作品的艺术性和天才描写给予了极高的评价，认为他不仅创作了无与伦比的俄国生活的图画，而且创作了世界文学中的第一流的作品。

这里的关键是，列宁创造性地运用了唯物辩证的文艺批评方法。他对于像托尔斯泰创作和学说这样巨大的文学和社会现象，在一切主要方面都作了透彻的阐述。评托尔斯泰的这一组文章，把马克思主义文艺批评推进到了新的高度，开辟了马克思主义文艺批评的新的局面，为马克思主义文艺理论建设提供了许多新的资源。与此相关，列宁评论作家赫尔岑、车尔尼雪夫斯基、高尔基、阿尔曼德、鲍狄埃、别列内依以及反动文人阿维尔钦柯等的文章，都在文艺批评史上留下了没有成为过去而永远属于未来的东西。

拓展资源

党的组织和党的出版物（节选）

文学的党性原则作为列宁文艺思想的核心，是列宁对马克思主义文艺理论的重大贡献之一。何谓文学党性原则？在《党的组织和党的出版物》一文中，列宁鲜明地指出：

---

① 列宁：《列夫·托尔斯泰是俄国革命的镜子》，《列宁选集》第二卷，人民出版社 2012 年版，第 243 页。

② 列宁：《列·尼·托尔斯泰》，《列宁全集》第二十卷，人民出版社 1989 年版，第 20 页。

> 党的出版物[①]的这个原则是什么呢？这不只是说，对于社会主义无产阶级，写作事业不能是个人或集团的赚钱工具，而且根本不能是与无产阶级总的事业无关的个人事业。无党性的写作者滚开！超人的写作者滚开！写作事业应当成为整个无产阶级事业的一部分，成为由整个工人阶级的整个觉悟的先锋队所开动的一部巨大的社会民主主义机器的“齿轮和螺丝钉”。[②]

列宁的文学党性原则，阐明了包括文学创作在内的党的宣传工作在整个无产阶级革命事业中的地位与作用，系统地论述了文艺为千千万万劳动群众服务的思想，同时精辟地阐释了文艺创作活动的特点和规律。

对文学党性原则的论述，是列宁在理论上的一大创造，至今仍具有强大的生命力。关于这个问题，这些年理论界一直存在争议。有论者根据党性原则这个提法，把列宁文艺思想说成是“政党文艺学”，把毛泽东文艺思想说成是“文艺政治学”，认为这些都是要用党的力量来“干预”创作和“统领”作家，是对作家创作自由的限制和扼杀。这显然是对文艺党性原则的误读与曲解。实践已经证明，任何对文艺党性原则的偏离，都是不利于革命文艺的发展的，都是有悖于无产阶级文艺学说和社会主义文艺方向的。

列宁的《党的组织和党的出版物》一文写于 1905 年。当时，俄国出现了第一次资产阶级民主革命高潮，罢工此起彼伏，党内路线斗争十分尖锐。沙皇政府被迫宣布允许人民的言论、集会、结社、出版自由，答应扩大选举权等，历史上第一次出现可以自由地出版革命报纸的局面。1905 年 11 月 8 日，列宁从国外回到彼得堡，直接主持布尔什维克党中央的工作。他认为要加强党对革命运动的领导，党的组织工作和宣传工作必须改进，以适应形势的变化和要求。回国伊始，列宁即在布尔什维克党的合法机关报《新生活报》上发表了系列文章，《党的组织和党的出版物》是其中的一篇。列宁在该文中提出文学的党性原则思想，是对马克思主义创始人思想的继承和发展。

文艺的党性原则思想，在马克思主义创始人那里就有萌芽。例如，马克思、恩格斯就不赞成诗人站在与党的立场不同的视野上观察世界的所谓“纯艺术”

---

① 党的出版物，以前译成“党的文学”。——引者注

② 列宁：《党的组织和党的出版物》，《列宁选集》第一卷，人民出版社 2012 年版，第 663 页。

思想。当诗人弗莱里格拉特持有这种观点时，马克思、恩格斯就诚恳地批评他；当他抛弃这种观点时，马克思、恩格斯就把他引为创办《新莱茵报》的战友和同伴，并热情赞扬他那些自觉服从革命斗争需要而写的充满战斗激情的诗作。后来，弗莱里格拉特背离了党的正确立场，宣称“党也是一种樊笼”，自己“再不属于任何党派”，马克思这时便以其素有的直率，写信给予批评。马克思、恩格斯是希望其他阶级中的人参加无产阶级运动，“首先就要求他们不要把资产阶级、小资产阶级等等的偏见的任何残余带进来，而要无条件地掌握无产阶级世界观”①。

这些思想可以说是文艺党性原则的胚胎。列宁继承了马克思主义创始人的思想，并把文艺党性原则的观念发展成一个相对完整系统的学说。列宁的文艺党性原则，其实就是要求党在思想和组织上保持独立性和纯洁性，就是要坚持马克思主义，坚持唯物辩证法和唯物史观，反对和防止意识形态上的机会主义、投降主义、唯心论和抽象人道主义，就是要把文艺事业纳入党的整个工作机器中来，不要为少数富人服务，而要为千千万万的劳动群众服务。

文艺党性原则包括多方面的内容，列宁对此有深入、辩证的论述。列宁认为，文学和政治思想虽同属于社会意识形态的形式，但是两者有很大区别，不能“机械划一”。“无产阶级的党的事业中写作事业这一部分，不能同无产阶级的党的事业的其他部分刻板地等同起来。”② 文学创作有其独特的艺术规律，它通过塑造生动的艺术形象来打动人、感染人。创作者的独特之处就是他凭借着“天才艺术家的力量”，使并不新颖的内容都能表现得十分准确生动，成为“十分出色的描绘”。正因为文学创作的独特性，列宁提出要给作家充分的创作自由：

> 无可争论，写作事业最不能作机械划一，强求一律，少数服从多数。无可争论，在这个事业中，绝对必须保证有个人创造性和个人爱好的广阔天地，有思想和幻想、形式和内容的广阔天地。③

---

① 马克思、恩格斯：《给奥·倍倍尔、威·李卜克内西、威·白拉克等人的通告信》，《马克思恩格斯选集》第三卷，人民出版社 2012 年版，第 739 页。

② 列宁：《党的组织和党的出版物》，《列宁选集》第一卷，人民出版社 2012 年版，第 664 页。

③ 列宁：《党的组织和党的出版物》，《列宁选集》第一卷，人民出版社 2012 年版，第 664 页。

尽管作家在题材选择、手法运用等方面要有自由发挥的广阔天地，但是列宁强调这种创作自由不是绝对的。列宁指出，鼓吹所谓创作“绝对自由”是资产阶级个人主义的论调，他们的真实意图是希望拥有“鼓吹反党观点”的自由，“随心所欲地叫喊、扯谎和写作”的自由。实际上，这些鼓吹“创作自由”论调的人，本身创作就是不自由的，这些人的写作完全是被私利、被资本所支配和控制的。

列宁在尖锐地驳斥了资产阶级知识分子和无政府个人主义者的“绝对自由”“创作自由”言论的伪善之后，庄严地宣布，只有以无产阶级文学党性原则武装的作家，才是真正自由的作家，因为他们不再依赖钱袋、依赖收买、依赖豢养。只有遵循着党性原则创作的文学，才是真正自由的文学。

> 这将是自由的写作，因为把一批又一批新生力量吸引到写作队伍中来的，不是私利贪欲，也不是名誉地位，而是社会主义思想和对劳动人民的同情。这将是自由的写作，因为它不是为饱食终日的贵妇人服务，不是为百无聊赖、胖得发愁的“一万个上层分子”服务，而是为千千万万劳动人民，为这些国家的精华、国家的力量、国家的未来服务。这将是自由的写作，它要用社会主义无产阶级的经验和生气勃勃的工作去丰富人类革命思想的最新成就，它要使过去的经验（从原始空想的社会主义发展而成的科学社会主义）和现在的经验（工人同志们当前的斗争）之间经常发生相互作用。①

这段著名的论断，不仅为文学党性原则中的创造自由的思想做了清晰的注脚，而且开天辟地地为无产阶级和劳动群众、为工人阶级政党、为社会主义的新文艺指明了前行的道路与方向。

在新的历史条件下，中国共产党人坚持列宁的文艺党性原则，解决了无产阶级政党如何领导文艺的问题，创造性地发展了马克思主义文艺理论。根据列宁的文艺党性原则学说，结合中国革命文艺的具体实践，毛泽东《在延安文艺座谈会上的讲话》进一步阐述了无产阶级革命文艺与整个无产阶级革命事业

---

① 列宁：《党的组织和党的出版物》，《列宁选集》第一卷，人民出版社 2012 年版，第 666—667 页。

的关系。他说：“革命文艺是整个革命事业的一部分，是齿轮和螺丝钉，和别的更重要的部分比较起来，自然有轻重缓急第一第二之分，但它是对于整个机器不可缺少的齿轮和螺丝钉，对于整个革命事业不可缺少的一部分。如果连最广义最普通的文学艺术也没有，那革命运动就不能进行，就不能胜利。”①

在毛泽东看来，作家尤其是党员作家不能把文艺看作是与革命事业无关的个人的事情，要坚持文艺的党性原则，自觉以马克思主义为指导。他特别指出：“一个自命为马克思主义的革命作家，尤其是党员作家，必须有马克思列宁主义的知识。但是现在有些同志，却缺少马克思主义的基本观点。”“学习马克思主义，是要我们用辩证唯物论和历史唯物论的观点去观察世界，观察社会，观察文学艺术，并不是要我们在文学艺术作品中写哲学讲义。马克思主义只能包括而不能代替文艺创作中的现实主义，正如它只能包括而不能代替物理科学中的原子论、电子论一样。”② 这就进一步明确了文艺党性原则的思想基础，明确了文艺事业与整个革命事业的关系，指明了文艺服从党在一定时期历史任务的必要性。

马克思主义是指导社会主义文艺建设的理论基础。“党的领导是社会主义文艺发展的根本保证。党的根本宗旨是全心全意为人民服务，文艺的根本宗旨也是为人民创作。把握了这个立足点，党和文艺的关系就能得到正确处理，就能准确把握党性和人民性的关系、政治立场和创作自由的关系。”③ 习近平《在文艺工作座谈会上的讲话》指出：“加强和改进党对文艺工作的领导，要把握住两条：一是要紧紧依靠广大文艺工作者，二是要尊重和遵循文艺规律。各级党委要从建设社会主义文化强国的高度，增强文化自觉和文化自信，把文艺工作纳入重要议事日程，贯彻好党的文艺方针政策，把握文艺发展正确方向。要选好配强文艺单位领导班子，把那些德才兼备、能同文艺工作者打成一片的干部放到文艺工作领导岗位上来。要尊重文艺工作者的创作个性和创造性劳动，政治上充分信任，创作上热情支持，营造有利于文艺创作的良好环境。要诚心诚意同文艺工作者交朋友，关心他们的工作和生活，倾听他们的心声和心

---

① 毛泽东：《在延安文艺座谈会上的讲话》，《毛泽东选集》第三卷，人民出版社 1991 年版，第 866 页。

② 毛泽东：《在延安文艺座谈会上的讲话》，《毛泽东选集》第三卷，人民出版社 1991 年版，第 852、874 页。

③ 习近平：《在文艺工作座谈会上的讲话》，人民出版社 2015 年版，第 27 页。

愿。要重视文艺阵地建设和管理，坚持守土有责，绝不给有害的文艺作品提供传播渠道。各级宣传文化部门要在党委领导下，切实加强对文艺工作的指导和扶持，加强对文艺工作者的引导和团结，为推动文艺繁荣发展作出积极贡献。”① 这就把文艺的党性原则阐述得更加透彻和清楚了。

中国式现代化事业推进到中华民族伟大复兴的新时代，经济社会发展更加充满活力，社会生活以及人们的精神文化生活更加丰富多彩，与此同时也会带来人们思想观念的复杂多样。在文化艺术领域，各种思想观念的矛盾冲突难以避免，意识形态工作的领导权问题便日益凸显出来。党的二十大报告明确提出了“建设具有强大凝聚力和引领力的社会主义意识形态”的任务，指出：“意识形态工作是为国家立心、为民族立魂的工作。牢牢掌握党对意识形态工作领导权，全面落实意识形态工作责任制，巩固壮大奋进新时代的主流思想舆论。健全用党的创新理论武装全党、教育人民、指导实践工作体系。”② 文艺工作无疑具有很强的意识形态性，同样需要重视意识形态工作领导权，突出社会主义先进文化的引领作用。当然，文艺工作具有充分保证创作自由的特殊性，因此就需要把坚持意识形态工作领导权与尊重艺术规律有机统一起来。一方面，要加强和改进党对文艺工作的领导，这是文艺事业繁荣发展的根本保证；另一方面，要按照艺术规律加强对文艺工作的管理和引导。习近平指出：“要加强马克思主义文艺理论和评论建设，增强朝气锐气，发挥引导创作、推出精品、提高审美、引领风尚的作用。要坚持教育引导和综合治理并重，立破并举、综合施策，建设山清水秀的文艺生态。”③ 这显然是根据新时代文艺工作实际提出的新要求，具有十分重要的理论和实践意义。

坚持文艺的党性原则，坚持党的文艺方针政策，坚持以人民为中心的创作导向，为人民奉献优秀的文艺作品，这是全党和全国人民经过几十年艰苦探索并付出过沉重代价才换来的极为宝贵的历史经验，值得永远珍视和记取。

二、“二为”方向和“双百”方针

随着历史条件的变化，文艺党性原则的内涵也在实践中不断地得到丰富和

① 习近平：《在文艺工作座谈会上的讲话》，人民出版社 2015 年版，第 28 页。

② 习近平：《高举中国特色社会主义伟大旗帜　为全面建设社会主义现代化国家而团结奋斗——在中国共产党第二十次全国代表大会上的报告》，人民出版社 2022 年版，第 43 页。

③ 习近平：《在中国文联十一大、中国作协十大开幕式上的讲话》，人民出版社 2021 年版，第 18 页。

发展，在中国社会主义革命、建设和改革的时代里，它被赋予了新的内涵，焕发出新的强大生命力。党的二十大报告指出：“我们要坚持马克思主义在意识形态领域指导地位的根本制度，坚持为人民服务、为社会主义服务，坚持百花齐放、百家争鸣，坚持创造性转化、创新性发展，以社会主义核心价值观为引领，发展社会主义先进文化，弘扬革命文化，传承中华优秀传统文化，满足人民日益增长的精神文化需求，巩固全党全国各族人民团结奋斗的共同思想基础，不断提升国家文化软实力和中华文化影响力。”[①] 这是在总结历史经验的基础上，对发展社会主义文化艺术作出的明确定位。以社会主义核心价值观为引领拟在下一节论述，这里着重阐述“二为”方向和“双百”方针。

“艺术属于人民。”这是列宁在历史上第一次提出的一个划时代的理论命题。他深情地说：

> 艺术属于人民。它必须深深地扎根于广大劳动群众中间。它必须为群众所了解和爱好。它必须从群众的感情、思想和愿望方面把他们团结起来并使他们得到提高。它必须唤醒群众中的艺术家并使之发展。[②]

列宁在论述文艺党性原则和创作自由的时候谈到，我们揭露那些伪善行为，摘掉那些假招牌，不是为了要有什么非阶级的文学和艺术，而是为了要使真正自由的、同无产阶级公开联系的文学艺术即新文艺，去对抗伪装自由的、事实上同资产阶级联系的旧文学艺术。列宁确立的文艺党性原则，对后世产生了极大影响。一代又一代的中国共产党人，正是在列宁这一光辉思想的指引下，不断地把中国的革命文艺事业推动前进。

从现代中国文艺发展史来看，文艺为广大劳动人民服务即文艺与人民群众的关系经历了一个漫长的演进过程。五四新文化运动固然有反帝、反封建的历史意义，但它也在某些方面形成了崇尚“西化”的洋教条、洋八股的积习。当时文艺服务的对象还不是广大的劳动人民，而只是以一部分学生、职员、市民为主。当时的文艺工作者还不具备与广大劳动人民相结合、为广大劳动人民服务的主观和客观条件。

---

① 习近平：《高举中国特色社会主义伟大旗帜　为全面建设社会主义现代化国家而团结奋斗——在中国共产党第二十次全国代表大会上的报告》，人民出版社 2022 年版，第 43 页。

② 引自［德］蔡特金：《列宁印象记》，《列宁论文学与艺术》，人民文学出版社 1983 年版，第 435 页。

到了延安时期，许多从国统区来到根据地的文艺工作者，他们虽然在口头上也认同文艺应该为人民大众服务，但在思想上仍然停留在小资产阶级知识分子的立场上，文艺为人民大众服务的问题仍然没有得到彻底解决。针对这种情况，毛泽东《在延安文艺座谈会上的讲话》指出："革命的文艺工作者来到延安和各个抗日根据地的多起来了，这是很好的事。但是到了根据地，并不是说就已经和根据地的人民群众完全结合了。我们要把革命工作向前推进，就要使这两者完全结合起来。我们今天开会，就是要使文艺很好地成为整个革命机器的一个组成部分，作为团结人民、教育人民、打击敌人、消灭敌人的有力的武器，帮助人民同心同德地和敌人作斗争。"① 毛泽东继承和发展了列宁关于文艺必须为千千万万劳动人民服务的思想，结合当时中国革命文学的实践，对"文艺为什么人"的问题作出了明确的回答："我们的文学艺术都是为人民大众的，首先是为工农兵的，为工农兵而创作，为工农兵所利用的。"② 这就从根本上指明了党领导的文艺工作的方向。以此为开端，解放区的广大文艺工作者以及当时国统区的一些进步作家艺术家，把自己的立场转变到人民的立场上来，按照文艺为工农兵服务、为人民大众服务的方向，纷纷下乡、下厂、下部队，向工农兵群众学习，从工农兵群众的火热生活中汲取营养，创作出一大批反映人民群众现实生活、为人民群众喜闻乐见的优秀文艺作品，如《八路军进行曲》《黄河大合唱》《白毛女》《兄妹开荒》《王贵与李香香》等，为中国人民革命事业的胜利作出了不可磨灭的贡献。

中华人民共和国成立后，我国广大文艺工作者继续坚持文艺为人民服务的正确方向。当然，这一时期"人民"的概念和范畴较之延安文艺座谈会时期有了一定的变化，但其本质是一致的。改革开放之初，邓小平《在中国文学艺术工作者第四次代表大会上的祝词》一方面重申"我们要继续坚持毛泽东同志提出的文艺为最广大的人民群众、首先为工农兵服务的方向"，另一方面提出文艺要"围绕着实现四个现代化的共同目标"，为实现社会主义四个现代化这个"压倒一切的中心任务"③ 服务。邓小平语重心长地说：

---

① 毛泽东：《在延安文艺座谈会上的讲话》，《毛泽东选集》第三卷，人民出版社 1991 年版，第 848 页。

② 毛泽东：《在延安文艺座谈会上的讲话》，《毛泽东选集》第三卷，人民出版社 1991 年版，第 863 页。

③ 邓小平：《在中国文学艺术工作者第四次代表大会上的祝词》，《邓小平文选》第二卷，人民出版社 1994 年版，第 209—211 页。

人民是文艺工作者的母亲。一切进步文艺工作者的艺术生命，就在于他们同人民之间的血肉联系。忘记、忽略或是割断这种联系，艺术生命就会枯竭。人民需要艺术，艺术更需要人民。自觉地在人民的生活中汲取题材、主题、情节、语言、诗情和画意，用人民创造历史的奋发精神来哺育自己，这就是我们社会主义文艺事业兴旺发达的根本道路。①

在这些论述的基础上，我们党明确提出了“文艺为人民服务，为社会主义服务”的方向，发展了马克思主义文艺观和毛泽东文艺思想。正是从这个基本点出发，习近平进一步指出：“源于人民、为了人民、属于人民，是社会主义文艺的根本立场，也是社会主义文艺繁荣发展的动力所在。广大文艺工作者要坚持以人民为中心的创作导向，把人民放在心中最高位置，把人民满意不满意作为检验艺术的最高标准，创作更多满足人民文化需求和增强人民精神力量的优秀作品，让文艺的百花园永远为人民绽放。”② 这是对文艺“二为”方向的具体化，并赋予了它新的内涵。

“文艺为人民服务，为社会主义服务”的“二为”方向，包含着两个方面的内容：一是文艺要对人民负责，要对提高人民群众的精神素质、实现人的全面发展和生活幸福起到积极的促进作用；二是文艺作品的客观效果要对实现社会主义现代化建设和民族复兴伟大事业，对社会主义的物质文明与精神文明建设有利。以上两方面虽各有侧重，但二者的实质则是相同的。因为坚持全心全意为人民服务和坚持社会主义方向，二者本质上是一致的。

坚持文艺的“二为”方向，不能把它狭隘地理解为只是具体形象地为方针政策服务，为临时的政治或经济工作服务，更不能因而将其理解为是对作家和艺术家们“写什么”和“怎么写”，“做什么”和“怎么做”的硬性规定。文艺在本质上具有认识、教育、审美、娱乐等功能，而这里的认识和教育的功能则主要是通过审美和娱乐的功能来实现的。文艺功能的这一特点，决定了必须通过提高艺术作品和艺术实践活动的艺术魅力和感染力，通过塑造成功的艺术形象去体现“二为”方向，从而达到教育、启迪、鼓舞、引领人的目的。要做

① 邓小平：《在中国文学艺术工作者第四次代表大会上的祝词》，《邓小平文选》第二卷，人民出版社 1994 年版，第 211—212 页。

② 习近平：《在中国文联十一大、中国作协十大开幕式上的讲话》，人民出版社 2021 年版，第 7—8 页。

到这样，就需要文艺工作者深入人民群众，真正用心、用情反映人民生活和传达人民心声。习近平指出："生活就是人民，人民就是生活。人民是真实的、现实的、朴实的，不能用虚构的形象虚构人民，不能用调侃的态度调侃人民，更不能用丑化的笔触丑化人民。广大文艺工作者只有深入人民群众、了解人民的辛勤劳动、感知人民的喜怒哀乐，才能洞悉生活本质，才能把握时代脉动，才能领悟人民心声，才能使文艺创作具有深沉的力量和隽永的魅力。广大文艺工作者不仅要让人民成为作品的主角，而且要把自己的思想倾向和情感同人民融为一体，把心、情、思沉到人民之中，同人民一道感受时代的脉搏、生命的光彩，为时代和人民放歌。"① 这就在新时代条件下，为文艺工作者深刻理解和践行"二为"方向提出了更具体的要求，指出了更明确的方向。

"百花齐放、百家争鸣"方针的提出，是中国当代文艺政策发展中的一件大事。早在1951年，毛泽东就为中国戏曲研究院题词："百花齐放，推陈出新。"② 1953年，毛泽东又就中国历史研究问题提出要"百家争鸣"。1956年4月28日，毛泽东在中共中央政治局扩大会议讨论《论十大关系》的总结中谈道："艺术问题上的百花齐放，学术问题上的百家争鸣，我看应该成为我们的方针。"③ 毛泽东在1956年5月2日召开的最高国务会议第七次会议上，正式提出了"百花齐放、百家争鸣"的"双百"方针。1957年2月，毛泽东在最高国务会议第十一次（扩大）会议上发表了《关于正确处理人民内部矛盾的问题》的讲话，再次明确指出："百花齐放、百家争鸣的方针，是促进艺术发展和科学进步的方针，是促进我国的社会主义文化繁荣的方针。"④ "双百"方针的提出和"二为"方向一道，构成了中国化马克思主义文艺理论的核心内容。

"双百"方针适应了迅速发展文化的迫切要求，体现了文艺自身发展的内在规律，同时，也是对马克思主义文艺理论的重要创新。"双百"方针的提出，是对文艺历史经验教训的科学总结，体现了中国智慧、中国气派和中国精神。

---

① 习近平：《在中国文联十一大、中国作协十大开幕式上的讲话》，人民出版社2021年版，第8—9页。

② 毛泽东：《为中国戏曲研究院题词》，《毛泽东文艺论集》，中央文献出版社2002年版，第135页。

③ 毛泽东：《在中共中央政治局扩大会议上的总结讲话》，《毛泽东文集》第七卷，人民出版社1999年版，第54页。

④ 毛泽东：《关于正确处理人民内部矛盾的问题》，《毛泽东文集》第七卷，人民出版社1999年版，第229页。

“双百”方针提出后，在一段时间内，我国文学艺术界鼓励艺术上不同形式和风格的自由发展，尊重和支持作家艺术家的创作，大力促进文学艺术的繁荣，文化建设取得了显著的成绩。但随着后来“左”的倾向的日趋严重，“百花齐放、百家争鸣”这一正确方针没有得到有效贯彻，文艺的健康发展受到阻碍。

进入改革开放和社会主义现代化建设的历史新时期，我国文艺事业迎来了新的春天。“百花齐放、百家争鸣”作为发展文艺事业的正确方针，被重新提到了重要位置。邓小平指出：“坚持百花齐放、推陈出新、洋为中用、古为今用的方针，在艺术创作上提倡不同形式和风格的自由发展，在艺术理论上提倡不同观点和学派的自由讨论。”① 习近平在主持召开的文艺工作座谈会上进一步强调：

> 要坚持百花齐放、百家争鸣的方针，发扬学术民主、艺术民主，营造积极健康、宽松和谐的氛围，提倡不同观点和学派充分讨论，提倡体裁、题材、形式、手段充分发展，推动观念、内容、风格、流派切磋互鉴。②

由于“我们采取有领导的百花齐放、百家争鸣”③，贯彻执行了“双百”方针，我国文艺事业呈现出生机勃勃、硕果累累的局面。广大文艺工作者思想解放，心情舒畅，以与时代同进步、与人民共命运的崇高责任感和饱满激情，为人民奉献了大量思想内涵丰富、艺术品质上乘的精神食粮，对满足人民多方面的精神需求、丰富人民精神世界、增强人民精神力量、促进人的全面发展发挥着不可替代的作用。

在文艺创作和文艺活动中贯彻“双百”方针，第一，要像习近平说的那样，“全社会行动起来，通过教育引导、舆论宣传、文化熏陶、实践养成、制度保障等，使社会主义核心价值观内化为人们的精神追求、外化为人们的自觉行动”④。力求贯彻“双百”方针与树立社会主义核心价值观的有机统一。在我国的政治生活和社会生活中，必须弘扬社会主义核心价值观，这符合和体现了全国人民的根本利益。“双百”方针理所当然地要服从而不是违背或损害这

---

① 邓小平：《在中国文学艺术工作者第四次代表大会上的祝词》，《邓小平文选》第二卷，人民出版社 1994 年版，第 210 页。

② 习近平：《在文艺工作座谈会上的讲话》，人民出版社 2015 年版，第 11 页。

③ 毛泽东：《同文艺界代表的谈话》，《毛泽东文集》第七卷，人民出版社 1999 年版，第 253 页。

④ 习近平：《在文艺工作座谈会上的讲话》，人民出版社 2015 年版，第 23 页。

一根本利益。“百花齐放、百家争鸣”，应当是在坚持社会主义核心价值观统领的前提下开展和进行。如果把“双百”方针理解为不受任何约束，没有道德底线，爱怎么写就怎么写，那就必然会使文艺创作陷入思想和价值混乱，就会危害社会主义新文化的建设。一切有志于社会主义新文化建设的文艺工作者，在从事文艺创作和艺术实践时，都应当自觉地坚持社会主义核心价值观，并将这种思想观念体现在艺术创作实践中。只有这样，才能保证“双百”方针正确而健康地贯彻执行。

第二，要把贯彻“双百”方针与弘扬时代精神的主旋律，提倡文艺题材、内容、风格、流派和形式等的多样化有机地统一起来。任何时代的文艺，都有体现该时代精神的主旋律。主旋律是就文艺的内容和格调而言的。文艺是时代前进的号角，最能代表一个时代的风貌，最能引领一个时代的风气。主旋律则是从时代发展的主流和价值取向上对文艺创作和文艺实践活动提出的要求，它与艺术流派、风格和形式的多样化是不矛盾的。主旋律可以表现为多种题材、多种艺术形式和艺术风格。体现时代精神主旋律的文艺创作的题材和领域是非常宽广的，城市题材、农村题材、现实生活题材、历史题材直至江河山水、花鸟虫鱼，均可体现主旋律。问题是看你在创作中表现什么、反映什么，而不在于写什么、画什么。要弘扬主旋律，就要“百花齐放”；主旋律要唱得响，就得“百家争鸣”。我们提倡“多样化”，不仅是艺术创作和发展的需要，也是人民群众的需要。因为人民群众的精神文化需求是多方面、多层次和多样态的，只有让不同艺术流派、风格、形式的文艺创作和实践活动竞相发展，真正做到百花竞放、万紫千红，才能满足人民群众多方面、多层次的精神文化需求。

第三，要把贯彻“双百”方针与追求完美的艺术效果、提高人民群众的审美能力和情趣有机地统一起来，处理好高雅、严肃艺术与通俗、大众化艺术的关系。一个国家或地区严肃、高雅的文化艺术，往往更带有主流文化的性质，具有民族文化的价值，代表一个国家或地区的文化艺术水准，因此必须大力倡导、扶持和弘扬。通俗文化则在满足人民群众多层次、多方面的文化生活需求方面有着不可忽视的作用，应该鼓励其生存和发展。当然对通俗文化也需要做引导和提高的工作，让它能给人民群众以健康向上的精神享受。同时，还应该努力使严肃、高雅的文艺与通俗、大众化的文艺互相交融，发挥综合的长处和优势。

好的文艺作品应该是内容和形式的统一，真善美的统一。不仅内容健康向上、格调品位较高，而且艺术水准也应该是上乘的、精湛的。因为只有这样，文艺才有生命力，才能受到人民群众的欢迎，才能促进人民群众审美能力的提升。习近平说得好：“优秀作品并不拘于一格、不形于一态、不定于一尊，既要有阳春白雪、也要有下里巴人，既要顶天立地、也要铺天盖地。只要有正能量、有感染力，能够温润心灵、启迪心智，传得开、留得下，为人民群众所喜爱，这就是优秀作品。”① 为此，一方面，我们不能忽视艺术水平的精湛和创新，没有艺术性的作品，调子唱得再高，也难以被人民群众所接受；另一方面，我们也不能把文艺作品等同于一般商品，片面强调市场需要，迎合社会上某些低级、庸俗的趣味。因为这两方面都有悖于文艺“双百”方针的精神。

“文艺不能当市场的奴隶，不要沾满了铜臭气。优秀的文艺作品，最好是既能在思想上、艺术上取得成功，又能在市场上受到欢迎。要坚守文艺的审美理想、保持文艺的独立价值，合理设置反映市场接受程度的发行量、收视率、点击率、票房收入等量化指标，既不能忽视和否定这些指标，又不能把这些指标绝对化，被市场牵着鼻子走。”② 习近平的论述，应该成为我们贯彻“双百”方针的一个原则。

实践证明，“百花齐放、百家争鸣”的方针是繁荣发展社会主义文艺事业的正确方针。贯彻执行这一方针，文艺事业就兴旺发达；背离这一方针，文艺事业就受到损害。面对推动社会主义文化大发展大繁荣的重大历史任务，我们必须更加自觉、坚定地贯彻好“双百”方针，努力创作生产出更多无愧于历史、无愧于时代、无愧于人民的优秀文艺作品，使社会主义文艺百花园更加多彩绚丽。

第二节　建设社会主义新文艺

马克思主义文艺理论的根本任务是推动无产阶级和社会主义新文艺的建设。马克思希望文艺作品“是一个勇敢的战斗的呼声”③。恩格斯希望工人阶级对压迫他们的周围环境所进行的叛逆的反抗、他们为恢复自己做人的地位所

---

① 习近平：《在文艺工作座谈会上的讲话》，人民出版社 2015 年版，第 7—8 页。

② 习近平：《在文艺工作座谈会上的讲话》，人民出版社 2015 年版，第 20—21 页。

③ 马克思：《评“普鲁士人”的“普鲁士国王和社会改革”一文》，《马克思恩格斯全集》第一卷，人民出版社 1956 年版，第 483 页。

作的令人震撼的努力，“应当在现实主义领域内占有一席之地”①。列宁在十月革命后，进一步考虑了社会主义的新文化建设问题，他反对企图脱离党和政府领导，抛开优秀文化遗产，凭空创造社会主义新文化和新文艺的错误主张。他说：“资本主义只把文化给予少数人。而我们必须用这个文化来建设社会主义。”我们“必须取得资本主义遗留下来的全部文化，并且用它来建设社会主义。必须取得全部科学、技术、知识和艺术。否则，我们就不可能建设共产主义社会的生活”。② 列宁认为：“在一个以私有制为基础的社会里，艺术家为市场而生产商品，他需要买主。我们的革命已从艺术家方面铲除这种最无聊的事态的压力。革命已使苏维埃国家成为艺术家的保护人和赞助人。每一个艺术家和每一个希望成为艺术家的人，都能够有权利按照他的理想来自由创作，不论那理想结果是好的还是坏的。”③ 但是，我们又决不可无所作为，听任混乱随意扩散开来。“我们还必须有意识地努力去领导这一发展，去形成和决定它的结果。”④ 特别是要学会继承优秀的民族文艺传统，在此基础上进行艺术创新。列宁说：“即使美是‘旧’的，我们也必须保留它，拿它作为一个榜样，作为一个起点。为什么只是因为它‘旧’，就要抛弃真正的美，拒绝承认它，不把它当作进一步发展的出发点呢？为什么只因为那是‘新’的，就要把新的东西当作供人信奉的神一样来崇拜呢？那是荒谬的，绝对是荒谬的。”⑤ 为了使文艺可以接近人民，人民可以接近文艺，我们就必须努力提高教育和文化的一般水平。这是马克思主义文艺理论对建设新文艺的基本要求。

一、文艺与核心价值观

中国马克思主义文艺理论十分重视社会主义新文艺建设的问题，不仅提出了“双百”方针和“二为”方向，而且在经典作家论述的基础上，创造性地充

---

① 恩格斯：《致玛格丽特·哈克奈斯》，《马克思恩格斯文集》第十卷，人民出版社 2009 年版，第 570 页。

② 列宁：《苏维埃政权的成就和困难》，《列宁全集》第三十六卷，人民出版社 1985 年版，第 48 页。

③ 引自［德］蔡特金：《列宁印象记》，《列宁论文学与艺术》，人民文学出版社 1983 年版，第 433—434 页。

④ 引自［德］蔡特金：《列宁印象记》，《列宁论文学与艺术》，人民文学出版社 1983 年版，第 434 页。

⑤ 引自［德］蔡特金：《列宁印象记》，《列宁论文学与艺术》，人民文学出版社 1983 年版，第 434 页。

实了马克思主义文艺观的价值系统。毛泽东在《同音乐工作者的谈话》中指出:“应该学习外国的长处,来整理中国的,创造出中国自己的、有独特的民族风格的东西。这样道理才能讲通,也才不会丧失民族信心。”[①] 邓小平则强调:“对人民负责的文艺工作者,要始终不渝地面向广大群众,在艺术上精益求精,力戒粗制滥造,认真严肃地考虑自己作品的社会效果,力求把最好的精神食粮贡献给人民。”“我们的文艺工作者,要通过自己的创作提高人民的精神境界。”[②] 随着中国式现代化事业不断发展,我们党明确提出了广泛践行社会主义核心价值观的新要求。党的二十大报告指出:“社会主义核心价值观是凝聚人心、汇聚民力的强大力量。”[③] 因此要求将社会主义核心价值观贯彻到思想宣传和文化教育的各个方面,起到主导性的引领作用。文学艺术在弘扬社会主义核心价值观方面显然具有独特优势,因而理应担负起重要责任。习近平提出希望:“广大文艺工作者要发扬中国文艺追求向上向善的优良传统,把社会主义核心价值观生动活泼体现在文艺创作之中,把有筋骨、有道德、有温度的东西表现出来,倡导健康文化风尚,摒弃畸形审美倾向,用思想深刻、清新质朴、刚健有力的优秀作品滋养人民的审美观价值观,使人民在精神生活上更加充盈起来。”[④] 中国马克思主义文艺理论把文艺价值观问题提到了极其重要的位置。

按照马克思主义的观点,在每一个社会形态中都有一种占主导地位的意识形态,而这只能是占统治地位的阶级的思想观念。前进的时代总有一种向上的精神,一个发展的社会总有积极的主流思想。放眼世界,任何国家的文艺作品都弥漫着占主导地位的“国家精神”。我们是共产党领导的社会主义国家,把弘扬社会主义核心价值观作为文艺创作的最强音,自然是马克思主义文艺理论的题中应有之义。

纵观人类文艺发展史,古往今来每一个时代的文艺都会形成并在社会上确立起自己的时代精神,以此来武装代表历史前进方向的先进阶级和优秀分子的思想,动员、教育和激励人民群众为完成特定的历史任务而奋斗进取。中国当

---

① 毛泽东:《同音乐工作者的谈话》,《毛泽东文集》第七卷,人民出版社 1999 年版,第 83 页。

② 邓小平:《在中国文学艺术工作者第四次代表大会上的祝词》,《邓小平文选》第二卷,人民出版社 1994 年版,第 211 页。

③ 习近平:《高举中国特色社会主义伟大旗帜　为全面建设社会主义现代化国家而团结奋斗——在中国共产党第二十次全国代表大会上的报告》,人民出版社 2022 年版,第 44 页。

④ 习近平:《在中国文联十一大、中国作协十大开幕式上的讲话》,人民出版社 2021 年版,第 9—10 页。

今正处于大变革、大发展的时代，同样需要有一种既与这个时代的发展趋势和基本要求相适应，又与这个时代所要完成的历史使命相适应的新的时代精神。

那么，这样一种时代精神的具体内涵是什么呢？简单说就是爱国主义、集体主义和社会主义的精神，就是人民群众为创造美好生活而辛勤劳动、开拓创新、积极进取的创新精神。生活在这一伟大时代的文艺工作者，应积极投身到时代的洪流中去，用自己手中的笔，忠实记录历史变迁的轨迹，为代表历史发展方向的开拓者、创业者和劳动者讴歌立传，大力弘扬时代精神和民族精神，用优秀的文艺作品鼓舞人们积极投身于改革开放和社会主义现代化建设的伟大实践。“文艺是铸造灵魂的工程，文艺工作者是灵魂的工程师。好的文艺作品就应该像蓝天上的阳光、春季里的清风一样，能够启迪思想、温润心灵、陶冶人生，能够扫除颓废萎靡之风。”①

中国社会主义文艺的本质特性是当代中国文艺理论研究的核心性和基础性问题。习近平《在文艺工作座谈会上的讲话》指出：“社会主义文艺，从本质上讲，就是人民的文艺。”② 这就从根本上揭示了中国社会主义文艺的特性。而这种特性，无疑又同社会主义核心价值观紧密相连。建设社会主义核心价值体系，我们完全有理由把它看作对中国社会主义文艺本质特性的阐释，因为社会主义核心价值体系是兴国之魂，决定着中国特色社会主义的发展方向。深入开展社会主义核心价值体系的学习教育，用社会主义核心价值体系引领社会思潮、凝聚社会共识，同样是社会主义文艺的根本任务。

从历史上考察，马克思主义文艺理论中国化同马克思主义中国化始终是联系在一起的。马克思主义及其文艺理论在中国从开始引进、译介和传播，到中国化马克思主义及其文艺理论——毛泽东思想及毛泽东文艺思想的形成，再到习近平新时代中国特色社会主义思想及习近平新时代中国特色社会主义思想关于文艺的重要论述的产生，都无可辩驳地说明，马克思主义文艺理论的中国化是无论如何不能离开马克思主义中国化这个基础和前提的。特别是新时期马克思主义及其文艺理论中国化的进程，更加清楚地说明了它与中国特色社会主义的关系，勾画出当代中国马克思主义文艺理论的发展轨迹，并在学理上奠定了正确认识和解决新形势下文艺理论和文艺运动发展基本矛盾的思想基础和方法

① 习近平：《在文艺工作座谈会上的讲话》，人民出版社 2015 年版，第 23 页。
② 习近平：《在文艺工作座谈会上的讲话》，人民出版社 2015 年版，第 13 页。

论原则。

应当看到，要求文艺弘扬社会主义核心价值观是有现实针对性的。多年来，社会主义核心价值观在文艺理论和创作中的确立是持续受到各方面的挑战的。中国的马克思主义文艺理论，是在曲折和碰撞中不断为自己开辟前行的道路的。近几十年，中国文艺理论研究虽呈现出前所未有的活跃，但在许多根本问题上也出现了明显的争论和混乱。这些争论和混乱，大多围绕文艺的本质特征和发展规律这些基本问题展开，归根到底是对社会主义意识形态与文艺理论发展的关系、对是否与如何实现马克思主义文艺理论中国化等根本性问题产生出的不同看法。

毋庸讳言，在相当长的一段时间内，我国的文艺理论对马克思主义文艺学说和中国传统文论陷入了某种认同危机。向现代西方文艺理论倾斜，一度占据了主导的位置。这就在客观上向我们提出了对这一时期文艺理论发展进程回顾和反思所面临的一系列亟待解决的基本问题。而这其中，最为关键的则是如何认识和把握这期间文艺理论发展一以贯之的思想线索与基本精神，认识社会主义文艺的地位和作用，认识它所担负的历史使命和责任，坚持以人民为中心的创作导向，从而找到一个防止和纠正各种思想偏向的理论重心，并为认识和解决具体的文艺问题提供基本的思想准则。

可以说，中国的马克思主义文艺理论呈现的是一个开放的发展的状态。从一个方面看，它的基本性质和发展方向，是由占统治地位的社会主义意识形态决定的，坚持马克思主义文艺学的基本观念是其统一性的、一元化的特征。从另一个方面看，它又内在地要求时刻关注世界和民族文化总体格局的发展，不断增强现代文化精神的自觉性，从而使中国马克思主义文艺理论既在与其他性质和类型文艺理论的共存中保持自己的品格，又善于汲取其他各种文艺理论发展新成果的营养，体现出开放性和多样性的特点。

社会主义文艺要全面展现个体感性与社会普遍性的对立统一关系，就不能不面对并揭示社会现实中的各种矛盾。在社会主义市场经济条件下，确实某种程度上存在一些不良的乃至丑恶的现象，存在着感性个体与社会现实的矛盾冲突。而对现实生活中的这些矛盾关系，以反映生活为己任的文学艺术当然是不应该也不能够回避的。不过，表现感性个体的存在与社会现实生活的矛盾，以及在这种矛盾中人的种种非理性的生命体验，这只是文艺反映生活所包含的一个方面。而对这个方面的表现，也是应当以展现代表社会发展方向的真善美力量战胜阻碍社会发展的假恶丑力量作为遵循的基本目标的。

应该指出的是，在近些年的文艺作品中，确实出现了一些以对社会现实的否定来肯定自身感性存在的作品。它们或是以“写真实”为名，着意揭示感性个体与社会现实的对立，用灰暗的色调涂抹现实；或是以“张扬主体性”为借口，津津乐道于描绘个体那不可名状的孤独、焦灼、虚无、恐怖等非理性的主观体验，或淋漓尽致地进行性心理和性行为的描写。这就在根本上颠覆了社会主义核心价值观，混淆了社会主义文艺与资本主义文艺的界限，背离了中国特色社会主义文艺创作的精神。习近平指出：文艺应该“用现实主义精神和浪漫主义情怀观照现实生活，用光明驱散黑暗，用美善战胜丑恶，让人们看到美好、看到希望、看到梦想就在前方”①。这就表明，弘扬社会主义核心价值观，对文艺创作来说，不仅是符合艺术规律的，也是符合现实需要的。

二、文艺队伍的建设

文艺队伍的建设，是个实践问题，也是个理论问题。马克思主义文艺理论把文艺事业看作整个革命事业的一个组成部分，自然十分关心文艺队伍的建设，因为抓好队伍建设，才能更好地为繁荣文艺打牢人才的基础。当年恩格斯称赞格奥尔格·维尔特“为德国无产阶级第一个和最重要的诗人”②，显然是希望有更多这样的作家出现。列宁同样高度重视革命文艺队伍的建设，他在总结苏维埃政权建立后的实践经验基础上，提出了文化建设、经济建设、政治建设三位一体的整体构想，认为文化建设是经济建设和政治建设的基础和前提。关于文化建设，列宁明确提出了整个文化教育事业都必须贯彻文化革命的思想，必须为实现无产阶级专政的目的服务，必须接受党和苏维埃政权的领导。他深切地感到，当时俄国人民的文化水平较低是开展社会主义经济建设的巨大障碍。要改变这种状况，必须加强文化建设，提高人民的文化水平，因为文盲过多是同建设的任务不相容的。而且，在社会主义建设中，仅仅扫除文盲还不够，应该把在工人和农民中进行文化工作当作一项划时代的任务来抓。列宁曾满怀深情地指出：工人和农民“有权利享受真正的、伟大的艺术。因此，首先就得实施最广泛的民众教育和民众训练的工作。他们是文化的土壤——假定面

---

① 习近平：《在文艺工作座谈会上的讲话》，人民出版社 2015 年版，第 20 页。

② 恩格斯：《格奥尔格·维尔特》，《马克思恩格斯全集》第二十一卷，人民出版社 1965 年版，第 7 页。

包有了保证——在那上面，将成长起一种按照内容而规定其形式的、真正新兴的、伟大的艺术，一种共产主义的艺术”①。

在延安文艺座谈会上的讲话中，毛泽东提出：“我们要战胜敌人，首先要依靠手里拿枪的军队。但是仅仅有这种军队是不够的，我们还要有文化的军队，这是团结自己、战胜敌人必不可少的一支军队。”② 中华人民共和国成立后，党和政府更是为造就大批的无产阶级知识分子和文艺家而鼓与呼。改革开放之初，邓小平就说：“必须十分重视文艺人才的培养。……杰出的文艺家实在太少了。这种状况与我们的时代很不相称。我们不仅要从思想上，而且要从工作制度上创造有利于杰出人才涌现和成长的必要条件。”③

加强文艺人才队伍建设，是推动文艺繁荣发展最具根本性、基础性、长远性的工作。在新的历史时期，党的二十大报告明确提出人才是第一资源，要“坚持以人民为中心的创作导向，推出更多增强人民精神力量的优秀作品，培育造就大批德艺双馨的文学艺术家和规模宏大的文化文艺人才队伍”④。习近平高瞻远瞩地指出：“繁荣文艺创作、推动文艺创新，必须有大批德艺双馨的文艺名家。要把文艺队伍建设摆在更加突出的重要位置，努力造就一批有影响的各领域文艺领军人物，建设一支宏大的文艺人才队伍。”⑤ 习近平在中国文联十大、中国作协九大开幕式上的讲话中进一步强调：“‘盖有非常之功，必待非常之人。’人是事业发展最关键的因素。……我国文艺事业要实现繁荣发展，就必须培养人才、发现人才、珍惜人才、凝聚人才。……要做到政治上充分信任、思想上主动引导、工作上创造条件、生活上关心照顾，多为文艺工作者办实事、做好事、解难事，营造有利于出人才、出精品的良好环境。”⑥ 这就为我们加强文艺人才队伍建设从理论和政策上提供了准则。

---

① 引自［德］蔡特金：《列宁印象记》，《列宁论文学与艺术》，人民文学出版社 1983 年版，第 438 页。

② 毛泽东：《在延安文艺座谈会上的讲话》，《毛泽东选集》第三卷，人民出版社 1991 年版，第 847 页。

③ 邓小平：《在中国文学艺术工作者第四次代表大会上的祝词》，《邓小平文选》第二卷，人民出版社 1994 年版，第 212—213 页。

④ 习近平：《高举中国特色社会主义伟大旗帜 为全面建设社会主义现代化国家而团结奋斗——在中国共产党第二十次全国代表大会上的报告》，人民出版社 2022 年版，第 45 页。

⑤ 习近平：《在文艺工作座谈会上的讲话》，人民出版社 2015 年版，第 11 页。

⑥ 习近平：《在中国文联十大、中国作协九大开幕式上的讲话》，人民出版社 2016 年版，第 20—22 页。

对于如何造就一批有影响的各领域文艺领军人物，习近平还提出了具体的要求。对于文艺工作者自身素质的提高，他也寄予了殷切期望。他说："文艺工作者要自觉坚守艺术理想，不断提高学养、涵养、修养，加强思想积累、知识储备、文化修养、艺术训练，……认真严肃地考虑作品的社会效果，讲品位，重艺德，为历史存正气，为世人弘美德，为自身留清名，努力以高尚的职业操守、良好的社会形象、文质兼美的优秀作品赢得人民喜爱和欢迎。"①

文艺队伍的建设，首要的是如何接受党的领导的问题。在这方面，习近平反复强调各级党委要把文艺工作纳入重要议事日程，贯彻好党的文艺方针政策，把握文艺发展的正确方向。至于为什么要加强和改进党对文艺工作的领导，他深刻地指出："党的领导是社会主义文艺发展的根本保证。党的根本宗旨是全心全意为人民服务，文艺的根本宗旨也是为人民创作。把握了这个立足点，党和文艺的关系就能得到正确处理，就能准确把握党性和人民性的关系、政治立场和创作自由的关系。"而要做到这一点，一是"要选好配强文艺单位领导班子，把那些德才兼备、能同文艺工作者打成一片的干部放到文艺工作领导岗位上来"。二是"要尊重文艺工作者的创作个性和创造性劳动，政治上充分信任，创作上热情支持，营造有利于文艺创作的良好环境"。② 要着力培养一批艺德高尚、业务精深、技术娴熟的文学家、艺术家和技术专家，一批热爱文艺事业、懂市场、善经营的文化公司经理，一批思想敏锐、卓有见识、立言公正的文艺理论家和评论家，一批政治强、懂艺术、善管理、能够同文艺工作者密切联系的领导者，为文艺的繁荣发展提供人才和智力支撑。

互联网技术和新媒体的出现改变了文艺形态，催生了一批新的文艺类型，带来了文艺观念和文艺实践的深刻变化。由于文字数码化、书籍图像化、阅读网络化等方面的发展，文艺乃至文化面临着重大变革。要适应这种形势的发展，抓好网络文艺创作生产，加强正面的引导力度。近些年来，民营文化工作室、民营文化经纪机构、网络文艺社群等新的文艺组织大量涌现，网络作家、签约作家、自由撰稿人、独立制片人、独立演员歌手、自由美术工作者等新的文艺创作主体十分活跃。这些人中间很可能产生出文艺名家，古今中外很多文艺名家都是从社会和人民中产生的。面对这种形势，"我们要扩大工作覆盖面，

---

① 习近平：《在文艺工作座谈会上的讲话》，人民出版社2015年版，第12页。

② 习近平：《在文艺工作座谈会上的讲话》，人民出版社2015年版，第27—28页。

延伸联系手臂，用全新的眼光看待他们，用全新的政策和方法团结、吸引他们，引导他们成为繁荣社会主义文艺的有生力量”①。这同样是加强文艺队伍建设的一个重要任务。

此外，着眼于中国式现代化事业的长远发展，党和国家尤其重视青年人才培养以及充分发挥他们的作用，对于文艺事业来说同样如此。“青年是事业的未来。只有青年文艺工作者强起来，我们的文艺事业才能形成长江后浪推前浪的生动局面。要识才、爱才、敬才、用才，引导青年文艺工作者守正道、走大道，鼓励他们多创新、出精品，支持他们挑大梁、当主角，让当代中国文学家、艺术家像泉水一样奔涌而出，让中国文艺的天空更加群星灿烂。”② 这寄托了对青年文艺工作者的殷切希望，也提出了文艺队伍建设的更高要求。

思考题：

1. 什么是文艺的党性原则？简述它的基本内容。
2. 试谈文艺党性原则提出的历史价值和现实意义。
3. 试谈贯彻“双百”方针和“二为”方向的基本原则和方法。
4. 如何理解中国特色社会主义文艺理论对发展马克思主义文艺理论的贡献？

① 习近平：《在文艺工作座谈会上的讲话》，人民出版社 2015 年版，第 12—13 页。
② 习近平：《在中国文联十一大、中国作协十大开幕式上的讲话》，人民出版社 2021 年版，第 18 页。

第八章　文艺与社会理想

文艺反映生活，“但是文艺作品中反映出来的生活却可以而且应该比普通的实际生活更高，更强烈，更有集中性，更典型，更理想，因此就更带普遍性”①。马克思主义文艺理论历来重视文艺对现实生活的反映，强调文艺要具有现实主义精神，同时它也将文艺的发展同人类解放和社会进步的理想紧密结合起来，强调文艺应具有浪漫主义情怀，认为历史上一切优秀的文艺都具有理想的光辉，革命文艺更应如此。马克思主义文艺理论历来认为文艺是丰富人们精神享受、推动社会进步的一个重要领域。

文艺与社会理想的关系，是由文艺的客观性和主观性所决定的。从客观性方面看，文艺是社会生活的反映。文艺反映的重点是社会生活中的人，而社会生活中的人又具有自由自觉的特性，正是这种特性，决定了社会生活中的人始终具有理想追求。作为表现和反映社会生活的文艺作品，也自然具有社会理想。从主观性方面看，文艺又是文艺家对社会生活的能动审美反映。文艺家是社会生活中主观性很强、自由度很高、创造性很强的一个群体。文艺家群体的这一特性，也决定了文艺作品比其他精神产品具有更为突出的社会理想的因素。

第一节　文艺与人的发展

文艺的出发点和归宿点都是人，它既以人为反映的对象，描绘人的社会生活，表现人的思想感情，表达人的理想愿望，又以人为作用的对象，净化人的思想感情，激发人的理想追求，促进人的自由解放和全面发展。文艺的社会理想因素往往也是通过对人的表现而呈现出来的。

一、文艺与人的解放

文艺与人的自由解放，是文艺理论所关注的一个重要话题。在西方文论史

① 毛泽东：《在延安文艺座谈会上的讲话》，《毛泽东选集》第三卷，人民出版社 1991 年版，第 861 页。

上，出现过多种形态的人的自由解放主张。有宗教幻想的自由解放，主张把人的愿望、理想和未来命运寄托于彼岸世界，并在彼岸世界获得满足与快乐。有空想社会主义的自由解放，梦想用试验的办法来实现自己的社会理念，建立国内“移民区”，创立袖珍版的“新耶路撒冷”，并在其中实现人的自由解放。有审美幻想的自由解放，主张通过艺术欣赏和审美活动实现人的心灵自由和精神解放。比如，黑格尔就明确认为艺术以及一切行为和知识的根本和必然的起源就是人的自由理性，并提出了“审美带有令人解放的性质”① 这一重要理论观点。当然，随着形势的变化，也出现一种突破传统道德底线，鼓吹极端个人主义、纵欲主义等所谓的“个性解放”和“自由解放”的倾向。这些关于人的自由解放理论，虽然都对人的自由解放有某种作用，但不能从根本上解决问题。马克思主义所主张的人的解放，是一种通过社会变革而达到的人的现实解放。人在文艺中的解放虽然不能代替人的现实解放，但确是有助于人的现实解放的。在马克思主义文艺理论中，人类生成发展的历史就是人类不断地追求自由解放的历史。恩格斯指出：“文化上的每一个进步，都是迈向自由的一步。”②作为人类文化创造活动的主要形式，文艺在人类追求自由解放的历史进程中，发挥了独特而重要的作用。这种作用具体表现在以下三个方面。

一是文艺有助于人从精神上获得一种解放。我们知道，自然界的存在，是人类社会历史创造活动赖以发生和发展的物质基础。马克思曾指出，自然界既是人类物质生产的对象，又是人类精神生产的对象。从物质生产方面看，“没有自然界，没有感性的外部世界，工人什么也不能创造。自然界是工人的劳动得以实现、工人的劳动在其中活动、工人的劳动从中生产出和借以生产出自己的产品的材料”③。离开了自然界，“即没有劳动加工的对象，劳动就不能存在”④。正是通过工人的这种劳动创造，“工业日益在实践上进入人的生活，改造人的生活，并为人的解放作准备”⑤。当然，这里侧重的是物质的解放。从精

---

① ［德］黑格尔：《美学》第一卷，朱光潜译，商务印书馆 1979 年版，第 147 页。

② 恩格斯：《反杜林论》，《马克思恩格斯文集》第九卷，人民出版社 2009 年版，第 120 页。

③ 马克思：《1844 年经济学哲学手稿》，《马克思恩格斯文集》第一卷，人民出版社 2009 年版，第 158 页。

④ 马克思：《1844 年经济学哲学手稿》，《马克思恩格斯文集》第一卷，人民出版社 2009 年版，第 158 页。

⑤ 马克思：《1844 年经济学哲学手稿》，《马克思恩格斯文集》第一卷，人民出版社 2009 年版，第 193 页。

神生产方面看，自然界“一方面作为自然科学的对象，一方面作为艺术的对象，都是人的意识的一部分，是人的精神的无机界，是人必须事先进行加工以便享用和消化的精神食粮”①。所以，自然界也是人类精神生产和精神享受的对象。正是通过精神生产，人的精神获得了解放，人能够通过想象超越自然的限制而获得精神上的自由。特别是在人类童年的原始社会，由于生产力极其低下，因此，在原始人看来，自然力是某种异己的、神秘的、压倒一切的东西，原始人要从物质生产方面战胜自然界极其困难。这时，作为精神产品的神话，在原始人的精神解放中发挥了独特的作用：“任何神话都是用想象和借助想象以征服自然力，支配自然力，把自然力加以形象化。”② 原始人在对自然力加以“形象化”和“人格化”时，想象发挥了关键的作用和影响。马克思说：“想象，这一作用于人类发展如此之大的功能，开始于此时产生神话、传奇和传说等未记载的文学，而业已给予人类以强有力的影响。”③ 作为人类童年想象成果的神话、传说等作品，给予人类强烈而持久的影响，在人类自由解放的历史进程中，作为一种“集体无意识”影响至深，直到今天它们仍然能够给人们以艺术的享受。

二是文艺有助于人从社会束缚中解放出来。人类社会发展的历史，既是自然力不断被征服、人的自由度不断在增强的历史，又是社会关系变得日益复杂，人的自由性不断被束缚的历史。特别是在阶级社会中，人类走向了异化时代，分化出了两个对立的群体：剥削者与被剥削者，压迫者与被压迫者。剥削者和压迫者为了维护自身的利益，建立了一整套与之相适应的上层建筑体系，束缚人们的思想和行为，压抑人们的个性发展。在这种状况下，被剥削者和被压迫者会利用各种方式包括文艺的方式来反抗统治阶级的压迫，挣脱社会的束缚，争取自由解放。恩格斯认为，文艺复兴时期那些思想巨人的产生和自由个性的出现，与当时古代文艺的复兴有着重要的联系。他说：文艺复兴“是一个需要巨人并且产生了巨人的时代，那是一些在思维能力、激情和性格方面，在多才多艺和学识渊博方面的巨人。给资产阶级的现代统治打下基础的人物，决没有市民局限性。……那时，几乎没有一个著名人物不曾作过长途的旅行，不

① 马克思：《1844 年经济学哲学手稿》，《马克思恩格斯文集》第一卷，人民出版社 2009 年版，第 161 页。

② 马克思：《〈政治经济学批判〉导言》，《马克思恩格斯选集》第二卷，人民出版社 2012 年版，第 711 页。

③ 马克思：《摩尔根〈古代社会〉一书摘要》，《马克思恩格斯论文学与艺术》（一），陆梅林辑注，人民文学出版社 1982 年版，第 257 页。

会说四五种语言，不在好几个专业上放射出光芒”①。达·芬奇、丢勒、马基雅维利、路德等，都是这些巨人中的代表。这些巨人的产生，原因是多方面的，其中，古希腊文化，特别是古希腊文学艺术的熏陶是至关重要的因素。“拜占庭灭亡时抢救出来的手稿，罗马废墟中发掘出来的古代雕像，在惊讶的西方面前展示了一个新世界——希腊古代；在它的光辉的形象面前，中世纪的幽灵消逝了。”② 正是希腊古代文学艺术中所蕴含的崇尚自由平等、崇拜英雄智者、追求个性发展的精神气质，极大地影响了文艺复兴时期的巨人们克服中世纪的局限性，走向自由解放和全面发展。

列宁所提出的“两种民族文化”学说也认为，占统治地位的资产阶级文化，对无产阶级具有极大的束缚作用，它“麻醉、愚弄和分化工人，使工人听任资产阶级摆布”，进而使工人丧失主体地位。而“民主主义和社会主义的”文化成分，作为“民主主义和社会主义的意识形态”，其作用正好相反，具有“为无产阶级服务”，“联合各民族工人，不屈不挠地同‘自己的’和别人的资产阶级民族主义作斗争”的作用，进而使工人摆脱束缚，获得自由解放。③ 列宁还以通俗文学为例，说明文艺具有促进人自由解放的功能。他说，通俗文艺在读者争取自由解放的历史进程中，可以“引导他们，帮助他们迈开最初的几步，教他们独立向前走”④。

三是文艺有助于人对自身的解放。西方文艺理论从古希腊开始，就关注文艺与人的自我解放的关系问题，强调用文艺来净化人的感情，塑造人的灵魂。柏拉图和亚里士多德认为，人是一个复杂的整体，在每个人的自我世界里，存在着善与恶、美与丑、崇高与卑下以及压抑与放纵、忧愁与快乐等相互矛盾的心理。要使每个人变得善良、美好、崇高、快乐，需要用文艺作品来净化他们的心灵，实现他们的自我解放。马克思主义文艺理论继承了这一理论传统，进一步强调了用文艺来教育人、影响人、解放人的重要性与必要性。马克思主义认为文艺作品可以发挥巨大的作用，因为文艺是文艺家自由自觉地按照美的规律创造的结晶，文艺作品中所蕴含的真善美，能使人沉醉

---

① 恩格斯：《自然辩证法》，《马克思恩格斯文集》第九卷，人民出版社2009年版，第409页。
② 恩格斯：《自然辩证法》，《马克思恩格斯文集》第九卷，人民出版社2009年版，第408页。
③ 列宁：《关于民族问题的批评意见》，《列宁选集》第二卷，人民出版社2012年版，第336—337页。
④ 列宁：《评〈自由〉杂志》，《列宁全集》第五卷，人民出版社1986年版，第322—323页。

于情深意切的锦绣辞章中，抒发痛苦和欢乐，抒发信念和豪情，给人情感的净化和美的浸染。这也是马克思主义经典作家酷爱文学的重要原因之一。在马克思和恩格斯的一生中，文学始终是他们的一种慰藉，他们总是把文学欣赏当作精神的休息和心灵的净化。不仅如此，马克思和恩格斯还对工人阶级在文艺生活中每一个可喜的现象和进步都感到由衷的喜悦，认为工人阶级对文艺作品的阅读尤其是直接参加文艺创作活动，有利于他们精神上的成长和阶级意识的觉醒。马克思和恩格斯在他们合著的《神圣家族》中写道："出自英法两国下层人民阶级的新的散文和诗作将会向批判表明，即使没有批判的批判的神圣精神的直接庇佑，下层人民阶级也能把自己提高到精神发展的更高水平。"① 可见，马克思和恩格斯认为下层人民阶级在文艺领域的尝试，不仅是他们表达自己心声和阶级意识的体现，而且是他们精神发展的一种必要形式。

用文艺来净化人的灵魂，促进人的自我解放，也是当代中国马克思主义文艺理论的重要主张。习近平《在文艺工作座谈会上的讲话》强调，"文艺是给人以价值引导、精神引领、审美启迪的"②，能够"为历史存正气，为世人弘美德，为自身留清名"③。文艺对人的灵魂升华、情感净化、精神解放的作用，是有无数事例可以证明的。

二、文艺与人的全面自由发展

马克思主义关于未来社会人的全面发展的构想，是同共产主义理论和未来共产主义社会的人的活动特点紧密地联系在一起的。马克思主义所想象的未来社会中人的发展有两个重要内涵：一是人的全面发展；二是人的自由发展。马克思主义的这一构想，其直接前提是消除资本主义社会异化劳动状态下人的异化。马克思主义认为，异化劳动是"一种异己的活动"。这种活动的后果，一是使劳动者无法全面发展，使人的本质片面化，本质变成仅仅维持自己生存的手

拓展资源

1844 年经济学哲学手稿（节选）

① 马克思、恩格斯：《神圣家族》，《马克思恩格斯全集》第二卷，人民出版社 1957 年版，第 171 页。

② 习近平：《在文艺工作座谈会上的讲话》，人民出版社 2015 年版，第 11 页。

③ 习近平：《在文艺工作座谈会上的讲话》，人民出版社 2015 年版，第 12 页。

段；二是使劳动者不能自由发展，“他的活动属于别人，这种活动是他自身的丧失”，从而使劳动者变成了任人摆布的“机器”，变得“愚钝和痴呆”。[1] 基于此，马克思主义强调，未来社会就是消灭了私有制下异化劳动的社会，未来社会中人的发展就是从人的片面发展走向人的全面发展，从人的不自由发展走向人的自由发展。

> 拓展资源
>
> 自然辩证法（节选）

何谓人的全面发展和人的自由发展呢？人的全面发展，指人尽可能多方面地发展，包括体力、智力、能力的共同发展。这种全面发展的人，类似于恩格斯在《自然辩证法》中所热情描绘的文艺复兴时期的巨人们：“在思维能力、激情和性格方面”都得到发展，做到“多才多艺和学识渊博”，能“在好几个专业上放射出光芒”。[2] 人的自由发展，指人在不受外在条件强制的前提下尽可能地按照自己个性发展。这种自由发展的人所从事的生存活动，是他感兴趣、很热爱、乐投入的，能够实现自身本质力量的自由自觉的活动，而不是带有外在强制和自我强迫的仅仅作为一种个人生存手段的活动。在这种活动中，人们感到幸福和快乐，而非不幸和痛苦。同时，这种自由发展的人摆脱了分工造成的限制。马克思、恩格斯曾经这样指出：“在共产主义社会里，任何人都没有特殊的活动范围，而是都可以在任何部门内发展，社会调节着整个生产，因而使我有可能随自己的兴趣今天干这事，明天干那事，上午打猎，下午捕鱼，傍晚从事畜牧，晚饭后从事批判，这样就不会使我老是一个猎人、渔夫、牧人或批判者。”[3] 人的全面发展和人的自由发展的思想，是贯穿马克思主义文艺社会理想的一根红线。它与空想社会主义文艺社会理想中人的发展思想的鲜明区别在于，不是从概念的人出发，而是从具体的人出发；不是人的抽象发展，而是人的现实发展。它所特别突出的是人的全面发展和人的自由发展是通过对人的本质的真正占有而实现的，而实现的途径是扬弃那些使人本身的活动对人来说成为一种异己的、同他对立的力量，消除分

---

① 马克思：《1844年经济学哲学手稿》，《马克思恩格斯文集》第一卷，人民出版社2009年版，第164、160、159页。

② 恩格斯：《自然辩证法》，《马克思恩格斯文集》第九卷，人民出版社2009年版，第409页。

③ 马克思、恩格斯：《德意志意识形态》，《马克思恩格斯文集》第一卷，人民出版社2009年版，第537页。

工的限制，达到“人和自然界之间、人和人之间的矛盾的真正解决”①。这就是消灭了私有制的共产主义社会，这就是对历史之谜的解答。

马克思主义特别重视文艺在人的发展中的重要作用。马克思主义文艺理论认为，在人的全面发展过程中，文艺具有非常重要的意义，在人类从野蛮向文明的转变、从非审美感官向审美感官的生成、从片面向全面的发展中，都伴随着文艺活动，都留下了文艺活动影响的印记。这种影响主要包括这样几个方面：

一是文艺有助于人的文明进步。马克思主义始终以发展变化的眼光来看待人，指出社会是不断发展的，人是不断文明进步的。在进步过程中，人既创造出了新的文艺，又被新的文艺所影响。恩格斯十分赞同达尔文的人是由猿进化而来的观点，并从彻底唯物主义立场出发，考察了劳动在人类从猿到人进化过程中的作用及其与文艺的关系，强调“劳动创造了人本身”②，并在此基础上才产生了文艺。马克思主义创始人所说的劳动，主要指人的物质生产，但并不局限于物质生产。因为，物质生产在促进猿的前足变成人的手，猿的喉管变成人的发音器官，猿脑变成人脑后，人“有能力完成越来越复杂的动作，提出并达到越来越高的目的。劳动本身经过一代又一代变得更加不同、更加完善和更加多方面了”③。在这不同和多样化中，既包括打猎、牧畜、农业、冶金等纯粹物质的生产，也包括带有艺术意味的纺织、制陶等劳动，还包括神话、传说等精神性活动。当打猎、农业等活动的节奏感越来越强烈时，当纺织、制陶的审美意味越来越突出时，当神话、传说的精神价值越来越纯粹时，人离艺术活动就越来越近，进而在此基础上才“像施魔法一样产生了拉斐尔的绘画、托瓦森的雕刻和帕格尼尼的音乐”④ 及其他文艺作品。

文艺的出现是推动人类历史从野蛮转向文明的标志之一。马克思主义文艺理论强调，文艺不仅在人类进步过程中起到了推动作用，而且在人类社会的历

① 马克思：《1844 年经济学哲学手稿》，《马克思恩格斯文集》第一卷，人民出版社 2009 年版，第 185 页。

② 恩格斯：《劳动在从猿到人的转变中的作用》，《马克思恩格斯文集》第九卷，人民出版社 2009 年版，第 550 页。

③ 恩格斯：《劳动在从猿到人的转变中的作用》，《马克思恩格斯文集》第九卷，人民出版社 2009 年版，第 557 页。

④ 恩格斯：《劳动在从猿到人的转变中的作用》，《马克思恩格斯文集》第九卷，人民出版社 2009 年版，第 552 页。

次变革中对人的发展也起到了促进作用。马克思、恩格斯指出，在欧洲中世纪向文艺复兴的转变过程中，作为意大利无与伦比的完美的典型人物但丁，其代表作《神曲》，对文艺复兴时期人的发展就发挥了重要的促进作用，其著名格言“走你的路，让人们去说罢!”不仅成为影响文艺复兴时期人文学者的口号，而且后来还影响了马克思的科学态度。马克思在《资本论》第一版第一卷序言中说：“任何的科学批评的意见我都是欢迎的。而对于我从来就不让步的所谓舆论的偏见，我仍然遵守伟大的佛罗伦萨人的格言：走你的路，让人们去说罢!”① 列宁也认为，作为“俄国革命的镜子”的列夫·托尔斯泰，对处于变革时期俄国人的发展产生了重要影响，甚至对俄国“雇佣工人阶级”的“成长、发展和壮大”都有极大的促进作用。②

二是文艺有助于人的艺术感官的形成。马克思主义文艺理论始终将人的艺术感官的形成，放到人类社会实践与审美实践中去进行考察，认为人的艺术感官不是天生的，而是在人的社会实践和艺术实践中逐步形成和发展起来的。在人的艺术感官的形成中，社会实践是基础，艺术实践是关键。人类的社会实践，尤其是物质生产中交流与配合的需要，促进了语言的产生。恩格斯说：“语言的逐渐发展必然伴随有听觉器官的相应的完善化。”③ 语言的发展使人的听觉不仅能够感受到自然界声音的节奏，而且能够区分自然界声音与人类声音的不同，并在此基础上开始将自然界的音响节奏变成简单的乐音，如人类早期的劳动号子和民歌。这种简单的乐音又进一步刺激人类的音乐感觉，从而创造出更为复杂的音乐。伴随着音乐的发展，人类的音乐感官逐步走向完善，形成了审美意义上“感受音乐的耳朵”。人类进入文明社会以后，文艺成为独立的生产部门，传统的文艺形式走向了成熟。在这种背景下，社会实践在人的艺术感官形成中的作用变得间接而曲折，艺术实践成了关键的因素。当然，艺术实践与艺术感官之间的关系并非单向的作用关系，而是一种互为作用、互为对象的关系。一方面，只有音乐才激起人的音乐感，没有音乐，是不能形成音乐

---

① 马克思：《〈资本论〉第一版序言》，《马克思恩格斯文集》第五卷，人民出版社 2009 年版，第 13 页。

② 列宁：《列·尼·托尔斯泰和现代工人运动》，《列宁全集》第二十卷，人民出版社 1989 年版，第 41 页。

③ 恩格斯：《劳动在从猿到人的转变中的作用》，《马克思恩格斯文集》第九卷，人民出版社 2009 年版，第 554 页。

感的，换言之，就是“艺术对象创造出懂得艺术和具有审美能力的大众”①。另一方面，“对于没有音乐感的耳朵来说，最美的音乐也毫无意义，不是对象，……因为任何一个对象对我的意义（它只是对那个与它相适应的感觉来说才有意义）恰好都以我的感觉所及的程度为限”②。

三是文艺有助于人的本质力量的丰富。马克思主义文艺理论详细地考察了社会分工与文艺发展的关系，分析了文艺对于实现人的本质力量丰富性的意义。恩格斯认为，分工对文艺的发展和人的发展都是一把双刃剑。一方面，由于分工，“在这被迫专门从事劳动的大多数人之旁，形成了一个脱离直接生产劳动的阶级，它掌管社会的共同事务：劳动管理、国家事务、司法、科学、艺术等等”③。可见，分工导致了物质生产与精神生产的专门化与专业化，改变了生产关系，解放了生产力，推动了物质生产和精神生产的快速发展。就文艺生产而言，分工形成了文艺生产的专业化，一部分文艺家摆脱了物质生产劳动而专门从事文艺生产，他们有更多的时间和精力研究艺术规律，从事艺术创作与批评，使文艺生产出现了空前的繁荣。文艺史上的各种规范、经典性的文艺作品，都是分工以后才产生的。另一方面，分工又导致了人发展的片面化，文艺活动的小众化。分工使艺术才能完全集中在个别人身上，广大群众的艺术天才则受到压抑。他们被剥夺了从事文艺创作的权利，失去了文艺创作的机会，压抑了文艺创作的才能。

那么，如何消除这种现象呢？马克思主义创始人认为可以分两步走。第一步是在社会分工还存在，私有制还未消灭之前，应尽可能多地倡导文艺欣赏，提高大众的艺术修养，弥补分工对大众艺术天才的压抑。这样，即使大众不能成为艺术家，但大众可以成为有艺术修养的人，即具有有音乐感的耳朵，能感受形式美的眼睛，并去“获得历史上遗留下来的文化——科学、艺术、社交方式等等——中一切真正有价值的东西”④，以达到丰富人的本质力量之目的。第二步是消灭私有制和实现共产主义之后，文艺活动已成为人的自由活动，成为人的本质力量丰富性的一种体现。

---

① 马克思：《〈政治经济学批判〉导言》，《马克思恩格斯选集》第二卷，人民出版社 2012 年版，第 692 页。

② 马克思：《1844 年经济学哲学手稿》，《马克思恩格斯文集》第一卷，人民出版社 2009 年版，第 191 页。

③ 恩格斯：《反杜林论》，《马克思恩格斯文集》第九卷，人民出版社 2009 年版，第 298 页。

④ 恩格斯：《论住宅问题》，《马克思恩格斯文集》第三卷，人民出版社 2009 年版，第 258 页。

> 在共产主义的社会组织中，完全由分工造成的艺术家屈从于地方局限性和民族局限性的现象无论如何会消失掉，个人局限于某一艺术领域，仅仅当一个画家、雕刻家等等，因而只用他的活动的一种称呼就足以表明他的职业发展的局限性和他对分工的依赖这一现象，也会消失掉。在共产主义社会里，没有单纯的画家，只有把绘画作为自己多种活动中的一项活动的人们。①

马克思和恩格斯这段话的意思是：人的活动是丰富多彩的，艺术活动仅是人多种多样活动中的一种；一个人的艺术活动是多领域的，可以在不同的艺术领域中从事不同种类的艺术活动；艺术家的活动范围是广阔无限的，可以打破地域性和民族性的限制。一句话，未来共产主义社会中的文艺活动，才是人的本质力量丰富性的自由自觉的体现。

第二节　文艺与社会的进步

文艺一方面是社会生活的反映，另一方面又反作用于社会生活。历代优秀的文艺家，他们既是社会生活的真实反映者，又是社会变革的重要推动者；历代优秀的文艺作品，既是社会生活的一面镜子，又是社会生活发展的一种动力。

一、文艺与现实关系的改变

文艺推动社会进步，首先体现在文艺应该促进社会现实关系的改变上。那么，文艺家应该怎样表现其作品以促进现实关系的改变呢？

一是文艺应该通过对现实关系和社会矛盾的真实描写与深刻揭示，引起读者“对于现存事物的永恒性的怀疑”②。这是马克思主义创始人对当时现实主义文学基本特点的概括，也是对具有社会主义倾向作家如何在创作中表现

---

① 马克思、恩格斯：《德意志意识形态》，《马克思恩格斯全集》第三卷，人民出版社 1960 年版，第 460 页。

② 恩格斯：《致明娜·考茨基》，《马克思恩格斯文集》第十卷，人民出版社 2009 年版，第 545 页。

自己思想倾向的要求。恩格斯的这个观点，发表于 19 世纪 80 年代，其时正是欧洲全面进入资本主义的时代。这一时期，不仅资产阶级充满了自信与乐观主义精神，而且社会上的广大人民群众不容易有社会主义革命的觉悟。他们一般都保持对流行的社会关系的传统幻想，都有资本主义事物永世长存的想法。马克思主义经典作家则与社会传统幻想和乐观信念相反，看到了资本主义繁荣表象掩盖着的矛盾与危机：资产阶级的掘墓人无产阶级正在走向成长壮大，无产阶级与资产阶级处于不可调和的对立之中。同时，与马克思的名字相连的工人运动和社会主义运动迅速发展。在这一背景下，恩格斯要求具有社会主义倾向的文学，要通过对这种社会关系的真实描写，充分展示资本主义社会的尖锐复杂的矛盾，来引起广大读者对现存事物永恒性的怀疑。

20 世纪的马克思主义文艺理论，继承并发展了恩格斯的这一思想。列宁在评价列夫·托尔斯泰时指出，托尔斯泰作品的重要价值之一是启发人们对俄国农奴制存在合理性的怀疑与否定。他说：托尔斯泰在自己的后期作品里，对现存一切国家制度、教会制度、社会制度和经济制度作了激烈的批判，启发人们认识到“乡村俄国一切‘旧基础’的这种急剧地被摧毁”①。毛泽东一生喜欢阅读《红楼梦》，他说：“《红楼梦》我至少读了五遍。”他认为《红楼梦》的重要价值之一，是预示了中国封建社会的灭亡。他说：“《红楼梦》里有这样的话：‘陋室空堂，当年笏满床。衰草枯杨，曾为歌舞场。蛛丝儿结满雕梁，绿纱今又在蓬窗上。’这段话说明了在封建社会里，社会关系的兴衰变化，家族的瓦解和崩溃。”在“《红楼梦》中就可以看出家长制度是在不断分裂中”。正是在这个意义上，“《红楼梦》不仅要当作小说看，而且要当作历史看”。② 此外，“西方马克思主义”的有些思想家，也很重视文艺对于当代资本主义社会批判所隐含着的政治潜能，他们的一些看法同经典马克思主义文艺理论的相关思想观点也有相通之处。

拓展资源

谈《红楼梦》（节选）

二是文艺应该关注反抗旧制度的革命者。文艺关

① 列宁：《列·尼·托尔斯泰和现代工人运动》，《列宁全集》第二十卷，人民出版社 1989 年版，第 40 页。

② 毛泽东：《谈〈红楼梦〉》，《毛泽东文艺论集》，中央文献出版社 2002 年版，第 205、206 页。

注反抗旧制度的革命者，既是批判现实主义文学的重要内容之一，也是马克思主义文艺理论对现实主义文学创作的一个基本要求。西方文艺复兴以来的文学，尤其是19世纪盛行的批判现实主义文学，大多关注到现存社会中反抗旧制度的叛逆者。这些叛逆者大致可以分为三种类型：第一类是向旧制度宣战的英雄，如巴尔扎克笔下的共和党英雄；第二类是旧制度的改革者，如托尔斯泰笔下的列文；第三类是旧制度的抗议者，如普希金笔下的“多余人”。马克思主义经典作家对这些旧制度的叛逆者给予高度关注，对塑造这些人物的作家给予了充分肯定。恩格斯称巴尔扎克是“现实主义的最伟大的胜利之一”，其中重要的原因之一就是“巴尔扎克在政治上是一个正统派”，但他“违背自己的阶级同情和政治偏见”，“经常毫不掩饰地赞赏的唯一的一批人，却正是他政治上的死对头，圣玛丽修道院的共和党英雄们，这些人在那时（1830—1836年）的确是人民群众的代表”。① 列宁钟爱俄国的现实主义作家，不仅对俄国现实主义（例如其中包括的“巡回展览派”艺术）的评价是很高的，而且非常熟悉和理解托尔斯泰、屠格涅夫、普希金等人的作品，对他们笔下旧制度的叛逆者十分欣赏。毛泽东不仅肯定了《红楼梦》的历史意义和认识价值，而且对其中的男主人公贾宝玉的叛逆性格也给予了肯定性评价，认为贾宝玉是一个“不满意封建制度的小说人物”②。马克思主义经典作家之所以十分关注文学作品中旧制度的叛逆者，是因为这些人出生、成长、活动于旧制度，但又是旧制度养育出来的逆子，与旧制度的维护者正相对立，从这类人物身上，读者能够意识到历史的正义和社会发展的趋向。

三是文艺应该在批判旧事物中发现新的意义。马克思主义文艺理论认为，文艺对现实的否定与批判很有价值，文艺能够从所否定和批判的旧事物里发现新的意义，并为建设新的世界提供有益借鉴。马克思、恩格斯在谈到使整个社会革命化的思想时指出：“在旧社会内部已经形成了新社会的因素，旧思想的瓦解是同旧生活条件的瓦解步调一致的。”③ 他们发现，从启蒙运动到浪漫主义过渡的一个重要趋向，就是“从前没有看到的东西现在到处都露出自

---

① 恩格斯：《致玛格丽特·哈克奈斯》，《马克思恩格斯文集》第十卷，人民出版社2009年版，第571页。

② 毛泽东：《谈〈红楼梦〉》，《毛泽东文艺论集》，中央文献出版社2002年版，第207页。

③ 马克思、恩格斯：《共产党宣言》，《马克思恩格斯文集》第二卷，人民出版社2009年版，第51页。

己的痕迹"，"在最旧的东西中惊奇地发现了最新的东西"。① 他们还用这个价值标准去评价具体的作家作品，如对歌德的评价，认为在他所批判的旧事物中发现了新的意义，预告了资产阶级世界的来临。要求文艺在批判旧事物中发现新的意义，可以说同样是 20 世纪马克思主义文艺理论的一个重要立场，列宁在这方面具有很强的代表性。列宁称赞托尔斯泰在他所批判的俄国农奴制社会中发现了"最广大的人民群众完全不熟悉的，陌生的，不了解的""这个'刚刚开始形成的'资产阶级制度"。虽然托尔斯泰本人"根本不愿意看到，甚至拒绝"这个制度，但这个发现至少"也是极为重要的问题"。② 马克思主义经典作家之所以要求文艺在批判旧事物中发现新的意义，既是对文艺家创造能力的要求，也是文艺作品创新的体现，更是改变现实关系、建设新的世界的一种需要。

二、文艺推动历史的进步

马克思主义文艺理论认为，社会的进步与文艺的发展始终是相生相伴、相互促进的。社会的前进推动文艺的发展，文艺的发展推动社会的进步。那么，文艺是怎样推动社会历史进步的呢？

一是文艺引导人们改变环境。马克思主义非常强调人与环境的相互依存和互动关系："人创造环境，同样，环境也创造人。"③ 一方面，环境创造人，人是环境的产物。另一方面，人也创造环境，人能通过自己的实践活动改变环境。这后一方面，是马克思主义同从前旧唯物主义的一个重要区别。马克思主义创始人尤其注重后者，强调哲学的功能不仅在解释世界，更重要的是改变世界。他们还将这一观点运用于对文艺活动的考察和对未来文学的要求上，这一点我们从恩格斯对哈克奈斯的小说《城市姑娘》的评论中可以看得很清楚。

拓展资源

在中国文学艺术工作者第四次代表大会上的祝词（节选）

马克思主义创始人关于文艺应该引导人改变环境的思想，在中国马克思主义文艺理论中得到了积极响

① 马克思：《致恩格斯》，《马克思恩格斯文集》第十卷，人民出版社 2009 年版，第 284 页。

② 列宁：《列·尼·托尔斯泰和他的时代》，《列宁全集》第二十卷，人民出版社 1989 年版，第 100、101 页。

③ 马克思、恩格斯：《德意志意识形态》，《马克思恩格斯文集》第一卷，人民出版社 2009 年版，第 545 页。

应和创造性发展。20 世纪 40 年代毛泽东结合中国革命的实际和抗日战争的需要，特别强调了文艺对人民群众的鼓舞作用和对社会环境的改造作用。他说，由于文艺作品能够将“日常的现象集中起来，把其中的矛盾和斗争典型化”，因此，其社会功能就更为突出，更具有鼓舞作用，“能使人民群众惊醒起来，感奋起来，推动人民群众走向团结和斗争，实行改造自己的环境”。[①] 20 世纪 70 年代末，邓小平根据改革开放的要求和建设社会主义现代化国家的需要，提出社会主义文艺就是要“通过有血有肉、生动感人的艺术形象”，给广大人民群众“以积极进取、奋发图强的精神”，从而“推动他们从事四个现代化建设的历史性创造活动”。[②] 进入 21 世纪的新时代，习近平结合中华民族伟大复兴的历史使命，特别突出了文艺在社会变革、民族复兴中的重要作用，强调文艺可以为中华民族“举精神之旗、立精神支柱、建精神家园”，从而“鼓舞全国各族人民朝气蓬勃迈向未来”，[③] 实现中华民族伟大复兴的中国梦。

二是文艺新人形象代表社会理想。马克思主义文艺理论认为，文艺作品中的新人形象是文艺作品中代表先进生产力发展方向，体现先进文化思想，符合社会发展趋势的人物形象。当然，不同时代文艺作品中的新人形象是不同的。在马克思、恩格斯所处的时代，文艺作品中的新人形象主要指的是无产者形象。马克思主义创始人非常关心文艺作品中无产者形象的塑造。早在 1846 年，恩格斯在批评卡尔·倍克的《穷人之歌》只歌颂德国“小市民的鄙俗风气”时，就提出了文学应当“歌颂倔强的、叱咤风云的和革命的无产者”。[④] 马克思主义创始人对那些表现无产者形象的作家作品总是给予鼓励和肯定。他们评价海涅的《西里西亚织工之歌》是“最有力的诗歌之一”[⑤]；肯定英国诗人爱德华·波·米德的《蒸汽王》“正确地表达了工人中的普遍的情绪”[⑥]；称赞格奥

---

① 毛泽东：《在延安文艺座谈会上的讲话》，《毛泽东选集》第三卷，人民出版社 1991 年版，第 861 页。

② 邓小平：《在中国文学艺术工作者第四次代表大会上的祝词》，《邓小平文选》第二卷，人民出版社 1994 年版，第 210 页。

③ 习近平：《在文艺工作座谈会上的讲话》，人民出版社 2015 年版，第 6 页。

④ 恩格斯：《诗歌和散文中的德国社会主义》，《马克思恩格斯全集》第四卷，人民出版社 1958 年版，第 223、224 页。

⑤ 恩格斯：《共产主义在德国的迅速发展》，《马克思恩格斯全集》第二卷，人民出版社 1957 年版，第 592 页。

⑥ 恩格斯：《英国工人阶级状况》，《马克思恩格斯全集》第二卷，人民出版社 1957 年版，第 472 页。

尔格·维尔特的《帮工之歌》“利用海涅的形式”，表现了“完全独创的，别具只眼的内容”。[1] 在 20 世纪初期的俄国，文艺作品中的新人主要是指文艺作品中所描绘的“千千万万劳动人民”，列宁不仅称他们为“国家的精华、国家的力量、国家的未来”，[2] 而且要求作家在创作中表现这些代表社会理想和前进方向的新人。列宁在致高尔基的一系列书信中多次表达了这一思想。他说，作为一个苏维埃共和国的艺术家，应该到生活第一线，去观察“部队里的新事物，或是农村里的新事物，或是工厂里的新事物”，去表现军人、农民、工人这些新人是“怎样以新的方式建设生活”，[3] 从而创作出新人形象。在 20 世纪中后期和 21 世纪初期的中国文艺作品中的新人，主要指文艺作品中所描绘的革命者和建设者。中国马克思主义文艺理论家都非常重视文学中的新人形象。1942 年，毛泽东《在延安文艺座谈会上的讲话》提出，革命根据地的作家要表现“新的人物，新的世界”[4]。1979 年，邓小平结合新的时代特点和新的奋斗目标，特别强调我们的文艺“应当在描写和培养社会主义新人方面付出更大的努力，取得更丰硕的成果。要塑造四个现代化建设的创业者，表现他们那种有革命理想和科学态度、有高尚情操和创造能力、有宽阔眼界和求实精神的崭新面貌”[5]。2021 年 12 月 14 日，习近平在中国文联十一大、中国作协十大开幕式上的讲话中也要求：“一切有追求、有本领的文艺工作者要提高阅读生活的能力，不断发掘更多代表时代精神的新现象新人物，以源于生活又高于生活的艺术创造，以现实主义和浪漫主义相结合的美学风格，塑造更多吸引人、感染人、打动人的艺术形象，为时代留下令人难忘的艺术经典。”[6] 中国马克思主义文艺理论对文艺塑造新人形象从来是给予高度重视的。

拓展资源

在中国文联十一大、中国作协十大开幕式上的讲话（节选）

---

① 恩格斯：《格奥尔格·维尔特的〈帮工之歌〉》，《马克思恩格斯全集》第二十一卷，人民出版社 1965 年版，第 8 页。

② 列宁：《党的组织和党的出版物》，《列宁选集》第一卷，人民出版社 2012 年版，第 666 页。

③ 列宁：《致阿·马·高尔基》，《列宁选集》第四卷，人民出版社 2012 年版，第 43、44 页。

④ 毛泽东：《在延安文艺座谈会上的讲话》，《毛泽东选集》第三卷，人民出版社 1991 年版，第 876 页。

⑤ 邓小平：《在中国文学艺术工作者第四次代表大会上的祝词》，《邓小平文选》第二卷，人民出版社 1994 年版，第 209—210 页。

⑥ 习近平：《在中国文联十一大、中国作协十大开幕式上的讲话》，人民出版社 2021 年版，第 9 页。

三是文艺中的英雄人物激励和鼓舞人们的精神，从而推动社会发展进步。唯物史观的一个重要命题是，历史是人民群众创造的，人民群众是创造历史的动力。但是，马克思主义经典作家也不否认历史发展过程中英雄人物的作用。他们认为，英雄人物往往比一般群众站得更高，看得更远，对历史发展作用更突出，影响力更大。马克思主义文艺理论坚持了这种辩证的历史观，在强调文艺描写人民大众中新人形象的同时，指出文艺应塑造英雄人物形象，用英雄人物的英雄事迹来激励社会前进。马克思在论述现代资产阶级革命时说："不管资产阶级社会怎样缺少英雄气概，它的诞生却是需要英雄行为，需要自我牺牲、恐怖、内战和民族间战斗的。在罗马共和国的高度严格的传统中，资产阶级社会的斗士们找到了理想和艺术形式。"① "旧的法国革命时的英雄卡米耶·德穆兰、丹东、罗伯斯比尔、圣茹斯特、拿破仑"等，都来"实现当代的任务，即解除桎梏和建立现代资产阶级社会"。② 可见，在马克思眼中，社会是需要英雄行为和英雄人物的，在社会变革时期和重大历史事件中更是如此。恩格斯1894 年 1 月 25 日在《致瓦尔特·博尔吉乌斯》中也认为，特定的历史时期是产生英雄人物的时刻，也是需要英雄的时刻。他说："恰巧某个伟大人物在一定时间出现于某一国家，这当然纯粹是一种偶然现象。但是，如果我们把这个人去掉，那时就会需要有另外一个人来代替他，并且这个代替者是会出现的，……假如没有拿破仑这个人，他的角色就会由另一个人来扮演。这一点可以由下面的事实来证明：每当需要有这样一个人的时候，他就会出现，如凯撒、奥古斯都、克伦威尔等等。"③ 马克思、恩格斯的著作，对从希腊神话到批判现实主义文学中的主要英雄人物，都有引用和论述。

中国马克思主义文艺理论的发展，同样重视文学中英雄人物的塑造，强调用英雄人物形象激励人们推动社会变革和历史前进。毛泽东历来推崇中华民族的革命传统和民族英雄。在《中国革命和中国共产党》一文中，他指出："中华民族不但以刻苦耐劳著称于世，同时又是酷爱自由、富于革命传统的

---

① 马克思：《路易·波拿巴的雾月十八日》，《马克思恩格斯文集》第二卷，人民出版社 2009 年版，第 472 页。

② 马克思：《路易·波拿巴的雾月十八日》，《马克思恩格斯文集》第二卷，人民出版社 2009 年版，第 471 页。

③ 恩格斯：《致瓦尔特·博尔吉乌斯》，《马克思恩格斯文集》第十卷，人民出版社 2009 年版，第 669 页。

民族。……在中华民族的几千年的历史中，产生了很多的民族英雄和革命领袖。”① 他还在此文中列举了许多农民起义军及其领袖的名字，包括秦朝的陈胜、吴广、项羽、刘邦，汉朝的新市、平林、赤眉、铜马和黄巾，隋朝的李密、窦建德，唐朝的王仙芝、黄巢，宋朝的宋江、方腊，元朝的朱元璋，明朝的李自成，清朝的太平军等。毛泽东认为在争取中华民族解放的伟大事业中，需要继承中华民族的革命斗争传统，也需要造就大批为民族解放而斗争到底的先锋队和先锋人物。为此，他高度赞赏鲁迅是给革命以很大助力的“一个民族解放的急先锋”，“是中国的第一等圣人”，赞赏他的斗争精神和牺牲精神形成的一种伟大的“鲁迅精神”。因此，“我们纪念鲁迅，就要学习鲁迅的精神，把它带到全国各地的抗战队伍中去，为中华民族的解放而奋斗！”② 在毛泽东文艺思想指引下，中国现代新文艺尤其是中华人民共和国建立之后以革命历史为题材的红色文艺创作，始终充盈着一股激情澎湃的英雄主义气息。改革开放新时期以来，讴歌英雄的文艺创作也一直在唱响时代主旋律中占据一个重要位置。进入新时代，习近平更是特别重视对英雄人物的文艺书写。他说：“祖国是人民最坚实的依靠，英雄是民族最闪亮的坐标。歌唱祖国、礼赞英雄从来都是文艺创作的永恒主题，也是最动人的篇章。”③

当然，在不同时期、不同国别，对英雄形象的特点和要求会有所不同。在战争年代，更瞩目卓越的军队将领和战斗英雄；在和平年代，更注重优秀科学人才和建设者中的优秀代表，但他们无疑都是自己所处时代的积极力量和先进代表。

追求理想是人类的天性。文艺的社会理想，既是指引文艺家不懈追求的精神目标，又是引导人类自由解放、全面发展的精神火炬，更是促进社会关系变革、推动历史进步的精神动力。没有理想便没有文艺。坚守艺术理想，用高尚的文艺引领社会风尚，这是进步文艺家的职责。习近平关于新时代中国特色社会主义文艺的论述为我们追求文艺的理想指明了方向：“文艺创作的目的是引导人们找到思想的源泉、力量的源泉、快乐的源泉。清泉永远比淤泥更值得拥

---

① 毛泽东：《中国革命和中国共产党》，《毛泽东选集》第二卷，人民出版社 1991 年版，第 623 页。

② 毛泽东：《论鲁迅》，《毛泽东文集》第二卷，人民出版社 1993 年版，第 42—44 页。

③ 习近平：《在中国文联十大、中国作协九大开幕式上的讲话》，人民出版社 2016 年版，第 8 页。

有，光明永远比黑暗更值得歌颂。”① “生活和理想之间总是有落差的，现实生活中总是有这样那样不如人意的地方。广大文艺工作者要对生活素材进行判断，弘扬正能量，用文艺的力量温暖人、鼓舞人、启迪人，引导人们提升思想认识、文化修养、审美水准、道德水平，激励人们永葆积极向上的乐观心态和进取精神。”② “对人民深恶痛绝的消极腐败现象和丑恶现象，应该坚持用光明驱散黑暗、用真善美战胜假恶丑，让人们看到美好、看到希望、看到梦想就在前方。”③

思考题：

1. 文艺在人的解放中的独特作用表现在哪些方面？
2. 文艺在人的全面发展中的作用是什么？
3. 文艺怎样促进社会现实关系的改变？
4. 试论文艺是如何推动社会历史的进步的。

---

① 习近平：《在中国文联十大、中国作协九大开幕式上的讲话》，人民出版社 2016 年版，第 14 页。

② 习近平：《在中国文联十大、中国作协九大开幕式上的讲话》，人民出版社 2016 年版，第 14 页。

③ 习近平：《在中国文联十大、中国作协九大开幕式上的讲话》，人民出版社 2016 年版，第 14—15 页。

阅 读 文 献

■ 马克思：《1844 年经济学哲学手稿》，《马克思恩格斯文集》第一卷，人民出版社 2009 年版。

■ 马克思、恩格斯：《德意志意识形态》，《马克思恩格斯文集》第一卷，人民出版社 2009 年版。

■ 恩格斯：《诗歌和散文中的德国社会主义》，《马克思恩格斯全集》第四卷，人民出版社 1958 年版。

■ 马克思、恩格斯：《共产党宣言》，《马克思恩格斯文集》第二卷，人民出版社 2009 年版。

■ 马克思：《路易·波拿巴的雾月十八日》，《马克思恩格斯文集》第二卷，人民出版社 2009 年版。

■ 马克思：《〈政治经济学批判〉导言》，《马克思恩格斯选集》第二卷，人民出版社 2012 年版。

■ 马克思：《〈政治经济学批判〉序言》，《马克思恩格斯文集》第二卷，人民出版社 2009 年版。

■ 马克思：《致斐迪南·拉萨尔》（1859 年 4 月 19 日），《马克思恩格斯文集》第十卷，人民出版社 2009 年版。

■ 恩格斯：《致斐迪南·拉萨尔》（1859 年 5 月 18 日），《马克思恩格斯文集》第十卷，人民出版社 2009 年版。

■ 恩格斯：《反杜林论》，《马克思恩格斯文集》第九卷，人民出版社 2009 年版。

■ 恩格斯：《〈自然辩证法〉导言》，《马克思恩格斯文集》第九卷，人民出版社 2009 年版。

■ 恩格斯：《路德维希·费尔巴哈和德国古典哲学的终结》，《马克思恩格斯文集》第四卷，人民出版社 2009 年版。

■ 恩格斯：《致玛格丽特·哈克奈斯》（1888 年 4 月初），《马克思恩格斯文集》

第十卷，人民出版社 2009 年版。

■ 恩格斯：《致康拉德・施米特》（1890 年 10 月 27 日），《马克思恩格斯文集》第十卷，人民出版社 2009 年版。

■ 恩格斯：《致瓦尔特・博尔吉乌斯》（1894 年 1 月 25 日），《马克思恩格斯文集》第十卷，人民出版社 2009 年版。

■ 列宁：《党的组织和党的出版物》，《列宁选集》第一卷，人民出版社 2012 年版。

■ 列宁：《列夫・托尔斯泰是俄国革命的镜子》，《列宁选集》第二卷，人民出版社 2012 年版。

■ 列宁：《列・尼・托尔斯泰和现代工人运动》，《列宁全集》第二十卷，人民出版社 1989 年版。

■ 列宁：《列・尼・托尔斯泰和他的时代》，《列宁全集》第二十卷，人民出版社 1989 年版。

■ 列宁：《纪念赫尔岑》，《列宁选集》第二卷，人民出版社 2012 年版。

■ 毛泽东：《新民主主义论》，《毛泽东选集》第二卷，人民出版社 1991 年版。

■ 毛泽东：《在延安文艺座谈会上的讲话》，《毛泽东选集》第三卷，人民出版社 1991 年版。

■ 毛泽东：《同音乐工作者的谈话》，《毛泽东文集》第七卷，人民出版社 1999 年版。

■ 毛泽东：《关于正确处理人民内部矛盾的问题》，《毛泽东文集》第七卷，人民出版社 1999 年版。

■ 毛泽东：《毛泽东论文艺》（增订本），人民文学出版社 1992 年版。

■ 毛泽东：《谈〈红楼梦〉》，《毛泽东文艺论集》，中央文献出版社 2002 年版。

■ 邓小平：《在中国文学艺术工作者第四次代表大会上的祝词》，《邓小平文选》第二卷，人民出版社 1994 年版。

■ 邓小平：《邓小平论文艺》，人民文学出版社 1989 年版。

■ 江泽民：《文艺是民族精神的火炬》，《江泽民文选》第三卷，人民出版社 2006 年版。

■ 胡锦涛：《在中国文联第八次全国代表大会、中国作协第七次全国代表大会上的讲话》，人民出版社 2006 年版。

■ 习近平：《在文艺工作座谈会上的讲话》，人民出版社 2015 年版。

■ 习近平：《在哲学社会科学工作座谈会上的讲话》，人民出版社 2016 年版。

■ 习近平：《在中国文联十大、中国作协九大开幕式上的讲话》，人民出版社 2016 年版。

■ 习近平：《在纪念马克思诞辰 200 周年大会上的讲话》，人民出版社 2018 年版。

■ 习近平：《在中国文联十一大、中国作协十大开幕式上的讲话》，人民出版社 2021 年版。

■ 习近平：《高举中国特色社会主义伟大旗帜　为全面建设社会主义现代化国家而团结奋斗——在中国共产党第二十次全国代表大会上的报告》，人民出版社 2022 年版。

■ 习近平：《在文化传承发展座谈会上的讲话》，人民出版社 2023 年版。

■ 陆梅林辑注：《马克思恩格斯论文学与艺术》（一），人民文学出版社 1982 年版。

■ 陆梅林辑注：《马克思恩格斯论文学与艺术》（二），人民文学出版社 1983 年版。

■ 陆梅林选编：《西方马克思主义美学文选》，漓江出版社 1988 年版。

■ 陆贵山、周忠厚主编：《马克思主义文艺学概论》，中国人民大学出版社 2001 年版。

■ 董学文：《马克思主义文论教程》，北京大学出版社 2015 年版。

■ [英] 希·萨·柏拉威尔：《马克思和世界文学》，梅绍武等译，生活·读书·新知三联书店 1980 年版。

■ [苏联] 彼·尼古拉耶夫：《马克思列宁主义文艺学》，李辉凡译，安徽文艺出版社 1986 年版。

人名译名对照表

[古希腊]	阿里斯托芬	Aristophanes
[古希腊]	埃斯库罗斯	Aischylos
[法]	巴尔扎克，奥诺雷·德	Honoré de Balzac
[英]	拜伦，乔治	George Byron
[俄]	别林斯基，维萨里昂·格里戈里耶维奇	Виссарион Григорьевич Белинский
[古希腊]	柏拉图	Plato
[丹麦]	勃兰兑斯，格奥尔格	Georg Brandes
[意]	但丁	Dante
[英]	狄更斯，查尔斯	Charles Dickens
[俄]	高尔基，马克西姆	Максим Горький
[德]	歌德，约翰·沃尔弗冈·冯	Johann Wolfgang von Goethe
[德]	格律恩，卡尔	Karl Grün
[英]	哈克奈斯，玛格丽特	Margaret Harkness
[德]	海涅，亨利希	Heinrich Heine
[俄]	赫尔岑，亚历山大·伊万诺维奇	Алексáндр Ивáнович Гéрцен
[德]	黑格尔，乔治·威廉·弗里德里希	Georg Wilhelm Friedrich Hegel
[德]	考茨基，明娜	Minna Kautsky
[法]	拉法格，保尔	Paul Lafargue
[德]	拉萨尔，斐迪南	Ferdinand Lassalle
[法]	拉辛，让	Jean Racine
[德]	莱辛，哥特霍尔德·埃夫拉伊姆	Gotthold Ephraim Lessing
[匈]	卢卡契	Lukács
[德]	梅林，弗兰茨	Franz Mehring
[法]	莫里哀	Molière
[古罗马]	普劳图斯，提图斯·马克基乌斯	Titus Maccius Plautus

［俄］	普列汉诺夫，格奥尔吉·瓦连廷诺维奇	Георгий Валентинович Плеханов
［俄］	普希金，亚历山大·谢尔盖耶维奇	Алексáндр Сергéевич Пýшкин
［西班牙］	塞万提斯·萨维德拉，米格尔·德	Cervantes Saavedra, Miguel de
［英］	莎士比亚，威廉	William Shakespeare
［法］	苏，欧仁	Eugène Sue
［俄］	托尔斯泰，列夫·尼古拉耶维奇	Лев Николаевич Толстой
［英］	威廉斯，雷蒙	Raymond Williams
［德］	席勒，弗里德里希·冯	Friedrich von Schiller
［古希腊］	亚里士多德	Aristotle
［英］	伊格尔顿，特里	Terry Eagleton
［法］	左拉，埃米尔	Émile Zola

后　记

《马克思主义文艺理论》是马克思主义理论研究和建设工程重点教材，由教育部组织编写，经国家教材委员会审核通过。在编写过程中，得到了国家教材委员会高校哲学社会科学（马工程）专家委员会、思想政治审议专家委员会以及教育部原马工程重点教材审议委员会的指导。同时，广泛听取了高校教师和学生的意见建议。

本教材2021年出版，由陆贵山、董学文主持编写。绪论，谭好哲撰写；第一章，李志宏撰写；第二章，金永兵撰写；第三章，胡亚敏撰写；第四章，周平远撰写；第五章，卢铁澎撰写；第六章，赖大仁撰写；第七章，马龙潜撰写；第八章，季水河撰写。周忠厚、张永青参与写作提纲的讨论。董学文负责全书统稿工作。

为及时、深入贯彻党的理论创新成果和党的代表大会精神，扎实推动习近平新时代中国特色社会主义思想进教材、进课堂、进头脑，充分反映马克思主义中国化时代化最新成果、中国特色社会主义丰富实践和本学科领域最新进展，党的二十大召开后，教育部组建了修订组，组织了集中修订，形成了本教材第二版。

第二版由董学文主持修订工作，谭好哲、李志宏、胡亚敏、周平远、赖大仁参加了具体的修订工作。

2023年10月

郑重声明

读者意见反馈

为收集对教材的意见建议，进一步完善教材编写并做好服务工作，读者可将对本教材的意见建议通过如下渠道反馈至我社。

咨询电话　400-810-0598

反馈邮箱　gjdzfwb@ pub. hep. cn

通信地址　北京市朝阳区惠新东街4号富盛大厦1座

　　　　　高等教育出版社总编辑办公室

邮政编码　100029

防伪查询说明

用户购书后刮开封底防伪涂层，使用手机微信等软件扫描二维码，会跳转至防伪查询网页，获得所购图书详细信息。

防伪客服电话　(010)58582300